目次

それいゆ・ぱたん　春の102スタイル……中原淳一　7

特集・学窓を巣立つ人のために

巣立ちのころ……中島健蔵　27

若い人の服装計画……中原淳一・水野正夫　30

読書について……村岡花子　34

女性と職業の問題……羽仁説子　36

新しく職場につくかたのために……壬生瑛子　38

若い人の手帖から「結婚まで」……40

高峰秀子さんのお宅ときもの拝見……47

美しいと思う七人の人……54

三島由紀夫・越路吹雪・香川京子・徳川夢声

岡田茉莉子・木暮実千代・乙羽信子・沢村美智子

のれんときもの……62

僕のことあれこれ……柳澤真一　66

デザインあそび……田中マサコ・水野正夫　70

最近の言葉から・その1……74

現代の結婚と子供……古谷綱武　76

伊東絹子さんのアメリカみやげのドレス拝見……81

ボタンで作るアクセサリー……中原淳一　86

男の服・女の服……中原淳一　88

文学作品を通して恋愛を語る……93

小林正・原田義人・石垣綾子・円地文子

春風をさそうストール（月丘夢路さんに編み方を習う）……103

SOLEIL

それいゆ No.29　特集　春の支度

指環ものがたり（淡島千景・斉藤達雄・黛 敏郎・淡谷のり子）……106
台所をいつもたのしく……中原淳一……110
私が贈った着物を着たイタリーのお蝶さん……中原淳一……114
子供部屋を楽しく美しく……水野正夫……116
私の自慢スタイル……122
コンビネーション・キャビネット……中善寺登喜次……126
春の食卓に……吉沢久子……128
香水のはなし……岡本 具……132
働く人のワンピース……中原淳一……134
子供のための犬のバッグ……水野正夫……136
オードルー・ヘップバーン……139
渥美延さんの春の支度……中原淳一……140
男のチョッキ・女のチョッキ……中原淳一……150
くず布で子供にスカートを作らせる……中原淳一……156
三菱デザイン・コンクール……160
ふとん縞のきもの……水野正夫……164
春の仕事（愉しく新しく）……中原淳一……167
垢抜けるということ……南部あき……170
期待される人々（一九五四年のホープ）……174
六つの春の支度（それいゆ・ぱたんの製図）……182

表紙……中原淳一
写真……東 正治
カット……鈴木悦郎　水野正夫　大淵陽一　内藤瑠根

春の102スタイル
それいゆ ぱたーん
中原淳一
春は花の季節、　目の前に見るもの
がみんな花の色に染まってしまう。
あゝ、なんと明るい春の空だろう。こんな
に美しい季節のためには、たとえまずしく
とも春のきものを着て暮したい。
たとえまずしくとも、春のきものは花の心で….。

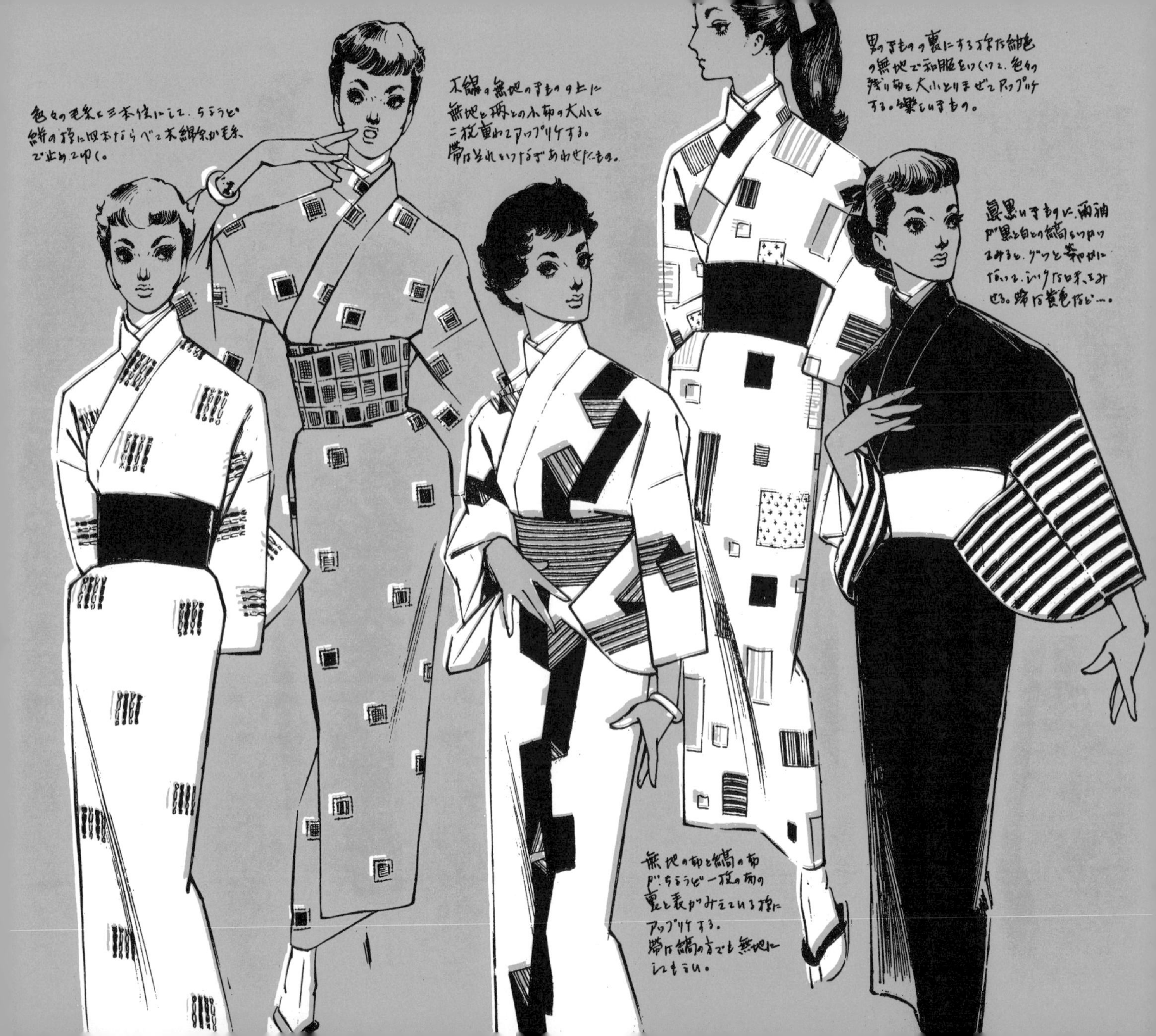
色々の毛糸を三本位にして、ちょうど絣の様に四本ならべて木綿糸か毛糸で止めてゆく。

木綿の無地のきものの上に無地と柄との小布の大小を二枚重ねてアップリケする。帯はそれとつなぎあわせたもの。

男のきものの裏にする様な紺色の無地で和服をつくって、色々の残り布を大小とりまぜてアップリケする。楽しいきもの。

真黒いきものに、両袖が黒と白との縞をつけてみると、グッと華やかになって、シックな味をみせる。帯は黄色など…。

無地の布と縞の布が、ちょうど一枚の布の裏と表がみえている様にアップリケする。帯は縞の方でも無地にしてもよい。

ドレスをとりたもつでもよい。
縞の布を、無地のきものの
上にのせてアップリケする。
縞は横やたてに置く。
ただ丸い布を色々な布でとりて、
其の大小を重ねてアップリケする。
ちょうどサシの花の様である。
色々なあり布とたてにはぐと
縞のきものゝ様になり、たのしいものになる。
色はグレイのツイード
のきもの。其れに
毛糸のメリヤス編み
の帯をしめる。
袖ツケに帯と同じ
毛糸の房をかざる。
木綿の美しい縞のきものに、
帯は、古い木綿の縞の布を小さく
四角に切って、其れをたて横に
ちょうど「あじろ」の様にはぐ。

特集 **学窓を巣立つ人のために**

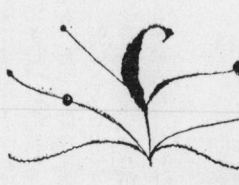

巣立ちのころ

学窓を巣立つ人のために 1

中島健蔵

世の中がよい時だと、年の若い人びとがうらやましくなります。しかし、世の中が不安定な時には、早くおとなになつてよかつたともおもいます。学校を卒業して、社会に出る時には、楽園から追放されるような気もちで、学校の生活をのこりおしく思う人もいるでしよう。その逆に、けわしいながら生き生きとした実社会へ出て、はじめて生きがいを感じる人もあるでしよう。どちらにしても、若い人々の運命は、まだ始まつていないのです。これからどうなるのか、年をとつて来ると、大体の見当がついて来て、もうむりな望みを持つてもしかたがないという気もちになつて来ます。

ところが、若い人々の中には、何となく、先の望みがうすく、年をとればとるほど悪くなるような気もちの人もいるでしよう。わたくしも、二十になる少し前ごろに、そんな気持になつたことがあります。おとなの世界がウソだらけで、虚栄心や利己心が強く、口先ではきれいそうなことをいつているけれども、実は、小さい利害に支配されていて、自分が考えている理想とはまるでかけはなれているように見えました。

若いころは、ものを感じる力が強く、たとえば、空の色や木の緑などを見ても、何かことばでいいあらわせないようなものが心の中にしみ通つて来るようで、胸のふくらむようなよろこびを感じます。人が好きになると、ただ夢中で好きになつて、この気もちがくずれることはけつしてないような気もちです。

その代り、自然を恐ろしく感じたり、友情がくずれるのを悲しく感じたりする気もちも強いのです。わたくしは、よく山に登り、海にゆきました。だれ一人いない山の中を歩いたり、海の深いところをのぞいたりしていると、こちらの気もちがしつかりしている時には、自然のふところにつつまれたような気もちで、とてもうれしく、あきることがありません。ところが、こちらの気もちが何かの理由で曇つている時には、山のさびしさがおそろしく、波の高まりがこちらをおびやかしているように感じて、どうしていいかわからなくなります。

学校の友だちと話していてもそうです。子どものうちはただなんとなく遊んでいたのに、ある日、ふと、人生の疑問などを語り合つて、それまでになかつたような感動を覚えて、あたりの景色までが深みを加えたような気もちになることがあります。

その一方、友だちの中には、もつと現実的で、自然の美しさにも感動しないし、静かにものを考えこむことなどは大きらいな人がいます。学校友だちのうちは、そういう人と、そうでない人が一しよにいても、お互にへんな人だと思うだけで、大して気にしないでもすみます。

ところが、実社会に出て、一ばんはじめにおどろくのは、おとなたちが、実に通俗的なことです。人がいやがるようなことを平気で云い、実際の利益以外には何も考えないような人で一ぱいになつているのです。もちろん、気が弱いばかりで、夢想にふけつているような時期はすぎています。また、生きていくためには、利害問題をなげすてるわけにはいきません。しかし、あまりに現実的な生活の態度にぶつかると、そういうなかまの一人になつて、うすぎたない人生を渡るのがいやになることもあります。そういう時に、もとの学校の友だちがなつかしくなつて、会つてみると、やはり同じような気もちでいることがわかつて、ほつとします。

ところが、少し時をおいて会つてみると、だんだんに様子がちがつて来ます。いつのまにか、友だちも世間の人たちと同じようになつて、すべてについてチャッカリしていることを発見します。もしもそういう時に、自分の方がまだ世間になれていないで、夢をもちつづけていたとすれば、大へんにさびしく感じることでしよう。

実社会の生活は、けつして甘くはありません。はげしい生存競争があり、いろいろの不正があります。少しの油断もできないようなきびしい監視の目が、いたるところに光つています。学校にいるころには、監督者がきびしすぎると感じていたのに、実社会の権力者や上役の人たちの目は、もつと薄情であることに気がつくようになります。それがよくわかつて来ると、たとえ心の中には、子どものころの柔かい感情がかくれていても、表面には厚い皮ができて、なかなか内がわの柔かさを示さずに、チャッカリとふるまつてみせるようになつて来るかもしれません。そういう時になると、前にチャッカリ屋のように見えた人たちの心の中に、案外なあたたかさや、柔かさがあることに気がつくかも知れません。そういう内がわの心は、自分ひとりにとつて大切なもので、むやみに同感を求めてもむだだということがわかるでしよう。友情以上の愛が通うような相手でさえ、いつも心の内がわの柔かさを示しつづけてはいません。

一体、張りつめたきびしい現実と、自分ひとりだけの感じやすい気もちと、どちらがほんとうの人生なのでしようか。そういう矛盾を少しも感じないという人もいるでしよう。どんなに年をとつても、甘い人間がいます。相手の感情にはかまわずに、自分の感傷を丸出しにして他人に押しつけて、平気でいる人がいます。人にだまされやすいだけでなく、人の迷惑にも気がつかないような人は、人生の表と裏との矛盾にも気がつかないでしよう。

また、はじめから実利一点ばりで、せまいカラの中にとじこもり、他人の不幸には無関心で、小さな幸福ばかりを追い求め、もつとひどくなると、自分さえよければ、他人が少しぐらい苦しんでも平気だというような人は、人生の矛盾になやむ人たちをあざけるだけでしよう。

人生のほんとうの姿は、実はその矛盾の中にあるのです。人間の中には、柔かい、静かなものと、荒々しい強いものとが、同時に存在しているのです。女がやさしく、男が荒々しいというのも、ある程度までは事実ですが、そうとばかりもいえません。女にも男にも、同じような柔かさがあり、強さがあると思つてさしつかえがありません。しかし、ちようど、育つに従つて、木の幹が厚く固くなるように、人間も、育つに従つて強くなる方がほんとうだと思います。

強いどうし、弱いどうしの交りならば、どちらも傷つくことがなく、それぞれのつながりができます。しかし、一方が強く、一方が弱い時には、時々、傷つくということが起ります。また外側から内側までがコチコチの人は、強いようでもろいものです。また、弾性が少いので人を傷つけることも多いでしよう。

戦後の日本は、いろいろの事情から、人間の心の砦を固くしてしまいました。しかし、多くの若い方々は、それほどひどい固さを持たず、実社会に出ると同時に傷を受けるかもしれません。しかし、その傷が重なるにつれて、抵抗力もふえて来るでしょう。そのさかい目が、今、目の前に迫っていると考えてさしつかえありません。

少年少女から青年への移りかわりの時に、何かのきつかけで、急に自分が成長したことを感じたことがあるでしょう。このような変化は、一度ではすまず何度でもくりかえされます。それは、まず、自分自身、あるいは自分の周囲だけを標準としてものを考えていたのが、ある時、もつと広く人間の姿を見るようになつたことを意味します。そして、あまりそれが急に来ると、自分のよりどころがなくなつたように頼りない気もちになることもあるのです。親、兄弟、友だちの関係が、ほとんど絶対的なもののように見ていたのが、そうでなくなり、自分と直接に関係がないと思つていたような人々と自分自身とのつながりに気がつくようになると、はじめて「社会」がわかつて来るのです。時によると、狭い愛情と、広い愛情との間に、どうにもならない矛盾が起つて苦しむこともあります。ことに日本では、古い家族関係や夫婦関係などが根強く残つている一方、社会の動きもはげしいので、そういう板ばさみが、若い人たちの共通の問題になつているように見えます。比較的環境がよく、早くから解放された人々は、新しい社会の動きにすぐなじんで、古いものを平気でふりとばすこともできるでしょう。しかし、そういう気もちをもつていながら、現実の拘束に勝ちきれず、苦しんでいる人人も多いと思います。結婚問題の時なども、見かけによらない古いものがどちらかの心の中にかくれているのを発見して、思わない不幸を感じることもあるでしょう。

わたくしは今、人生のたそがれがはじまるらしいところに立つています。こうして、自分の若いころのことを思い出し、現在の生活を考えてみますと、そこにふしぎなことを発見します。それは、一般的にはどうか知りませんが、時々、波が行き来するように、心の柔軟性が戻つて来るという事実です。こんなことは今さら困るというような疑いや、なやみが、思いもかけない時にまたはじまるのです。もちろん、今の疑いや悩みは、前のものとは内容もちがい、また性質もちがいます。しかし、その時に痛感するのは、疑いが起つたり、悩みがあつたりした時に、それをよく処理しておかないと、いつまでもあとをひくということです。正直にいいますと、若いころにぶつかつた疑いや悩みの中で、解決のついたものは、あまりないような気さえします。そういうものは、人間がまだ当分背負つていかなければならないようなものかもしれません。それと同時に、途中でいいかげんにしないで、どこまでも突きつめて来た疑問や悩みは、もはや個人的なものではなく、一般に通用する「問題」となつて来ていることも感じます。そのような問題にぶつかることは、少しもいやなことではなく、一つの仕事になつて来ます。

ものを考える標準が無意識的な自己中心から、もつと広いところに及ぶこと。しかも、あいまいな平等主義の中で中途半端に苦しむのではなく、近いものと遠いものとの区別も失わないこと。これがなかなかむずかしいのではないかと思うのです。

知らない人間は、「知らない人」として、別に気にしないでもすむはずです。ところが、実社会の機構の中にはいつてみると、いやでも応でも、知らない人とぶつからなければなりません。家庭や学校の関係ではなく、仕事の関係が生れて来ます。会うまでは、全く知らなかつた人でも、仕事の上でかかり合いができたら、すぐに「知つた人」になつてしまいます。それは、結婚後にも起ることでしよう。結婚するまでは、夫なり妻なりの知人は、一般的にいうと知らない人でした。しかし、結婚によつて、そういう「知人」が一度に大ぜい出て来ます。そのような変化になれないうちは、苦痛を感じることもあるでしょう。仕事の上の「知人」などは、仕事の上で関係がなくなれば、あつさりと他人になつてしまいます。そういう中から、仕事に関係のない友情が生れることもあるでしょう。人間との接触が多くなるに従つて、できるだけ多くの人と、むりのない親しみが生れること。これが何よりの希望だと思います。

（筆者は評論家）

若い人の装いのために

学窓を巣立つ人のために・2

中原淳一
水野正夫

組み合わせて着る工夫

手許に黒いスーツが一着あつたとする。そして上着を一枚こしらえたいと思う時、すぐその手許にある黒いスカートに組合せられる様なものを頭に描かなければいけない。例えば紺と白のチェックの上着を作つたとしたら黒のスカートの良さも、その上着の美しさも両方で殺し合う様な結果にしかならないものです。それが黄か緑、赤などの中に黒い線で縞や格子に織られている様な上着だつたら両方が各々の良さを活かし合つて美しい。

全体を二色か三色に統一する

着るものに色の無いものはない。だから、ドレス・マフラー・帽子・靴・手袋・ハンドバッグ・オーバー等々、みんなばら〳〵に好きな色を選んでいたのでは、その一つ一つがどんなに美しい色であつたとしても、お互がその色を殺し合つて、ただゴタ〳〵とした印象になつてしまうだけだ。

一つの体につけるものは、いつでもどこかの色に関連をもたせ、二色か三色に統一をすると、色として別に美しいものでなくても、お互に助け合つた美しい効果を見せるもの。

計画的に洋服を作る

計画的に洋服を作つた場合と行き当りばつたりに洋服を作つた場合とでは、経済的にも随分違うものだろうし、一枚のスカートを作る場合にも組合せて着られると云う事が考えられて居ない無計画さであつてはならない。

一着のスーツを作る場合、只その柄やスタイルが気に入つてしまつただけで、他のものとの組合せを考えなかつたら、そのスーツのスカートは他のどんな上着を着る事も出来ない厄介なスカートになる場合が多いものです。

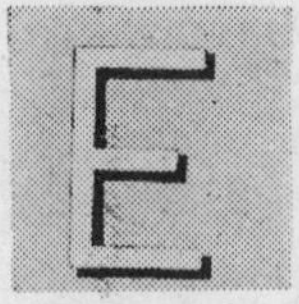

下着の長さを工夫する

下着がドレスの下からチラ〳〵のぞいていたり、夏の木綿のドレスなどは太陽に背を向けて立つと短かすぎる下着もすつかりすき通つて見えてしまうので、どちらの場合もガツカリと云う事になる。『そんな事は云うまでもない』と云うかも知れないが、自分では気がつかないでそんな結果になつているのはよく見かけるものだ。

下着の長さはドレスより三センチ位短かく、スカートのヘムよりちよつと長いのが一番いいのだと云う事も知つていて下さい。

手袋は素晴しいアクセサリー

手袋は素晴らしいアクセサリーだ。

イヤリングやネツクレスは無くても、手袋をピツタリはめていると、全体の感じがスツキリと引立つて見える。

ところで、夏は白い手袋でたいていのドレスに合う様であるが（白い靴と合せて）冬の場合は無計画な手袋の色ではむしろぶちこわしになつてしまう。

もしマフラなど頸に巻くのならば、そのマフラの色と揃えるか、ドレスの色の方に合せるか、そのどちらか。

着るものは色を上手につかう・1

同じ赤と云つても、赤にも色々ある。

たとえば黄ばんだ赤、えんじがかつた赤、青ずんだ赤、白味を帯びた赤、どれもその一色を見ていると只「真赤」と云う印象であるが、それ〴〵を合せてみると、赤でも色々に違つた赤である。

これは勿論赤だけではなくて何色でもそうだけれど、例えば帽子と靴を赤で揃えたつもりでも、その赤の質がちがつていたので、揃えたつもりでも揃つた事にはならない。

着るものは色を上手につかう・2

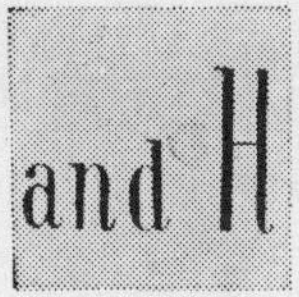

揃つたつもりで揃つていないのならば、むしろ揃えないで、靴はドレスの色に揃えるとか、無難な黒にするとかした方がいい事になる。

ところで、その赤がグレイがかつた赤で、そのグレイがかつた赤の淡い色と濃い色とならこれは一つの色の濃淡として実に美しいものになるし、それは赤とはかぎらない、青でも緑でも同じ事。

着るものは色を上手につかつていれば、型は素晴しいが色がメチャ〳〵なものよりずつといい。

ボタンはあつさりと

ボタンはアクセサリーではない

しかし目立つところにつけるのだから、そのボタンを美しいものにして飾りの役目ももたせたくなるのはよくわかるか、だからと云つてパツと人目を引く様な別色のものや、ゴテゴテと飾りのあるボタンをつけたのではそのドレスのデザインが全く死んでしまう。

ドレスそのものはプレンなもので、そのボタンだけで生かした、と云うものでないかぎり、ボタンは布地と共色のあつさりとしたものを。

フレアースカートを作るときは

フレアースカートと云うものはどんな場合にも布地が真直な個所となゝめ布の個所とがある訳だが、もし前後を真直な布にあつかうと、両脇がなゝめになるし、全円形の様な大きなスカートでは前後両脇と四ケ所が真直でその間々のやはり四ケ所になゝめ布のところが出来る事になる。

ところで、なゝめ布は時がたつにつれて伸びるものだから、時々全身を鏡にうつしてみては、裾の線が横に直線になる様に補正しなければだらしの無いものになる。

スポーツなどに

スウエーターだけのデザインを楽しむのなら別だが、通勤着や家庭着の一部として機能的なスウエーターを利用する場合には、プレーンな型で無地が無難。黒や白又はグレイのハイネツクのスウエーターには殆んどどんなスカートでも合うし、ネツカチーフやストールなどで一枚のスウエーターでもいろいろに着られるのも無地の良さです。

折角手の込んだ模様編みが、自分の持つているスカートのどれにも合わないと云うことになります

残り布は大切に

もし余裕があつたら、そうしてもしそんな事が不自然でなかつたら、例えばワンピースでもツーピースでも作る時に少し余分に布を買つておいて、それでマフラでもジレでも、又もつと大きな布があるのならストールでも作つておけば、そのドレスが流行おくれになつて仕立て直すと云うときに、それだけの布の余裕があつたなら、かなり自由にスタイルを選ぶ事が出来るのではないか。

そんな意味でも、残り布は大切にするよう。

下着も上に着るものと同じ様に

普通スリップと云えば白にきまつた様に考えている場合が多いのではないか。

しかし、スリップは白と黒と二種類を持つていた方が、都合がよい。

黒や紺や、そのほか濃色にはやはり黒のスリップの方が、腰をかけた時などにもすぐ下着が目立つ様な事がなくていい。

上に着るもの丶事は色々に研究しても、下のものはつい忘れ勝ちになるものだけれど下着も上に着るものと同じ様に心を配りたい。

ドレスを新調する場合・1

洋服と云うものは流行が上手に取入れられていて始めて美しさも感じるものだから、昨年作つた素晴らしいドレスと云うのは厳密に云つて今年はもう去年程ではないと云う事になつてしまう。

だから、ドレスを新調する場合に、うつかり無計画にスタイルをきめたりすると、もうその年いつぱいだけはいゝにしても、折角のドレスがその型の流行している間だけのものになつてしまう。

ドレスを新調する場合・2

それで、新しい布地をつかつて新調する時は、先ずなるたけ切替の少ないスタイルを選ぶ事。

例えばスカートにしても、六枚はぎなどにはしないでなるたけギヤザーかプリーツの様なものにしておくと、といてみればそのまゝ大きな布になる訳だから、一年か二年着たらすぐといて、又新しいスタイルに仕立て変え、次の年には又新しい型に、と作り変える。そうして十年位も無駄なくいつも新しい型で着る。

ゆるやかなスカートにはペティーコートを

ゆるやかなフレアースカートや、ギヤザースカートの下にはぜひともペティーコートをつけましよう。

フレアーやギヤザーのスカートなら、それが張つたり大きくふくらんでこそ美しいのに、しよんぼりと下つていたのでは意味がなくなる事になります。

少し張りのあるピンとした布地のペティーコートはぜひ一つ作つておいて、ギヤザーやフレアーのためにそなえて置きましよう。

裏は表の色に出来るだけ近いものを・1

オーバーやトッパー、それからスーツでも何でも、裏のつくもので若い人のものと云うと、表の色にはおかまいなしに赤やピンクの裏をつけたがる。あれは和服の習慣から来たものです。

裏と云うものはいつの場合でも表の色に出来るだけ近いものをつかうのが一番無難で好ましく又美しいのだと云う事を知つていて下さい。

勿論、その例外もあるにはありますが。

裏は表の色に出来るだけ近いものを・2

と云うのは、例えば黒いコートを黄色いスカーフでぐつと引立てている、と云つた場合、その黒と黄色との二つの色調の美しさがあつてこそ生きているのに、袖口の中から赤やピンクの裏がキラ〱のぞいていたりしたのではガッカリです。

又、黒いコートの前のボタンをはずしたら中に水色のドレスを着ていた、その黒と水色との調和だけで充分だのに、エンヂ色の裏がパッと目について全くブチコワシになつたり……。

何時も折目はきちんと

洋服の細かいしわは気の付かない間に段々と出来ているもので、毎日着ている様なものは、うつかりしているとついアイロンをかける事を忘れる場合が多いもの。スラックスやプリーツのスカートの様な折目のあるものは何時もその折目がきちんとアイロンで押えられている事が大切だ。ウールのものにアイロンをかける場合にはしめしたタオルを間に敷いて、それが滲み込んだほこりを吸取る役目をもするものだと云う事も知つておきたい。

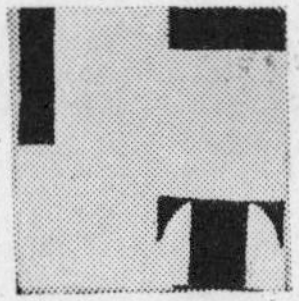

洋服は手まめな手入れを

洋服の上手な着こなしは手入に依る事が多い様です。いくら上等な洋服を着ても、肩にふけやほこりが白く浮き出ている様では台無し。

外出からかえつたら軽く全体にブラシをかけて、一週間に一度は良くほこりを叩き出しましよう。

ほころびは見つけたらすぐつくろう事。後で、と思つている中に段々大きくなつて手当のほどこし様がなくなる場合がある。何時も美しく着るためにはそれだけの努力が大切。

帽子をかぶるとき

帽子が良く似合うと云う事はその帽子が全体の服装に良く調和して居て、帽子だけが目立つていないと云う所にあるのではないだろうか。

帽子をかぶると云う事にあまり神経を集中し過ぎて突飛な型のものや、洋服とかんじの全然合わないものをかぶらない様に、色を洋服と揃えるか手袋、靴、ハンドバッグの様なアクセサリイに合せるかして型は誰にでも似合うベレーや、毛糸編みのものにした方が無難でしよう。

残り布でネッカチーフを

残り布が少しでも出来たら正方形に裁つてネッカチーフを作つておくといろ〳〵に利用できて重宝する事が多い。

ほこりの多い街ではネッカチーフをかぶる事で髪の汚れも随分違うし、髪のセットをする暇のない時にはネッカチーフを頭に巻く事に依つて帽子の様な役目もして呉れる。

荷物の多い時にはふろしきの様な役目もふろしきよりはスマートに果してくれるし、単調な衿元のアクセサリイにもなるでしよう。

丈夫で楽しい家庭着を

つとめからかえつたらすぐ家庭着に取り替えましよう。家庭着は外出着の古くなつたものをくり廻す場合が多いものだが、いかにも色のはげたものや、外出着らしい飾りのついたものなど、みじめなかんじしか与えないものです。

丈夫な布地で明るく楽しい家庭着を何枚か揃えておいて、毎日それを取り替える事に依つて家庭に居る楽しさをかんじましよう。家庭着は手まめに洗濯出来る様にする事が大切。

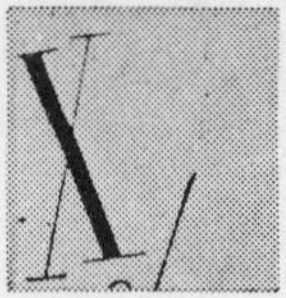

気軽な和服を

美しい和服を着たいと希うのは日本の女として当然のあこがれかもしれないが、裾模様の訪問着がイヴニングドレスと相通ずるように、同じ和服でも街で気楽に着られるスーツの様なものをもつと生活の中に身近にとり入れたらどうだろうか。ウールで作つた和服でも良いし、洋服地でスカートと上身頃と組合せたものを作つたら洋服を着なれた人達にも楽に着られると云うものです。帯は勿論、細くして洋服のベルトの様な役目のものでありたい。

読書について

学窓を巣立つ人のために・3

村岡花子（評論家）

学窓を出て社会人になる場合、男女に限らず、読書の習慣を持ちつづけることは中々骨が折れるものである。殊に、若い女性は耺場に出ればいろいろとこまかく気を使うことが多いので教養の面をついなおざりに過ごす危険もある。

さきごろ、ユネスコ執行委員会議長ロナルドアダム卿の一行が日本を訪問された時、私はこの英国の老貴族と親しく話をしてたいそう愉しかつたが、この人は退役陸軍大将だそうだが、いわゆる軍人くさいギゴチなさなどはどこにも感じられない文化人であつた。

「英米の作家の中でどんな人が日本ではよく読まれるか」というような話題がしきりに彼の口か

書物は親友

その友を見ればその人がわかるというが、読書の系統を見ればその人がわかるのも事実である。スタイルもデザインもお化粧も、生活の必要にはちがいないけれど、これだけでは真の生甲斐ある生活は出来ない。

心を養い、美しくする書物も必要である。美しい心とは強い心であり、またこまやかな心である。心を強くすること、やさしくすること、どちらも読書によつてなしうるところである。

忙しい中の読書

忙しい、ほんとうに忙しい毎日ではあるが、その中から読書の時間を生み出すとなると、勢い時間の切り屑のような十分、十五分を大切にしなければならなくなる。ハンドバッグの中に入れてある文庫版は、ちよつとした時間に読めるので便利である。私は英米人としか話は出来ないのだが、よく廉価版（チープエディション）のことが彼等との話の中で話題にのぼる。

文庫版のような廉価版によつて古今東西の名著を読むことが出来るのはしあわせである。ああいう便利なものが出来たために、市井の生活の中にもギリシヤ、ローマの古典が入つた（むろん英訳で）と英米人が言つている通りに、日本でも文庫版のおかげで、ずいぶん私たちは幸されている。

本はアクセサリーではない

文庫版の高級な内容のものを電車の中で読んでいる女性の何と多いことであろう。

ほんとうは乗物の中での読書は、よほどすいているか、長い旅行ででもなければ、あんまり感心はできないように思う。こみあつてら出た。私たちは、ヘミングウェイやモーム、クローニンやローレンスなどの作品について大いに語つた。

アダム卿が言うのに、「大切なことは小学生時代から学校のカリキュラムにのつている書物だけでない他の本をたくさん読む習慣をつけることだ。この習慣をしつかりとつけて置けば一生涯読書人としての生活を持つことが出来る」

学窓を出る若い女性たちには、果してほんとうの意味においての読書の習慣がついているのであろうか。

この雑誌は先ず「おしやれ雑誌」という部類に属するものだと私は思うのだが女性が本を読むということは、唯、スタイルやデザインやお化粧の本を読むというのでは困る。婦人向ベストセラーというのが、スタイル・ブックだけでは少々さびしくなる。

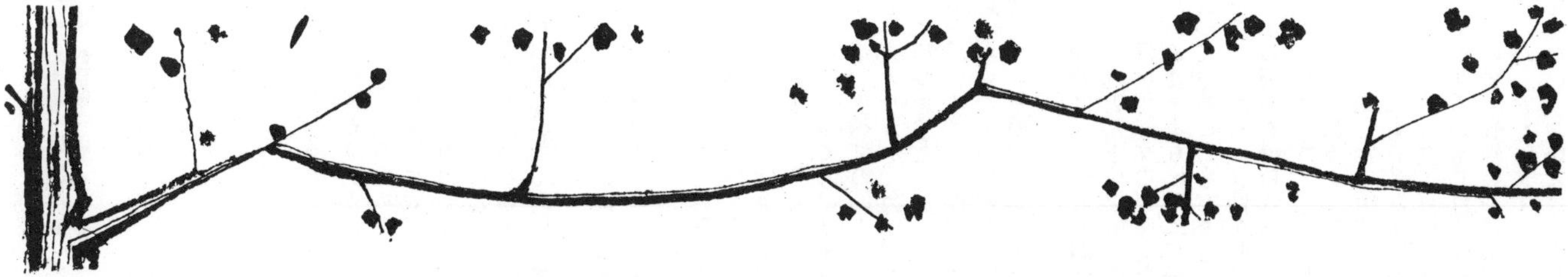

いる中で自分一人すまし返つて読んでいるのは少し我儘過ぎはしないであろうか。

乗物以外の生活の場で、もつと読書に振り向けられる時間があるにちがいない。

何を読むべきか

やはり古典には親しんで置いた方がいゝと思う。世界の人々の間に価値づけのきまつている書物は、必ず読んで益するところがあり又その内容を知つて置いた方が、いろ〱の場合に役に立つものである。

普通の社交の間の会話の慣用句になつているようなもので、古典から出ているものもずいぶんある。つれづれぐさや、枕草子、源氏物語などに源を発している言葉など、心得ていなければ人生のたのしさが減らされはしないだろうか。

その他西洋の名作の古いもの、新しいもの、このごろでは飜訳でたいてい読めるのだから、私たちは読みものには不自由しない。

新聞・雑誌

新聞はよく読むべきものである。信用ある新聞の記事のさまざまによつて如何に多くのことを学び得ることであろう。

日本の政治家の演説は（そう言つては失礼だが）大して思想の糧となるものを提供しないようだが、外国の大統領や大政治家や名士の演説大要などを新聞で読んでも、その中には百科事典で調べてみておもしろいだけの材料が含まれていることがしばしばある。引用句や例話などに古典的或は文学的の意義が含まれているからである。そういう種類の記事を読み、それから引きつづいて調べてみると、意外に多くの収穫を得る場合がしばしばある。新聞だつて中々よい教科書である。

生涯を通じての教養

読書は私たちに与えられた教養と娯楽とレクリエーションの技術である。

この技術を一応身に持つていながら、衰えさせるのは真に惜しいことである。

失つてはならず、冷やしてはならぬ情熱である。若い女性は、社会生活に門出するとき、まじめに読書の問題を考え、読書設計を立てるようにおすすめしたい。

女性と職業の問題

学窓を巣立つ人のために・4

羽仁説子

このごろでは、もう若い女性が職業をもつたほうがよいか、職業をもたないほうがよいか、というようなことは、問題にもならないようにみえます。

それでは、日本では、女性の職業に対する考え方が進んでいるのか、という事になれば、決してそうだということのできる人はひとりもいないとおもいます。そこに、なによりも、現在の若い人々の深く考えてみなくてはならない問題があると思います。

小説家のパール・バック女史が書いた「女とは男とは」という本のなかで、アメリカの多数の家庭婦人達が、女性として高等教育を受け、相当の教養水準をもち、家庭生活といえばまつたく合理化されながら、決して明るい精神状態にいない、という原因を分析して、それらの婦人たちが、社会に出て働くことがないからだ、としています。そして現在、特別なかたちによつてであるといつても、ソ連をはじめ社会主義国家においては、すべての婦人を、就職せしめているけれども、アメリカの社会は、これらの多くの家庭婦人たちに職業を与えることはできないだろうといつて嘆いています。女性の働く問題が、これほど重要な意味をもつているのだということを、日本の社会は考えているのでしょうか。

ながいあいだ、日本の女性は「ただの人間」でした。農家の主婦のように、ほとんど夫とちがいなく、むしろ男達よりよく働いて一文の財産もなく、こつそりへそくりをためることよりほかに、子供のために小さいものを買つてやることもできないというような存在であつたのですから、女性が職業について、とにかくいくらかの現金を得られるということは、驚くべき仕合せだつたのです。その証拠に、農村の娘たちは、ほとんど売られるような形で、繊維工場の女工になることを承知したのです。「女工哀史」というような、世界的にも有名な事実がつくりあげられてしまつたのです。「女工哀史」はいまはなくなつたというかたがあるかもしれませんが、本質的には、日本の女性の職業戦線の現代は、女工哀史をまぬがれないものだとおもいます。

日本では、戦争中急激ないきおいで女性の社会への参加が求められ、職業戦線がひろげられました。そして、戦後、これを基盤として、女性の職業分野はひろくなつていつたわけです。しかし、それは、女性自身の、苦労と団結力との力によつて築きあげたものではありませんでしたから、最近の逆コース的な風潮によつて、だんだん狭ばめられつゝあるのが現状です。そのときにあたつて、職業について考えようとしている若いかたたちに、本気に考えて欲しいことがあるのです。まず第一に、女性の職場が狭くなるというだけではなく、大きな問題がかくされているのです。といいますのは、戦争中から戦後にかけてひろがつた、女性の新しい職業分野というのが狭くなつて、あとにはいわゆる明治時代からの、女なるが故に安い報酬で働くとか、単調な男性では仕事にならない作業を手の先が器用だとか、女のやさしさだとかいう美しい云い方で、女性におしつけた仕事ばかりが残されようとしています。かく問題をはらんだ女性の職業戦線に出てゆく若い方たちに、ぜひ、自分が職業に就くという、身のまわりや心の用意というだけでなく、日本女性全体の地位を高くも、低くも、狭くもする重要な場に立つているのだという自覚をもつて欲しいのです。

日本女性の地位が高くなるとか、低くなるとか、狭くなるとかということは、決してひとりびとりに遠い問題ではなく、あらゆる女性の生活に根深くひびいてきて、そのひとを不幸にも幸福にもするからです。たとえば、身の上相談などにあらわれる多くの妻の不幸、恋人たちの不幸というものは、それがあたかも、そのひと個人の欠点のようにみえていて実は、社会を流れる女性に対する軽蔑的な考えかたが、その男性の、姑の、夫の心を支配しているということが明かだからです。女性の悩みというものをほんとうに突こうとおもつたら、社会にひろくかもしだされている女性の問題を抜きにして、真相にふれることはできないのです。自分の問題だけに囚われていて、恋人のなかにある、夫のなかにある横暴な気持というものを、根本的には解決することはできないのです。もちろん私たちは個々の立場を通して、夫であり、恋人であり、師であり、同僚である男性たちの女性に対する意識の不足について、個々にこれを正す努力をしなくてはならないのは当然です。しかし、その努力をも社会全体の女性の地位をあげるという方向を抜きにしては、ただ意見をするとか、とつちめるとか、反対に甘えるとか、いうことになつてしまうだけで、ほんとうの効果はあげられないとおもいます。そして、いつも男性と女性との泥試合的悩みがつゞくのだとおもいます。パール・バックもまた結局、男とは女とは、という問題の提出のなかでそのことをいつているようにみえます

いろいろの問題があるなかで、第一に考えて欲しいのは、最近娘が職業に就くということについて、反対をしないひとびとが「家庭においたのでは結婚の相手をさがすことができませんから」といつていることばが一般に流布されていることです。それをほほえましい風景のようにいいもしますが、私はそれをきくたびになさけなくなります。ながいあいだいわれてきた、女の職業は結婚までの腰掛けなのだという、相も変らぬ軽蔑を裏がきすることになるばかりです。女を社会的みそつかすとみる気分があつてどうして家庭の主婦としての妻を本気に相手にすることができましよう。昔は内助の功といつて、妾の生んだ子供の世話までさせ、いまは恐妻とかなんとかいつて、妻を家庭のなかに祭りこんで不平を封じたり、それは男性の責任というよりは一そう根深く、家庭を社会の矛盾のはけぐちというか、吹溜りにしてみてみぬふりをしている冷たい政治の考え方が、女を特殊な存在にしようと考えているのです。

ヒットラーが、第二次世界大戦をひきおこす前に「婦人よ家庭にかえれ」という演説をしたのは有名なはなしです。女性が、家庭にとじこめられてしまつて、決して平和な世の中はつくられないのです。せつかく一人前の社会人として、職業戦線に進みながら、本気で社会と対決することができず、浮腰しで家庭にひつこむ為によいチャンスはないかとねらつているような態度はみにくいとおもいます。男性と女性とが愛し合うという状態におかれるとつい遠慮がなくなつて、おたがいに不満におもうようなことがおこつても、夫婦げんかをしていても、ふと職場でみた女性の意外にしつかりした態度というものを頭に浮べることのできる男性は、とことんまで無茶をいうことはできないとおもいます。むかしから、すぐれた女性を母にもつている男は、女性をばかにすることはできないといいますが、社会の苦労を身につけたうえでこそ、家庭のなかで本当に夫の相談相手にも、息子の相談相手にもなれるのだし、新聞ひとつ読むにも実力がついてくるのです。

職場に出て自分の働くことになつた職場の歴史、たとえば、郵政省に働いているなら、日本の郵便事業というものが、封建的な考えかたとたたかつて、先覚者たちの苦労のなかで築きあげられてきた、ということについては何も知ろうとはせず、職場には労働組合があつて、おたがいの力になり、さまざまの活動をしているという様なことにふれてみようともせず、したがつて、能率をあげようという工夫などには興味はなく、自分だけがよい子になろうとして、嫉妬心をもやしたり、服装をきそつたり、お化粧を濃くしたり、内心、よい亭主をみつけようというあさましい気持があるのでは、客観的にみて、社会の女性への印象は、くみしやすいもの、ということになるのをふせぐことはできないとおもいます。家庭にはいつてしまえば、また特定の場合だけでなく、職業戦線に働く女性達について、男性が美しい印象を持つことができるということになつたら、どんなに心強いかしれません。

私は、お化粧をすることに反対をするのではありません。若い女性が美しくあることは、人生の花であるひとびとにかえつてのぞましいことだとおもいます。ところが、そのお化粧なり、服飾なりが、職場に対する真剣な掘りさげがないために、職場の感じとは似ても似つかない、浅はかなものを選んでいたり、その反対の調子を選ぶなら選ぶで考えあつてのことならこれもひとつの美だとおもいますが、そうではなく類型的な、右や左をきよろきよろしてよせあつめたモダンだとか斬新だとかいう常識のひろいあつめ格好なのですから、職場婦人らしい、機敏でスマートな、理知の光のあらわれようはずはありません。職場でもつた会合のあとなどによく「女らしい」ということが話題の中心になることがあるのですが、こういう若いひとたちのあいだでこそ、女らしさという、美のすばらしい新発見を得たいとおもいますが、正直のところ期待がはずれます。やはり職業戦線そのものについての不勉強が、わざわいしているのだとおもうのです。

給与の問題とか、労働基準法の問題だとか、失業勧告の問題だとかいうことの勉強を、じつさいに職場のなかで、切実に学ぶことなしに、近代的な教養は身についたものとはならないのだとおもいます。家庭にいては、学校のなかでは、決して学ぶことのできなかつたものを学ぼうとする、しんけんな態度なしには、経済的に家庭を援助しなくてはならないという深刻な理由のために就職した職場も、浮わついたものになつてしまうとおもいます。

（筆者は評論家）

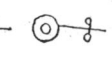

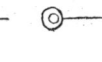

―学窓を巣立つ人のために 5―

壬生瑛子

あなたのお勤めに花を飾りましょう

枝から切り取つた花はもう一度水中で茎を切つて花辨には新鮮な霧を吹きかけ、貴女の大好きな花瓶にさす、煙るような支那青磁の花活けの中で花は深々とその生命を息づくでしよう。

貴女の最初のお勤めも丁度そのようです。いたわつて大切にして職場という支那青磁の花瓶にみづみづしい心で生活の花を活けましよう。

いつでも初めには夢があるのです。またあつていい筈です。その花の心を一と月経ち、一年経つうちに埃にまみれさせたり、しぼませたりするのは皆あなたの責任なのです。

何も難しい抱負や固くよそおつた覚悟はいらない貴女が就職試験にそんなものを示す必要が少しもなかつたと同じように、貴女のお勤めの最初の日、みづ〳〵しい心と、誠実な笑顔だけでその職場へ入つていつて下さい。

その最初の日のみづ〳〵しさ、つゝましさを心に刻みこんで、ずつとこれからの生活を育てゝいつて頂きたいのです。

自尊心はすみれのように

野の草むらに咲いた紫のすみれのような自尊心こそ職場にあつては美しいものです。

職場に新しくついた人達は大低といつてもいゝ程、ひまわりのような自尊心に燃え立つていて、いつもお茶くみやお掃除のことが問題になります。若い人達は真剣にそのことについて討論したり考えたりします。いつか私はある大学の女子学生に聞いたことがあります。「貴女方、部会の時などお茶くみなさる？」「アラ、どうして？　勿論ですわ、何故つて研究会なんかして皆疲れてる時においしいお茶を心からのましてあげたいと思うんですもの、誰からも強制されてないし、あとでお茶碗洗う時、男の学生も手伝つてくれますの」

職場のお茶くみやお掃除の問題もこうしたすみれのような自尊心で簡単に解決のつくことなのです。職場を奇麗にしたい、皆の疲れを慰めたいと思う時、自然にお茶をわかし、自然にホーキを手に取るのは、ちつとも貴女の自尊心を傷つけることにはならないでしよう。

職場は劇場や社交界ではない

先ず毎朝職場の誰にでも、顔を合わせたらおじぎをするより先きに、いきなりふきこぼれるような微笑を送つて下さい。そういう魅力のある挨拶は忽ち相手の心をとらえるからです。おじぎより微笑の方が、もつと有効なあなたのアクセサリーです。

それは決して卑屈でもなければお追笑でもない、憂鬱そうな魅力や取り澄ました個性のある美しさは劇壇や社交界ではもてはやされるかも知れませんが、職場で要求されるものは極く当り前の女性で、見ていて思わずニッコリしたくなるような活き活きした微笑や魅力のあるあいさつ、社会生活の第一歩はこんなところから楽しく開かれてゆきます。

これは意味もなくゲラ〳〵笑うことや矢鱈にペコペコおじぎをすることゝは全然違う感覚です。そして正しい意味での生活の武器にもなるのです。武器といつて悪ければアクセサリーといつてもいゝのです。

先ずブローチやイヤリングより先きにこのアクセサリーを身につけましよう。

一本の線を忘れずに

学窓を巣立つた人々が初めて自分の意志で自分の力倆をためす、と同時に解放された自由人の喜びを一杯に、自分の全部を職場の生活に打ちこんでゆくということは立派な態度ですが、そのために往々にして神経衰弱になつたり、夜眠れば職場の夢ばかり見る。そしてまじめな熱情家であればある程やせてくるというようなことを私達はしば〳〵見聞きします。これは職業生活と私生活との間にはつきりした一線をしかなければ救われないようです。夜まで仕事を自分の家に持ちこんだりしないように、そして一歩職場を離れたら、上役とか先輩とか、そういう特殊な関係に支配されない生活を持つことが必要です。

いや〳〵乍ら、或は疲れているのに、ことわり切れず夜遊びをつき合わされるとか、そんな場合にも、仕事と私生活の上にはつきりした線を常にひくように心がけたいものです。

新しく職場につくかたのために

一足とびに大人になるな

大人になるという意味は、大人のわるい部分に飛びこむなということです。勿論段々大人になるのは当然ですが、無理に背のびをして大人になる必要はないと思います。先輩で奥様と不和の人がある、君に話しても仕様がないけれどといい乍ら夫婦の難しさを説いて聞かせる、そんな時背のびしてその複雑さに好奇心を起したりしない方がいゝという意味。またこのごろは四合や五合のお酒は平気でのむ女性がふえた、特に会社の旅行などにはその危険が多い訳です。そんな時、貴女の姿が決して背のびした悲しさを現わさないように、男の同僚の楽しみにもとけ合えるような雰囲気を保ち乍らも、一方自分の行動にはつきりした節度と責任の持てる態度は崩したくない、男の同僚と楽しそうに一杯のビールをふくむのをとめるわけではありませんが、いつでも自分を大切にするのが、自分自身へのエチケットだともいえるのです。

無遠慮は魅力にはならない

此頃の女性の美しさは物おじをしないことです。上役や時には部長や社長など迄、「オイお茶のみにゆこう」と気まぐれにいわれることがある。そんな時、ヘンに恥ずかしがつたりオド〳〵したり、妙に物おじしたりするのはよくないし美しくもありません。「有難うございます」と、天真ランマンについてゆく姿にはものにこだわらない美しさがあります。ところがそれにもチャンとした礼儀があつてこそ美しいので、これ幸いと無遠慮に振舞われることは相手をやり切れなくさせる。相手はくだけた気持で誘つてはいるが、若い芸者を相手にしているのとは違うから自分は寛いだ気持でいても、相手には無意識にそれとなく秩序を要求しているのです。

こんな微妙な心遣いは馬鹿々々しいといえばそれ迄だが勤務時間以外の種々の人間的交渉のあり方を男の同僚の場合、女の同僚の場合、上役、先輩などという風にその場その場に応じて、それ〳〵会得してゆかなければならないのは、事務や仕事になれるのと同じように大切なことでしょう。

コワイ女性より可愛い女性に

S子は今迄学校でも家庭でも人気の中心でありリーダーでした。絶えず衆目を浴びていなければ気のすまない性格というのでしようか。友達は皆小《プチ》ジョルジュ・サンドといつていました。

勿論職場でも最初から美しさと頭の良さでさつそうと先頭を切つていました。彼女はしばらくは文字通り満足と幸福を味つていましたが、フト、踊りやお茶の相手には誘つてくれるけれど、それ以上はコワがつて決して近寄らない男の同僚達のことを考えて、何となく風のような寂しさが心の中を通り抜けるように感じ初めました。

コワイ女性より可愛い女性に、こんな女を軽蔑したような言葉ですが、矢張職場にも通用することをいやおうなしに彼女は悟らされたのです。失敗してパッと顔を赤くするような素直さは美しく親しみ易く誰の心のふるさとにもなりますが、ツンと美しさで反撥するような態度のS子が、日に〳〵寂しくなつてゆく気持はよく解ります。こんなのが矢張ぶつかつて見る迄は解らない女の壁の一つなのでしよう

可愛らしくて頼もしい女性に

可愛らしくて、頼もしいという全く相反すると思われる二つの性格を具えるということが働く女性のエチケットでもあり、成功の道でもあるのです。つき合えば可愛らしい、仕事にかけては頼もしくつて責任感がある、この一見両立し難いと思われる性格を上手に両立させてゆくのが腕なのです。

つゝましく控え目であると同時に、非常にものごとに積極的である、或は、机に花を飾つたり、人形をおいたりする程散文的な少女なのに、仕事のデイスカツシヨンには大変論理的であるなどゝいうように、二つの面の美しい調和があなたの職業女性としての魅力となります。遊ぶ時には底の抜けたように遊んで、ピタッと事務にかえる、そうした場面転換の鮮やかさは、新しい職業女性の美で、よくアメリカの小説や映画などで見受けますが、これも二つの面を両立させ得る人にだけ許される近代美の一つでしよう。

（筆者は評論家）

学窓を巣立つ人のために6

「結婚まで」

― 若い人の手帖から ―

〃結婚〃という一言は、何時の世も若い人たちの胸に甘美な夢と憧れの灯をともすことでしよう。なかでも女性にとつては それは人生の幸不幸を決定するもの、とまで云われて来ました。

春と共に学窓を巣立つて、或は職場へ或は家庭へと新しい門出への希望に胸をふくらませながらも、やがて訪れるであろう結婚の日のことを思い、それ迄の年月を何を学び、何を考え、どんな風に過したらよいかという事をふと考えることでしよう。

ここでは、そうした二十才前後の若い方達それは色々な職場に働く人や、尚学生として勉強中の人達など、出来るだけ多方面にわたつて、それぞれの立場からの結婚までの心構えに就て、その率直な声を集めてみました。

俳優としての感性を育てて

KR劇団　水上多寧子

私のマイク生活も二年半の春を迎えました。これからも演技の本質を基礎にしつかり持つて、広く演劇面で勉強して行きたいと思つて居ります。でも私のこんな決意が父母から見ればとても悲愴に見えるらしく、女の幸せは何と言つても結婚にあるのだと申します。

一頃女学生時代、〃母〃とゆうものゝ力の偉大さ神祕さに大変感動した事をおぼえていますが、結婚を現実に引き戻して考えた場合、不規則な今のお仕事では常識的な主婦の地位を築くには余程の努力を必要とします。

でも結婚によつて今まで燃やし続けて来た灯を吹き消してしまう事はとても淋しい事です。時間的に許されないのなら家庭で静かに坐つて、今までの俳優としての感性の修練を作家的感性にまで育て上げて行きたいものと思います。若い日、折角ともした灯がたとえ小さくなろうとも、それを心の片隅で一生燃やし続けて行く事が出来たらと願つて居ります。

一日も早く技術を習得したい

銀座山野美容室勤務　西野文子

これからの女の生きる道は、やはり自分で何かをもつていなくてはいけないという こんな気持から私は、この美容師という職業をえらんだ。学校へ一年通い、その後一年間のインターン生活はただ夢中で過ぎてしまつた。覚悟はしていたが、一日中立ち通しの仕事なので、始めのうちは腰から下がつつぱつた様になり、重くむくんだ足をひきずつて帰る路路、これから先何年続くかしらと懸念したものだつた。しかし仕事も段々面白くなり、体も馴れてくると、毎日がたのしく、早く一本立ちになつて自分のお店をもちたいという意欲をかんじる様になつた。この美容室にきて、丁度丸二年半になるが、一日も早く技術を習得したいと、その気持にかりたてられて、本当にこの職業をえらんでよかつたと、泌々思う。女性ばかりの職場での明け暮れは、反面配偶者をえらぶ機会にめぐまれないが、私の仕事をよく理解してくれて、共に人生を歩んでくれる男性だつたら、今すぐ結婚してもよいと思う。そうして或る期間は共かせぎしながら、やはりこの仕事を生かし、将来の生活をともに築いて行きたいと思つている。

一生かかつて編物と語学を

埼玉大学英文科　金礪尚子

〃結婚前の娘の心構え〃ということであるが、私の場合、結婚前だからと云つて特にしなければならないと思う事は何もない。一日一日が、これから一生かゝつてしようと思うことの完成への一歩々々である。私が一生かかつてしようと思うことは、具体的には、編物と語学である。両方共既に私の生活から切離せないものとなつているが、更に勉強して知識を広め、技術を磨いて行きたい。語学では、恋人と二人で一年に一つずつ別々の新しい外国語を勉強し、お互に教え合い、数年後には少くともヨーロッパ語で書かれた文献は一応辞書引き〳〵でも読めるようにしたいと計画をたてゝいる。抽象的には人間として常に誠実でありたい。自分にあたえられた仕事に全精神を打込んでやつて行きたい。安易な生き方はしたくない。占有慾の変形ではない真の愛情を持ちたい。又他人からも愛される人間になりたい。現実にしつかり根を下した生活。しかも現実に妥協することのない生活。

彼を理解するために

外国商社タイピスト　手塚晴美

このきびしい現実の社会の中に、ほんのちつぽけな一つの家庭を造る。――どんなにしたら、どういう風にしたら。とつてもむずかしい事だし、又すばらしい事だとも思つて、毎日がその設計に、計画に頭が一杯なのです。ものを書く事を仕事にしている彼に、少しでも良い仕事をしてほしい、何んにも出来ない我儘な私だけど少しでも彼を理解し、仕事を理解しなければと、しなければならない事で頭が一杯なのです。素直な良い妻になる様に、彼の仕事を身近に理解出来る様に英語やフランス語の勉強もしたいし、本もたくさん読みたい、お料理も上手になりたい、お針仕事だつて必要ですし、その上少しばかりのおしやれもしたいし、それに第一に二人の住む家、暮して行ける丈の経済力、いろいろな難関がひかえていて、それ等を一つ一つ突破してゆく事が、今の私の生活状態です。

唄の修業のかたわら

ビクター専属歌手　藤代京子

生来音楽の好きな私は、現在に至るまでの殆んど毎日の生活が（と言つては一寸大げさになるかしら）リズムに明け、唄に暮れるようないわば音楽一倒辺の生活だつたと言えましよう。私の大好きな音楽、そして唄と共に、私自身も多かれ少なかれ、私なりの考えを持つようになり、甘い華やいだティーンエイヂャーの夢と希望から脱皮して、おぼろげながら現実の人生の一端に座り込むことが出来るようになりました。一個の女性として、そして、結婚適齢期にある私と致しまして、やはり当然心の一偶に、ほのぼのとした乙女の願いとも言うべきものがあるのを否定することは出来ません。そうかと言つて、殊更結婚に対する計画や、心構えと申されても、まだまだ漠然としたもので、はつきりと一線を画するほどのものではございません。たゞ、現在唄の修業のかたわら、女性としての道、そして女性らしさを維持するために、家事の手伝いや、趣味としての洋裁、生花などに専心致しております。

平和な家庭をつくるために

東宝女優　鏑木ハルナ

私は常に卒直で善意に満ちて生きたいと念願していますし、いかなる人も人間的な暖さのない貧しさは、美も才も富もその内容を埋める事は出来ないと信じています。生来気が弱くて凡ゆる事に余り人並みな慾がなく生命力の薄い人間らしいのですが、この信念だけは私を焼いて了わなければ失えぬ固執です。だからこそ結婚に対しては臆病ですが、多くの夢を持ちます。素朴で淡白で、ハイヒールをはいても首の下に入つて了う位の背の高い男性的な人で子供が大きくなつて、サイン、コサイン、タンジェントを聞かれても〃数学はお父様よ〃つて云える様な東大出の科学者でなければなりません。例え十坪の家でも、その空気は何か心のほつとする平和な家庭でありたいし、そこで私は山程のお洗濯やボロつぎをしましよう。常に、謙虚な気持で反省し己れを高めてゆく努力と深い愛情を忘れずに……。窓辺に吹雪く夜をストーヴのそばで夫の帰りを待ちながらその人の靴下を編む私を楽しく空想します。

月給つき花嫁スクールで

産業経済新聞文化部　赤岡東

同じ新聞記者といつても私の様に婦人欄の担当にでもなれば、仕事の性質上、考えようによつては月給つき花嫁スクールで勉強しているみたいなものである。とすれば随分商売冥利の話だけれども、ウソでないそのショウコには、例えば料理記事なんか書く時には、一流店を飛び歩いては、そこの板前の鮮やかな手並を傍で見、聞き、メモし、喰べてその上大事なコツを手にとるように教えてもらえるといつた工合なんである。（もつともこちらが新米の頃は板前の言葉をうのみにして、一人前の家庭料理に塩コップ一杯と平気で書いたりしたけれど）とまあこんな調子で洗濯でござれ、買物の上手な仕方でござれ、赤ん坊の育て方から、だん〴〵「夫の浮気」だの「離婚原因」調べになつて裁判所へ出頭したり、しまいには「老人の心理と扱い方」にいたるまで紙の上では一通りの人生コースをおさらいしているわけ。とはいうものの、さてほんとに結婚してみたらこの鉛筆一本のうろ覚えがどのくらいに役立つものか、まつたくあてにならぬことも念のため。

自分の仕事を誠実に

童話作家志望　白井百合子

子どものためのお話を書くこと、そしてこれを一生の仕事としていきたい、とその決心がついたのは、ようようこの頃になつてからのことです。

それまでにも、考えなかつたわけでもありませんが、女としての本当の幸福は、結婚すること、それに目的があつたためでした。

しかし、人間らしい生き方をしていくために、いちばん大切なことは、一生涯情熱を失わない自分の仕事をもつことであると考えるようになつてから、結婚にたいしても、おたがいに、経済の基盤のうえにたつての自由人として、人間として向上していくためにおたがいにおたがいを必要としてゆくところに、幸福となる要素があるように思われてきましたですから、いまの私はとても勉強がしたいのです。白雪にかがやく八ケ岳をながめたとき、また、夕陽をうけてあかね色にそまるアルプスの偉大さをまえにしたとき、私は、私の仕事を誠実にやつていこうと思うばかりです。

私の結婚の夢

俳優座　阿部寿美子

広い庭（海があつても、山があつても、林があつてもよい広いに越した事はない）に可愛らしいレンガ造りの家を建て、暇があつたら、お花を造つたり、動物をいろ〳〵と飼つたり、音楽は何でも好きですから、電蓄を置いて、疲れた時、ソファに腰を下して聞き入る。広い庭を二人で散歩し芝生にねころんで　仕事の話合いをして、退屈したらスポーツに興じ汗が出たらやすんで、夕暮の美しさを二人で眺める。

たまには、御友達を沢山呼んで、みんなで遊ぶ、御互に仕事を持つていれば、家庭はあくまでも憩いの場所であり、同時に自分の時間を自由に使える場所。

お互いの人格を尊重し理解し合う事は、大切な事、美しいもの（外形的なものだけではなく）新鮮な感覚を身につけていく事、二人が少しずつでも向上し人間的に愛し合つて生きていける事が、私の結婚に対する夢。

もつと大人になること

洋画家中山巍氏令嬢　中山玲子

まだ学生の私には一口に結婚の事を聞かれても困つて仕舞いますが、誰れもがその様にばくぜんとした中にも将来の希望と幸福を知らず知らずに考えています。

私は現在芸大の音楽部で声楽の勉強をして居りますが友人達の間で何時も話題になる事は結婚と自分の勉強が両立するかどうかと云う事です。本当に自分の物にするには卒業してからのたゆまぬ努力が必要なのです。学校だけ卒業しそのまゝ家庭に入つて仕舞うのは淋しく思われます。女だから男性にたよつているのは今の社会状態ではたえず不安ではないでしょうか。一人子で育つた私には友人にも言われる様にわがまゝな所があるので歌を自分のものにすると共にもつと大人になる事が今の私の目的で結婚の事はそれからです。もし現実にぶつかつたとしたら？　何時までも女らしさを失わず良き家庭人であると共に自分の勉強もつづけて行ける様お互に努力し助けあつて行きたいと思つております。

女らしさを育てること

ファッション・モデル　岩間敬子

モデルと云う仕事を持つていますと、お化粧やおしやれが生活の主な部分を占めていますので、水仕事などからは遠ざかりやすく、又する時間もない現在です。家庭を持つと云う事は、結極水仕事までも必要になる事ではないかと思いますが、現在はその事よりも女らしさを忘れてはいけないと云う事をまず考えています。いわゆる結婚のための女らしさではなく人間としての女らしさを忘れぬと云うことです。たとえばお花を生けると云う事も、美しい雰囲気の中から美しいものを生み出そうとすることのために勉強しているのです。

モデルと云う仕事が女らしさと美しさが必要であると云う事とゝもにそれが自然に結婚の為の教養になるのではないかと思います。どんな運命のもとに結婚をするかそれはわかりませんが、結婚後も此の仕事は続けて行きたいと思って居ります。自分達で建設して行くと云う楽しさはきつと得がたい事でしよう。

アルバイトを通して

音楽大学々生　喫茶店勤務　山田百合子

今までの私の生活とは、随分違つた此の頃の生活を考えて見ると本当に張切つたむしろ楽しい生活だと思つている。決して昔のお嬢様学生時代をなつかしんではいないつもりです。もちろん昼間学校へ行き夜は喫茶店での仕事を持つ身ではお稽古事は全然するひまがないのですが、アルバイトを通して、随分色々と人生勉強が出来たと思います。働くと云う事の喜び、どんなにお金と時間が貴重なものかと云う事が良くわかり、お嬢様として結婚するよりもずつと幸福な結婚が出来るのではないかと思います。社会を知ると云う事、アルバイトを通して随分結婚に対して考える事がありました。働いている間に勉強の大切さを反つて真剣に考える様になり、お嬢様時代よりずつと時間の少ない現在の方が勉強する様になりました。結婚をした時はアルバイトによつて得た知識と自分の力で働いて学ぶ事の出来た音楽の道を、最大限に活用して、幸福な結婚を築き上げる様努力したいと思います。

精神的な修業を

銀座小松ストア勤務　石黒かほる

普通一般の事務的な仕事と違つて私の場合は直接御客様との応対で御座居ますので言葉使い、礼儀又印象等に於けるサービスの点に就ても充分考えなければなりません。もそれを扱つている人の感じが悪くては御客様は満足出来ない事でしよう。幾ら自分が求めている品が良くてしたいと思うのが常でしよう。御買物はお互に気持ち良くそれには先ず御客様に対するサービスを良くしなければなりません。の点に於て私達は精神的な忍耐力と言うものを充分養われたと思い、大いにプラスになつたと考えております。又自分が担当している商品知識に就ても充分注意を払わなければならないと思います。これは商品に限らずあらゆる事に就ても同じ事が言えると思います。現在の仕事に就ては将来多少なりとも役立つ予備知識を与えられたのではないかと思つております。唯時間的余裕が少いので自分が習おうとしている事が思う様に出来ないのは残念ですが計画を立てゝ無駄のない日々を送りたいと思つております

先ず人間らしく

小説家志望　山田康代

結婚前の生活つて――総べてのものに対する欲求、理想、懐疑、夢に自らをとりまかれているこの日々の歩みも、結婚への過程となつて行くのであろうか。女の生涯を決めるとも云われる結婚に対して私の考えはまだ皆無である。何故つて私は今目の前にある事を為して行く事で一杯だからだ。ファウストの中に見られる〝絶えず努力する者は遂には救われる〟と云う理想は、私の頭の中を渦巻く懊悩への一つの道標ともなる。人間らしき人間、内面的な深さを有する人間、私はそれを求め、そして己れに得ようとする、目前の事を為していく事は次の新しい視野の開ける事でもある。学術の為に、教養の為に女として必要である為になどと常識的見地からみても行うべき事柄は多くあるが私はその何れにも身を投じて青春を彷徨したい。真の人生の目的を摑まんが為にも――。より良き人間として瞬間を努力しつつ、生きたいと願う事が、来るべき将来へと続く私の生活態度ともなるであろう。

お稽古ごとのなかから

評論家 大宅壮一氏令嬢 **大宅桂子**

高等学校時代から、手芸編物のたぐいはほとんどしてきました。好きなことをしている時はほんとうにたのしいものです。卒業後一年半洋裁を習つておりましたが、今は、お料理、茶の湯、生花のお稽古をしています。友達には、いわゆる花嫁修業だとからかわれたりしますが、私はほかの手芸などと同じように好きで、目的をもつてやつているのです。その他慾張りの私は、あれもしたいこれもしたいと、いつも云つていますが、さしあたつてこの四月頃から始めようと思つているのは〝帽子作り〟です。自分で好きな帽子をつくつて、かぶつて歩いたらどんなにたのしいでしょう。是非やつてみたいと思います。

それから一時やめていた絽刺もしてゆきたいし、茶の湯や生花も続けていつて、その中の一つでもほんとうにマスターしたいのが私の希望です。

仕事の中に生き甲斐を

農林省植物研究所勤務 **長田繁子**

自然を求めて山に登り、野を歩み、植物、動物果ては石、雲に至るまでの名を解りたいとは私の生来の希望。

山ねむる山の麓に海はなくとも、山の麓にいて生物相手の仕事が出来るということに魅力を感じ、生き甲斐を感じている次第。

二、三年前の植物標本整理をしている中に Collector S.O. を思いがけず見出し、静岡の山を八時間も雨に降られながら採集して歩いたこと、嵐の為普通樹上にしか見られない寄生蘭の珍品を拾つたこと、重いリユックを背負つてやつと辿り着いた山の雄大な花畑等、思い出は駈けめぐり、過去が私の仕事の手を鈍らせる。

春になれば毎日山に出かけ、花や実の附いた標本を採り、科・属・種に分類する。この附近だけでもスミレ科は二十種余り、子房の毛の有無、葉の長さと巾の比率となかなか分類はやかましい。

又、蕗のとう、山苺、キノコ等々四季折々の山の味、むせる様な新緑の途、澄んだ大気、私にとつてなくてはならぬものである。

学生時代を有意義に

女子大生 **矢部礼子**

結婚前の生活といつても私には大学に於ける生活と云う事になりますが、常に何か目標を立てゝ暮して行きたいと思つています。

私は児童科を専攻していますが、学校で学ぶ以外にも何か他の物を心の糧として見出して行きたいのです。私の周囲にそれは数えきれない位有りますが、とに角、この若い時代に出来得る事を何でも、楽しくやつてみたいのです。洋裁、ピアノ、お花等のお稽古も、種々のスポーツも、身に附けておきたい。そしてその中の一つ〱に、私は生きると云う喜びと共に、満ち足りた心の潤いを感じます。

学生と云う一つの特権階級の中で、夢を持ち、希望に胸をふくらましていられる時が一番幸福である。その時代を無駄なく、有意義に送つていく事が、私の次に控える新たなる生活までゑの生き方でありましょう。

私のお稽古ごと

同和鉱業重役令嬢 **猪瀬陽子**

今の中に習得して置きたいことは沢山御座居ますがその中で特に必要と思われるもの及び現在御習いしつゝ在ることを左記に上げて見ました。

〔洋裁〕現在までに習つたものですが、出来れば今後デザインの勉強をと望んで居ります。

〔和裁〕今までに余り必要を感じませんでしたがやはり女の嗜みとして習得したいもの。

〔編物〕洋裁と関聯が有り、手編み、機械編みともに習いたいものの一つ。

〔御料理〕家庭に入つて是非必要な事で一寸としたものでも御料理の仕方でおいしくも経済的にも出来るものですから。

〔茶道〕古風な物の様ですが立居振舞いが美しく奥床しいもので女の身嗜みとして。

〔華道〕現在御習いしつゝ有るもので身嗜みとして。〔書道〕教養として。〔ピアノ〕楽しみに御習いして居るもので趣味として。

〔絵画〕風景が好きで自然の中に浸りながら書いて見たいと望んで居ります、趣味として。

現在の生活を充実すること

三十書房編集部　木村正子

結婚のために是非心掛けておきたい事、と云うとあれもこれもと山程ありそうだが、実はなんにもしていない。実際現在の生活には、結婚の準備のための勉強と云う事はまず第一に時間が許しそうにない。まず現在自分自身がいかに生活する能力を持ち得るかと云う事を考えている。現在の仕事を完全に身につける事それがまず第一条件だ。そして結婚した後もお互いに建設していかれる立場でありたいと思う。云いのがれのない自分自身の立場をはっきりとしておきたいと思うのだ。

女が女であるが故にしいたげられたのは最早過去のことである。けれども、女が女であるために美しくあると云う事は昔も今も変りはない。聡明さと美しさを失わないようにする事、仕事から得た多くの知識で自分自身を磨く事が最も大切な結婚生活への準備ではないだろうか。

結局今の生活そのものの充実が現在の私の生活に於いての結婚の準備となるのではないだろうか。

実社会の勉強を

事務員　日下節子

結婚のための用意と云われ、もう私も結婚と云う事を人にも云われ自分も考える歳になつたのかと、うかうかと過した月日が大変残念な気が致します。学窓を巣立つてより早三年の月日が流れ其の間毎日事務机の前で単調な仕事をくり返し、家路をたどる頃はもう夕陽が沈み掛ける頃なのです。そうした毎日の中で、さて、なにを学んだのか、と今更考えさせられますが、事務を取ると云う事ばかりではなく、広い社会と人間対人間のすさまじい戦い、そして其の中にもほのぼのとした善行。野辺に咲くすみれの様な目立たぬ愛。私は此の三年間にいわゆる結婚の為の稽古事はしませんでしたが、本当の社会勉強、人間としての教養を積む事が出来たのではないかと思い、そうした事が結婚の日のためにきつと役立つのではないかと思つて居ります。此の三年間は決して無意味な日々ではなくてやはり色々と得がたい時間だつたと思います。又その社会勉強ばかりでなく帰宅後の時間を利用して、日本の女としてのゆかしいしきたりの、お茶やお花も学び、楽しく美しい結婚が出来る様努力したいと思つて居ります。

調和のとれた結婚のために

銀座べらみ洋装店　宮本文子

私はドレスメーカー女学院を出てすぐ現在のお店で働くようになり、約三年になります。

オフィスと違つて、理解さえあれば結婚後も続けられる御仕事ですので、特別に結婚までとくぎつた心構えというものはございません。

結婚する候補者がみつかつたら、まあ素的なんてすぐに飛びつかないで、よく慎重に考えます。丁度生地を買い求めてデザインをする場合のように、ウインドの中に入つている生地を遠くで眺めている時にはあんなに胸をときめかす程で買つたのに、いざ自分のものにして、仕立てて、鏡の前で映して見たら、窮屈で着心地も悪く、少しも自分には合わなかつた、などと後悔することのないように。そんな点私の仕事を生かして結婚したいと思うのです。

着る人とお洋服とやはりよく調和のとれたその人らしい結婚を望んで居ります。

ただ舞台に専念すること

日劇ダンシングチーム　董山規子

私が舞台で踊るようになつてから丁度三年になります。その頃まだ都立二十高女の女学生でしたが、宝塚やそうした華やかな事を好きだつた八つ違いの姉にすゝめられて、自分ではもし合格しても学校を退めてまで入団する気持は無く、たゞ試験場覗きのような軽い気持でラケットをぶら下げてセーラ服の制服姿のまま父母に内緒で試験を受けに行つたものでしたが、それが合格して、決心をして入団して了うと、今迄とは反対に、立派に踊れる舞台人になりたいという一筋の希望に包まれるようになりました。野心と云つてはおこがましいのですが、さゝやかなそんなものも持つて。その為に現在は楽屋などでよくお友達のするような編物や繕いものや、女らしいと云われる様な事は何一つしないで只舞台に専心して居ます。ですから結婚までの腰かけとか、アルバイトなどという気持は全然無く自分の持つているものを許されるならば何時迄も育てて行きたいと希つて居ります。それでいて、結婚したら誰よりもいい奥さんになりたい、どんな努力をしても絶対になつて見せるという大きな夢を持つて居ります。

働く人のスタイルブック

女性が職業につく事は常識の様になつた現在、働く皆様、今春学窓を出られる方々に是非共読んでいただきたいスタイルブックです

主な内容

通勤の為のスーツとセパレーツ
杉野芳子　山脇敏子　宮内　裕
中原淳一　藤川延子　水野正夫
その他活動着　楽しいきもの　おしやれのきもの　くつろいだきもの新着外国モード作品集など満載
その他一流デザイナーの作品発表

180円　発売中

一九五四年のスタイルブック

きものの美しさは年毎に変つてゆきますがその新しいセンスばかりを取り入れた一九五四年の此のスタイルブックを御愛用下さい。

主な内容

スーツとセパレーツ集
藤川延子　山脇敏子　中原淳一
ワンピース集
隅田房子　水野正夫　中原淳一
華やかな席のために
中林洋子　中原淳一　水野正夫
他一流デザイナーの作品発表満載

180円　発売中

590スタイル スーツ・セパレーツ

春のうらゝかな陽の下で一際美しくする、スタイルの数々。このスーツ・セパレーツはきつと皆様のお気に召すと思います。

主な内容

ウエストに変つたダーツ　藤川延子
一つの色の濃淡の美しさ　中原淳一
毛糸編のボウを飾る　杉野芳子
スウエーターで着るスーツ　宮内裕
若い方のために　中林洋子
若いひとのセパレーツ　桑沢洋子
他、一流デザイナーの作品発表

180円　発売中

子供のための
フアツシヨンシヨー
水野正夫作品発表

手芸・フアツシヨン界に新しい感覚で活躍期待されている水野正夫先生が、此度び、楽しく可愛らしいフアツシヨンシヨーを開かれます。御子様の為に是非お出掛け下さい。

日と時間　3月23・24日　PM 1
所　銀座・山葉ホール
入場料　150円

それいゆ愛読者カードによる
コーラスミシン当選者発表

それいゆ 28 号の世論調査に御答え下さいまして有難う御座居ました。コーラスミシンの御厚意により賞品を提供頂き、多数のお答えの中より抽籤致し、下記の十名の方に幸運の星が輝きました。こゝに御名前を発表させて戴きます。三等の当選者の方々にはお名前発表に代えて直接当社より賞品を送らせて頂きます。

1等　コーラス電気ミシン　5名　　2等　コーラス足踏ミシン　5名

1等

氏名	年齢	住所
長野君子	26才	札幌市円山南十条西21丁目
福島彌生	21才	埼玉県本庄町本庄郡郵便局内福島様方
品川八重子	20才	伊勢崎市茂呂町 2 の 625
小池昌枝	24才	長野県諏訪郡本郷村字立沢
倉持リル	21才	東京都足立区栗原町 825

2等

氏名	年齢	住所
松浪信子	21才	横浜市保土ケ谷区月見台 246　水柿様方
大浦澄子	25才	金沢市清水町 4 の 12
奥野博子	30才	倉吉市字仲三町
佐藤德子	18才	熊本市北新坪井町 135
合田早苗	20才	香川県多渡郡多渡津本町

主催　ひまわり社　　後援　新高ミシン株式会社

高峰秀子さんのお宅ときもの拝見

この二階の一室は高峰さんの書斎で、入口のドアを開けると、読書家と云われる高峰さんだけに沢山の愛読書がきちんと美しく整頓された本棚や、御自分でデザインを考えられたという机、そして広い窓になつた南側を除いた三方の壁に何枚かの高峰さんを描いた肖像画が懸けられてあつて、それがこの部屋全体に一際美しい色彩を添えている事などに気がつきます〃梅原画廊の様でしよう?〃と高峰さんが仰言る様にこの中の三枚の額は何れも梅原龍三郎先生＊

＊から贈られたもの、左の写真の鉛筆画だけは宮本三郎先生の筆になるものでした。この部屋の南側の大きな窓の上が横長い出窓の様になつて書棚に作り替えたのが珍しく、又壁に嵌め込まれた本棚にしてある所も元押入だつたのだそうです。二方の壁に取り附けられたこの部屋の灯はちようど行燈を思わせるような形のものでこれも高峰さんの御考案になるものとの事でした。又この机は、壁につけないで部屋の真中に置きたかつた為に、机上の物が向側へ落ちない様に工夫されたのだそうです。

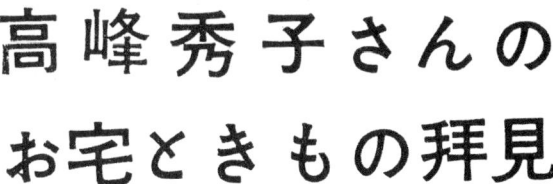

この綺麗に洗われた美しいタイル張りの玄関は八疊間程の広さがあつて、正面は応接間（客間）へ、下の写真で見る左側の階段は二階へ通じ、その左側は台所へ通じています。それにこの広い玄関は椅子やテーブルのセットも置かれ電話もここにあつて、此処も客間の一部と云つた感じであり、家人はスリッパのまま出入りする事が多い為に、室内と全く同じ様にいつでも綺麗に拭かれてあるのでしよう。清潔好きな高峰さんの好みがここにも窺れました。

くすんだ灰色のスペイン風の瀟洒なお住いをバックに外出姿で立たれた高峰さん。お召しになつたオーバーはグレイで、高峰さんのお好きなこのグレイの色と生地を充分に愉しむために思い切つて小さなカラーとカフスを添えただけのプレーンなデザインのもの。衿元にマフラーを覗かせたりはしないでドレスの真珠のネックレスかそのままアクセサリーとなるコートドレスといつた感じのこのオーバーは、ゴテゴテとした無駄な飾りを好まない高峰さんそのままと云いたいような美しさ。このガス燈を想わせる門燈は高峰さんが三万円とかで骨董屋から探して来られたものとか、それがこのお宅に何とも云えないロマンチックな風情を添えていました。

「この家の、でこぼことした出入りがなく余計な飾りのない四角い箱の様な簡素さと、清潔な感じが何よりも一番気に入つています」と仰言るこの建築後五年位になる麻布永坂町のお宅に移られたのは約一年位前、移転に当つて部屋の中の気に入らない所や細かい家具に至る迄全部御自分で工夫されて改造なさつたという事でした。

最少限の坪数を、必要なだけの少い部屋数に仕切つて、そこに許される限りの文化的な設備を整え、どの部屋もどの部屋も隅々まで細かい女の神経と愛情を行き渉らせた理想的な〝女の住居〟の一端を、ここで御紹介しながら、それぞれの部屋に美しい彩りを添えて立たれた高峰さんのお好きなものを拝見させていただきましよう。

右は玄関の左側の階段を背に立たれた和服姿の高峰さん。藍色の地に白の細かい十字絣のお召で、帯は明るいワインカラーの無地に紫の帯〆め、裾廻しや袖口は帯と同じワインカラーで揃えて、この藍の地味にもなりがちな和服姿をぐつと若々しいモダンな印象にしています。上の写真は右頁の下の写真からカメラを少し左へ移動してみた所、この階段をくぐつて奥に見えるのが台所、そこの入口には雨傘や靴べら等勝手用のものが掛けられてありますが、こんな所や台所が玄関からそのまま見えている事が少しも不自然でない様に総てがきちんと整頓されています。台所の入口に置かれた木製の清潔なサンダルの白いビニールにはくつきりと墨で「高峰」と書かれてあるのも、普通中々出来難い事だけに高峰さんの徹底した几帳面さがうかがわれるのでした。

玄関の天井に取り附けられた釣りランプの様なこの照明は、やはり高峰さんが骨董品屋で探して来られたものだそうで、天井の白い単調さに何か風情を添えています。

玄関に続いたこの応接間はすぐ左の食堂に続いていて、特別必要のない限り境の引戸を開けたまま二部屋を続けた応接間として使用されています。

右の写真は食堂との境に立たれた所。相変らず黒とグレイがお好きな高峰さんは、このドレスもグレイの地に黒に近いグレイの横縞を織出し縦縞には濃いグリーンが織り出された美しいチエック。この生地の美しさをそのまま生かして、極く小さなカラーと、前立に同じグレイの小さな貝釦を並べただけの思い切つてプレーンなデザインを選ばれました。黒のナイロンベルベットの左のドレスも、釦なしで開いた衿元とプッシユアップされた短い袖とを除いてはデザインは殆んど同じもの、開いた衿元にはパールのネックレスがこのプレーンなスタイルにそのまま溶け込んで神秘的な美しさを添えています。今作るドレスは今の所どれもこれもこの衿でこういう形にする積りです、と云われるように、前頁に見るオーバーにもこの新しい流れが見られます。住居にも着るものにも余分な飾りを好まない高峰さんの、一貫した好みがここにもうかがえるのでした。

このお部屋には落ち着いた色彩の調度が配置よく並べられていますが、印度の産になるものというこの鼈甲色の珍しい屏風は御自分で骨董品屋で探されたもの。この屏風の前に斜めに置かれた椅子はやはり古道具屋で買つて来てそれを、元お母様の帯だつた支那緞子で張り替えられたものとか。高峰さんは「どれもそんなに高いものじやありません。ここに並べられた小さな壷等も（左の写真）二百円のもあれば二千円のもあるし、皆その折々に好きで買つたり頂いたりしたもの、値段にはこだわらないんです」とこうした家具調度への愛情の深さを語られました。

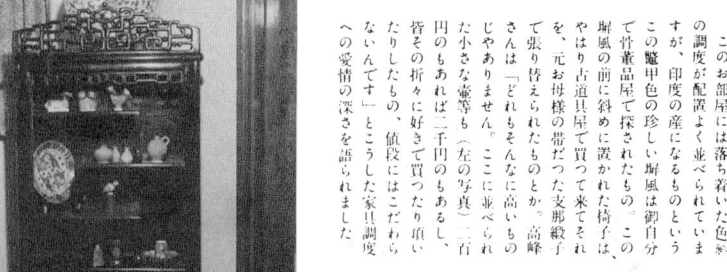

上の写真は、この食堂の一隅におかれた小型のテーブルですが、このテーブルに掛けられた布は、前頁で御紹介した高峰さんの藍と白の絣のお召のきものの残り布でした。
　下の写真に見える額は、宮田重雄先生の筆になる高峰さんの肖像画。階下はこの客間と食堂、それに続く台所の三部屋に分れているわけですが、どの部屋にも、みんな御自分の部屋としての心遣いをしていらつしやる高峰さんでした。

高峰さんが稀に見る〝名子役〟としてスクリーンにその名を謳われたのは現代風に数えれば四才の時、その後〝綴方教室〟〝馬〟等に今度は稀に見る純粋な〝少女役〟としての代表作を残して来た事はどなたも御存知のことでしよう。やがて子供つぽい大人、大人つぽい子供と言う様な不安な転換期がありそうなものだという杞憂を何時の間にか乗り越えて〝可愛らしいデコちやん〟の魅力はそのまま〝女〟の魅力に成長し、ほのぼのと温い女の美しさを匂わせているのが今の高峰さんではないでしようか。まだまだ若い高峰さんは、女学生でも大人の役でも好きなものなら何でも演りますとのこと。理想としては良いものに数少く出演して、その余暇で、女優としてばかりでなく一人の女としてのよりよい生活を築いて行きたいというのが、最近の心胸のように見受けられました
　上の写真は前頁の応接間に続いた食堂で。ドレスは濃いグレイ（黒灰色）のジヤアジイ。衿の形は前の二枚のドレスと違つて胸まで明いたへちまカラーになつていますがやはりプレーンなスタイル。グレイのエナメルのベルトに胸のアクセサリーもそれに揃えたもの。

黒地に白の細かい縞が浮き織になつたお召が、長身の高峰さんに心憎いように似合つた和服姿。帯は朱色の地に白や緑で図案を織り込んだ綴織風のもの。この着物の裾廻しも帯の地の色と揃つていました。この高峰さんの後に見える食器戸棚に続いたドアを開けると上の写真の台所に続きます。清潔そのものの様なこの台所は、他の色は何も無く全体が白一色に塗られてありますが、これは元灰色のはげた様なペンキ塗りだつた所を、白のペンキを買つて来て御自分で全部塗り替えられたという事でした。梯子に登り手に刷手を持つて身支度よろしくペンキを塗る高峰さんの姿をスクリーンでなしに想像して見ましよう。

最初の頁で御紹介した書斎の他に二階には、高峰さんの私室（寝室兼居間）と浴室と女中部屋とがあり、これらの一室一室が、境の戸も開けたままの開放的な階下とは全く対照的に、全部廊下からドアで出入りする様に区別されていました。

こうした必要なだけの部屋数に分れた理想的なお住いに隅々にまで愛情を注ぎ乍ら、女優として同時に一人の女性としての無駄のない朝夕を迎えていらつしやる高峰さんでした

美しいと思う七人の人 1

作家　三島由紀夫

1

僕ほど、美に対して偏見のない男はめずらしいだろう。美しいものを差別なく僕は嘆賞するが、それに別に嫉妬を感じはしない。その代り、よくしたもので、僕の感じる美の範囲は限られている。骨董の美なんか、僕にはわからない。僕には人間がいちばん美しく見える。生物の中で、断じていちばん美しいのは人間である。これは美を感じるわれわれ自身が人間の一員である以上、当然なことだ。次に美しいのは馬である。第三位は多分猫であろう。

僕の立場は、おそらくホイットマンの「アダムの子等」の人間讃美に近いのであろう。僕は青春の花のさかりの美しい男女にいつも喝采を送る。ある年齢の堆積から来る美というものも、わからぬではない。しかしそれは女に限られている。自分の母の年齢までの女の美しさは、みんなわかるつもりだ。母が七十になれば、僕には七十の老婆の美もわかるようになるだろう。ところで、男の年齢の累積は美しくない。それは男が成年期に達すると、単なる男から、一個の抽象概念としての「人間」に脱皮するからであろう。世間で男ざかりなどというのは、主としてこの後者の意味である。女はこれに反して、いつまでたっても女だ。女は第一お化粧をするから、いつまでも美しいわけで、生地のままの男のはうが青春のさかりは短いのである。これは世間の定説に反した私の確信ある学説で、世の女性に捧げる福音である。アレキサンダア大王が、死ぬまで、二十才そこその自分の肖像しか作らせなかつたという伝説は、古代ギリシャの知恵が、このマケドニヤの大帝の中に生きていた証拠と思われる。ここまで来れば読者にもおわかりであろう。僕は女にも男にも「知的な美」と世間で呼ばれるものを、決して認めようとしないのである。

1　山本富士子　**（映画女優）**　映画の打合せで、はじめてこの人に会つたとき、その美しさにびつくりして、「神さまがよくもこんなよく出来た作品を作つたもんだ」とプロデューサーに話したら、いい宣伝材料に使われてしまつた。まつたく造

2

3

4

5

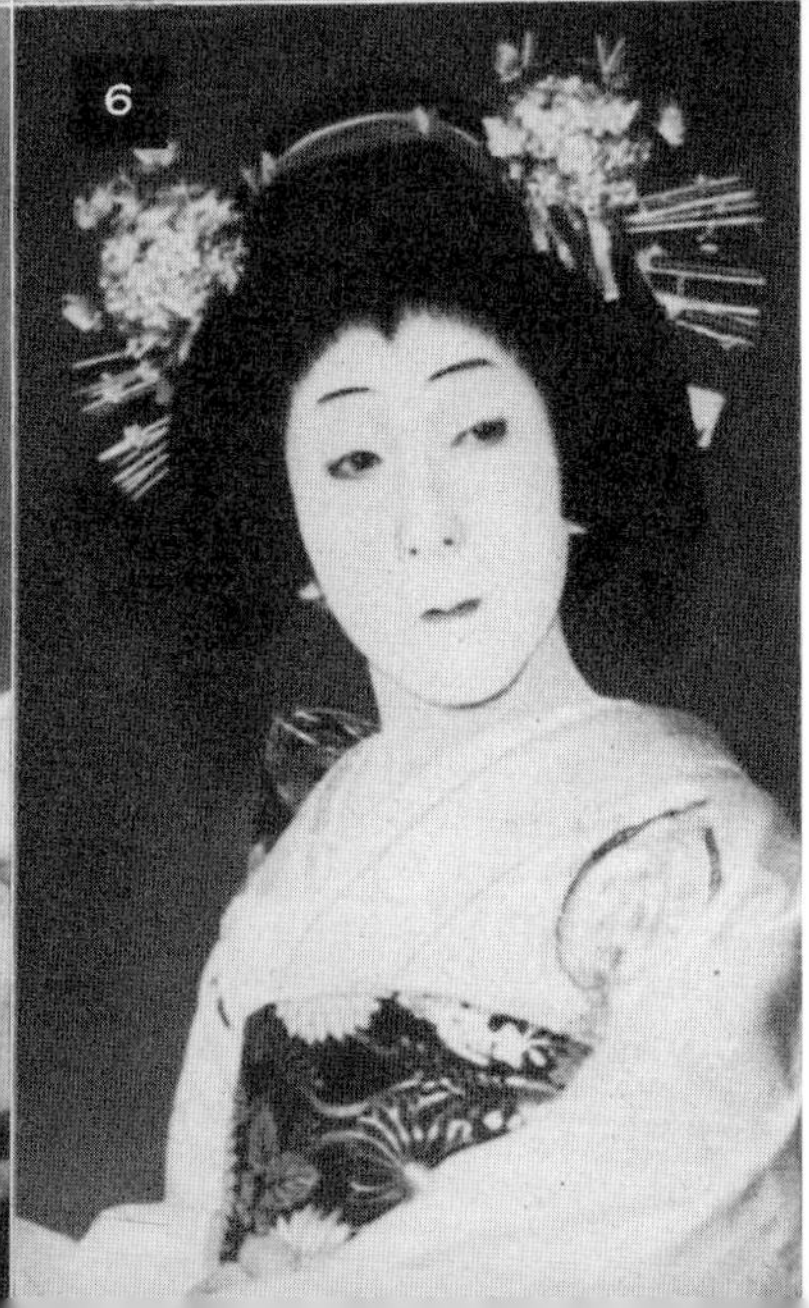

6

7

化の妙を嘆ぜしめる美人である。女性には天才がいない代りに、絶世の美人がいるのである。

2　エドウイジュ・フイエール　（**仏国女優**）　フランス劇壇切つての貴婦人で、私は舞台でこの人を見る幸福を持つた。優雅と威厳の兼ねそなわつた女性の典型である。映画「しのびなき」では、フランス伝統の無数の姦通小説の女主人公のエッセンスという風情があつた。しなやかで強く、情熱的で冷酷で、しかもオレンジのような南国的豊醇さがある。

3　渋沢多歌子　（**タカラ・クラブ会長**）　日本の現代にも、このような威厳と美をそなえた貴婦人が生きているのは嬉しいことだ。毅然とした贅沢さは、世間の気をかねたブウルジョアくさい贅沢さとちがい赤い爪、宝石、毛皮、などを自分の生地と信じて疑わない。夫人は慈善団体タカラ・クラブの会長であるが、日本ははじめて真の豪奢な慈善家を生んだのである。

4　若柳　登　（**舞踊家**）　彼女はどたをやかな大和撫子を今の日本に見ることはうれしい　彼女が長振袖に美しい風呂敷包を抱えて私の家の縁先にあらわれたとき来合せていた文学青年たちは、すつかり固くなつて居住いを正した。およそ洋服の彼女は考えられない。彼女も伝来のキモノを自分の華麗な皮膚と考えていることであろう。

5　ジヤン・マレエ　（**仏国俳優**）　この顔はふしぎな顔である。いつか私は先代宗十郎の顔の貴重さと比較したが、あながち突飛な比較とは思われない。シヤンソン・ド・ローランの登場人物を彷仏とさせ、しかも現代スポーツ青年のイメージにもかない、悲劇的ないかめしさと、青春のもろい甘さとを持つている。ただ彼の不幸は彼の顔の青春が永遠につづくことであろう。

6　中村歌右エ門　（**歌舞伎俳優**）　この人の誠実さ、芸熱心には、今度の私の芝居（地獄編）に当つて、改めて頭が下つた。このファイトはどこから出て来るのだろう。おそらく、女形の様式のうちに抑圧された猛烈な男性の反抗であろう。十二月の墨染、先月の道成寺は、私がもし昔の劇評家なら、極上々吉と評するだろう女形の無双の美に輝いていた。

7　大木　実　（**映画俳優**）　この人にはまだ会つたことがないが、スチールで見て日本の美青年の代表選手だと思つた。凜々しさ、憂愁、青春の甘さが、この顔には溢れている。もし私の小説「禁色」が映画になれば、ぜひとも彼を主役にほしいがそんなことは決してありえないから、彼も安心して可也である。

2 美しいと思う七人の人

女優 越路吹雪

1

私は生来、女らしくないのか、平常からあまり「あの人、綺麗ね」などと云つたことがないので、美しいと思う七人の人を書くようにと云われて本当に困つてしまいました。

顔の美しい人、姿の美しい人、心の美しい人、仕事をしているとき大変美しい人……美しいという言葉には、ずいぶんいろいろの意味があるので、さて私は、どの美しさをえらべばいいだろうと、考えるには考えたのですが、これが又、すぐには、さらさらと思い浮かばず、結局、かくの如く狙いの散漫なえらび方になつてしまいました。

1 川喜多かしこ夫人 （**東和商事社長夫人**） 女というものは、どんな生活の中にいても、生涯、「自分はこうありたい、こうありたかつた」という一つの憧れと夢とを持つているものだと思います。川喜多夫人は、そういう意味で私の憧れのかたであり、そして私が美しいと思うかたの一人です。御主人の川喜多長政氏と御一緒に巴里にいらしたときお目にかかり、そしてずいぶんお世話になりましたが、いつも、おおらかな心をもつていらして、側にいるだけで心の安まる思いをさせて下さいました。優れた才智をお持ちになりながら、決して御主人の邪魔にならないように、こまやかな心づかいをされている美しいお姿は私の短い異郷での生活の中での、あたたかな思い出の一つです。

2 有馬稲子さん （**映画女優**） 大体に、あまり美しく整つた女の人というものはつまらないもので、私はあまり好きではありませんが、有馬稲子さんだけは例外です。花は神が創られた美というもののシンボルだと云いますが、私は有馬稲子さんの顔を見るたびに、この言葉を思い出すのです。彼女は本当に

5

4

3

2

6

花のように美しく、娘らしく、可愛らしい。私は彼女があまりにも可愛く美しいので、映画界という荒波を、あの若さでこれから先き、乗りこえて行かねばならないことを、可哀そうに思うくらいです。

3　池部　良さん　（**映画俳優**）　典型的な二枚目ですね。「そんな二枚目のサンプルみたいなことというなよ」と、彼は不満かもしれませんが、二枚目なんだから仕方がありません。ジエラール・フィリップの持つているものと相通じるものがあり、ジエラール・フィリップを見ると良ちやんを思い出し、良ちやんを見るとジエラール・フィリップを思い出すほどです。

4　縣　洋二さん　（**振付家**）　誰でも仕事をしているときの姿というものは美しいものですが、私は縣さんが踊の振付をしていらつしやるときの姿が大変に好きです。華奢で柔軟な身体の中から縣さん独特の雰囲気をもつた振が生れてくる。縣さんのあの仕事ぶりを眺めながら、私は幾度か純粋なものの美しさを教えられはげまされてきたような気がします。

5　イヴ・モンタン　（**シヤンソン歌手**）　私は舞台の上の彼の姿と声しか知りません。併し彼は、たしかに美しい姿と悩ましい歌声を持つていて、ジヤポネの女の子である私を、その歌声でしばしば悩ませ、心をゆすぶりました。行きずりの喫茶店でイヴ・モンタンのレコードをきくとき、私はしみじみ、彼と巴里を思い出すのです。

6　森繁久弥さんと私　（**俳優**）　これは決して、姿、形が美しいというわけではありません。ただ私たちは、「モルガンお雪」で一緒にオロオロと舞台を踏んだときから今に至る迄、良き友であり二人は美しき友情を持ちつづけているということを云いたいわけです。二人は「ボクと私のカレンダー」というラジオ番組の中で今尚悪縁つきずつきあつていますが、シゲさんは歌を初見で歌わされるときは中学生のように不安な顔をしてみせ、私が調子の出ないときは默つて兄さんのように一生懸命で調子を引上げることに苦心さんたんして下さる人です。彼は気が向くと、即興詩を口ずさみ、いくつかの古めかしき愛唱詩をいつも心のふところに持つている永遠の青年詩人でもあるのです。

3 美しいと思う七人の人

女優 香川京子

1

美しい人、それは聞くからに何とも云えぬ清々しい気持がするではありませんか世の中には美しい人も沢山おりますが只美しいと云つてもそれは色々ありましよう

牡丹の様にあでやかな美もあれば若草の蔭に可憐に匂つているすみれのような目立たぬ美もありましよう。

人の顔立にしても、古風な美人、現代美の人、目鼻だちの整つた人、色々な美しさがあります。

そこで本当の美しい人、誰でも何となく心惹かれる人、とは前に述べたような容貌の上から見た美しさは兎も角、何か人の心を打つものがなくてはいけないのじやないかと思うのです。即ち、それは真剣に仕事をしている人の姿、一心に音楽をかなでる人の姿、総べてを打ち込んでしている姿は、誰にも何とも云えぬ美しさを感じさせる。又、教養ある人、善行の人には自ら品位が備つて見える。それこそ本当の美なのだと思います。

ここに挙げた美しい人とは、そうした美しさを持つた方々なのです。

1 イングリット・バーグマン（**映画女優**） 外国の映画の人は随分美しい方がいますが、その内でも一番、バーグマンが美しい人だと思うのです。カサブランカ聖メリーの鐘と、心に残る多くの作品に出演した彼女の美しさは、いわゆる美しいと云うのではなく、母性の様な、不思議な人間的な美しさを感じさせられます。

2 原節子（**映画女優**） 非常に美しい方です。香り高く清潔な菊の花の様な方て、すべてに尊敬しおしたいしている方です。教養の深さからくる美しさが、美し

2

3

4

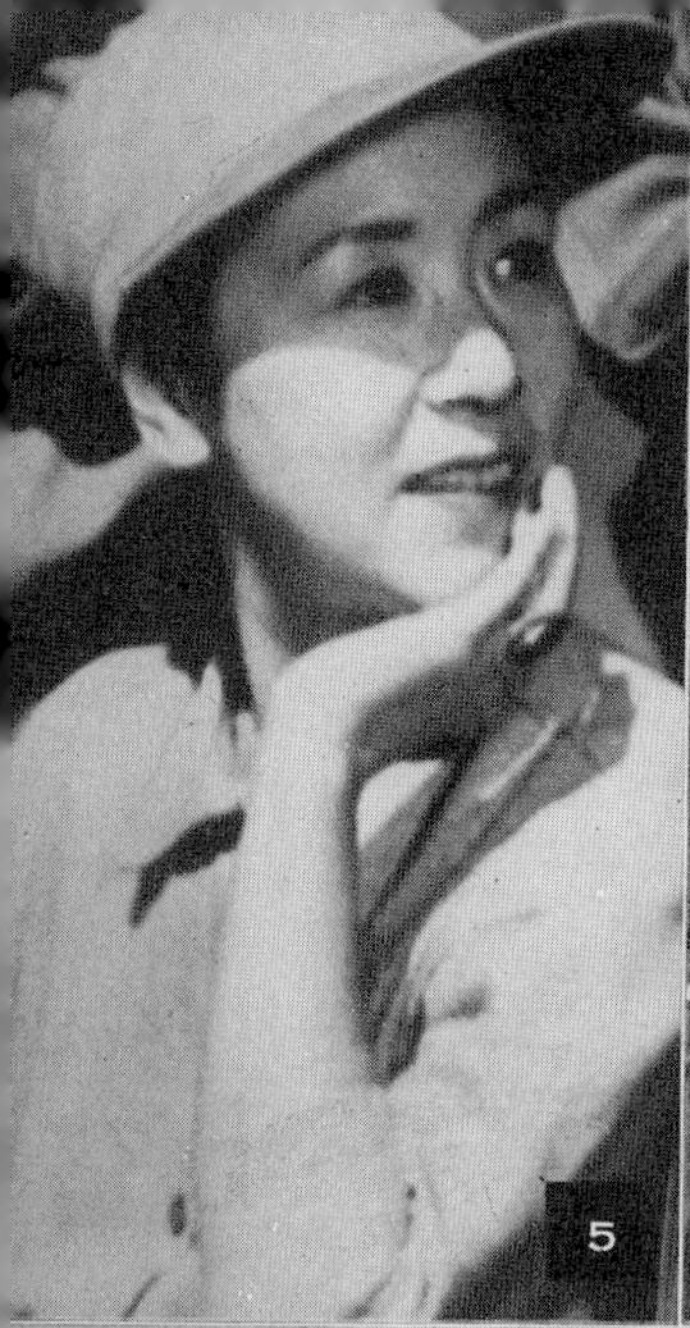

5

6

7

い目鼻立を一層引き立てて居られる様です。お話ししていましても一つ一つの表情が余りにも美しく眺めてしまう程です。

3 谷桃子 （**バレリーナ**） 此の方もお話しした事はありませんが、舞台を拝見すると、踊の一つ一つが、研究と努力とのたまものの様な優美な中に妥協を許さぬ力強さと神秘さにあふれ、本当に美しいと思います。日頃は、大変に謙譲なおとなしやかな方との事で、静かなお顔はきつと、清らかで強い心が反映されているのでしょう。美しいと思うとともに、その人柄に深く心を惹かれます。

4 巖本真理 （**バイオリニスト**） まだ直接にはお逢いした事はありませんが、演奏会などで、その演奏態度や容貌から、いかにも芸術家らしい、純粋なものを感じ、演奏される美しい曲とともに真理さん全体が清らかな程のハーモニイを見せて本当に美しいと思うとともに、その芸術性に尊敬の念を持つています。この写真は私の感じた気持そのままが現われている様で、大変大切にしています。

5 田中絹代 （**映画女優**） 女優として監督として、一般人として、すべてに素晴らしい方だと思います。内面からにじみ出る美しさとでも云うのでしょうか。なにか心にじつとしみる様な立派さと美しさを感じます。目は心の窓とか云いますが、本当に美しく清らかな目をお持ちの方です。仕事中のぴりつとした態度、日頃のやさしい笑顔。金剛石の様にみがけばみがく程出て来る様な、しつとりとした美しさの方です。

6 ジエラール・フイリップ （**仏国俳優**） 何本かの映画を通してのみしか知らなかつたジエラール・フイリップさんが東京に来られた時お逢いして、画面で見るよりも快活な、そして深い教養からくる美しさと礼儀正しさに心から感心し、いよいよ心ひかれました。

7 日高淳 （**バレリーナ**） もう二三年前からのお友達で、非常にうつくしい方だと思います。その美しさは、古典的な美とでも云うのでしょうか。白鳥の湖のオデット姫の様な哀愁と清潔さを持つ舞台其の儘の様な人で、その踊りもほのぼのとした舞台を楽しむ事が出来ます。十八世紀頃の王女の様だといつも思うのです。

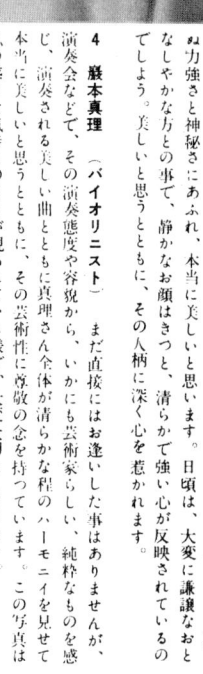

1

4 美しいと思う七人の人

俳優 徳川夢声

かくれたる美人、というものが世の中には沢山あるに違いない。然し、私たちは、あらわれたる美人しか、知ることが出来ない。

その、あらわれたる美人の中から、七人を選べという御注文。かるい気もちで引受けたが、さて、特に七人選ぶとなると、いろいろの困難が出てくる。結局、御覧の通り、なんの奇もないところに落ちついた。

1 **高峰秀子**（**映画女優**） 私とは映画「綴方教室」で、親娘を相つとめて以来の旧い馴染。七人の中で一番頻繁に顔が合つてる美人。「なんだ河童みたい」と、自動車に群がる連中の一人から悪口を云われたことがある、と当のデコちやんから聞いた。「まるで蟹みたい」とは、梅原龍三郎画伯描いた、彼女の肖像を、彼女自身で評した言葉である。

2 **後藤市丸**（**歌手**） 昭和七年のころ、彼女が未だお座敷時代、浅草で会つたのが初対面。七美人の中で、最も古き知人。そのころの彼女の美しさ、いやまつたく大したものであつた。勿論、このごろだつてそりや美しい。ちよいちよい顔を見る機会がある点では、デコちやんの次。と云つても、放送局のスタジオだの、公会堂の出演者控室だから、甚だ散文的である。

3 **高峰三枝子**（**映画女優**） 昭和十六年一月七日夜、日比谷公会堂で、満

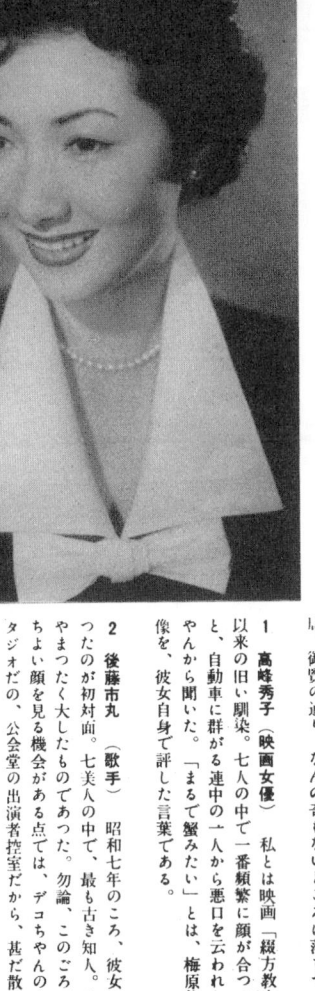

蒙の野にある皇軍勇士慰問の公開放送があつた。その時、私は舞台横のカーテンの蔭で、彼女に初対面の挨拶をした。その、少し暗いところで彼女の顔を見た時は、あまりの美しさに地上の生物とは思えなかつたくらいであつた。大船映画「決戦」では、私たちは祖父?と孫を相つとめた。

4 原　節子　（**映画女優**）　同じく美人と申しても、それぞれ好き不好きがある。然し、映画人たちの公明美人選挙を行つたら、恐らく彼女は最高点になるであろう。何から何まで、まず申分のない美人。強いて欠点を拾うと、その申分がないというところにあるだろう。彼女とは、昭和十四年のころ「湖畔の乙女」とかいう時局便乗映画で、父娘に扮したことがある。

5 藤原あき子　（**藤原義江氏夫人**）　どうも年齢をきくと誰れしもビックリするが、彼女は拙妻より年長なのにも拘らず、拙妻より十五才ぐらい若く見える。美人は若く見えるものと相場が定つてるが、それにしてもこれは奇蹟の如し。なにも拙妻を引合いに出すことはないようだが、今度、ロスアンゼルスでは、彼女たち二人を並べて見る機会を、数回もつて以上の感を深うしたからだ。

6 中村汀女　（**俳人**）　この女流宗匠との交際は、ここ数年来のことである。従つて私は宗匠の若いころを知らない。が、胡麻塩髪を無造作に結つて、至極質素な装おいをしている宗匠を見る度に、私はこう想う―もしも彼女が舞台に立つて、ちやんと歌舞伎風のメーキアップしたら、絶世の美女となるであろうと。三十年昔の、彼女の丸髷姿は、世にもあでやかなものであつたに違いない。

7 京マチ子　（**映画女優**）　私が選ぶ七人の美女は、恐らく本誌愛読者の方方の感覚と、大分ズレがあるであろう。どうもそれは世代の相違でやむを得ない。僅かにこの人あたりが、やや一致するのではないかと考える。彼女とは映画「自由学校」の座談会と、もう一度何かの座談会で、たつた二回口を利いただけ、従つて私には多くを語る資格がない。唯、もつぱら推セン致す次第。

んときもの

「のれん」は、その昔商人にとつては単なる店の看板というだけでなく、武士の旗じるしにも比すべき町人の誇りの象徴であつた。今でもあちこちの老舗（しにせ）には、未だに店の誇りと共に、その「のれん」をのこしているところが少なくない。

近代的なトップモードのお嬢さんが「のれん」をくぐる姿を見てもあまり気がつかないが、やはり和服姿でその前に立つたとき、今まで忘れかけていた「のれん」の

着る人・岡田茉莉子さん
ところ・日本橋山本海苔店

日本橋室町・三越前にある海苔の店。嘉永三年の創業後、真面目な営業振りに、宮内省大膳寮の御用を達し、明治二年当時珍らしい味付海苔を創案してのれんを守り、東京名物海苔の代表的地位にあると云う『山本』は、どつしりとした店がまえで山本と白くぬいたのれんがいかにも老舗の風格を見せている。岡田さんのきものは、えんじに白く花をぬき、その上に黒と金をあしらつた一越ちりめん。帯は金と赤のたまむし織りなのも美しい。図案化された白い花が新鮮な美しさを見せ、若い人だけに見る岡田さんの魅力を一層引き立てている。

着る人・木暮実千代さん
ところ・赤坂虎屋

のれ

良さが急に生き生きと浮び上つて、独特な日本古来の情緒の漂うのを感ずる。

　これは、四人の美しい人に東京にある四軒の老舗の前に和服姿で立つていただいたところ。

きもの・浅草紅屋提供

港区の赤坂表町に白と黒との堂々としたお城のような店舗を構えた虎屋ののれんの前。お店の感じによく合つたこののれんは、白無地に大きく黒々と「とらや」と書いてあるところなどなかなかいかめしい感じを与えています。この店は慶長の頃から京都にあつて、お上の御用を承つていたというお菓子屋。明治初年に東京に移り皇室の御用を命ぜられました。

　木暮さんの着物は、いくらか上方風な匂いを漂わせた春らしい野辺のきもの。白と黒とに染め分けられた布にもえ出る雑草をかたどつた細かい模様が一面に置かれ、その雑草の一つを取り出して大きく上前の裾から上に向かわせ他の一つを袖に出した奇抜な染め、あでやかな和服姿がのれんに映えて美しさを一層強めています。

ところ・やげん堀中島　着る人・乙羽信子さん

浅草仲見世に『やげん堀』という七味唐辛子の店がある。約三百年前寛永年間に江戸両国橋薬研堀に開業して江戸名物になり、その『やげん堀』とは土地の名であるが、そのまま七味唐辛子の代名詞の様になり、この浅草に店を移してからも土地の名をそのまま『やげん堀』と、藍木綿ののれんに白く抜いてある。小さな薬味入れの並んだ小粋な店の前に立たれた乙羽さんのきものは、紺と白を染め分けて、色紙の様な感じの白地には、えんじ色の絣模様を染め出したこの色のコントラストの中に絣模様の持つ愛らしさが江戸の下町の味を伝えています。それに、この帯は渋味のかかった黄色の毛糸で織ったもので、それに模様が浮き出ている楽しい帯。

えんじ色の帯しめが黄色の上にくっきりと全体を引きしめて、きもののもつ古風な味わいと近代的な美しさをたくみに取り入れたよそおい。

ところ・駒形どぜう　着る人・沢村美智子さん

「どぜう」と縦に大きく書いた紺地の長のれん。ここは浅草駒形のどぜう鍋とどぜう汁で名の通つた越後屋さん。今から百四十年前に現地に店を開き、昔さながらの構えと野趣に富んだどぜう汁は通人間に愛好されているとか。入口に下がつているのれんは昔とそつくり同じもの。その前で下町風なきものにいきな感じを添えた沢村美智子さんののれんを分けた姿は日本にだけ見られる風情がある。黒地のお召に縦横に白い線の走る格子縞、袖もぐつと短くしてきりつと結んだ帯は朱色の無地に金地がほんの少しのぞいた細めのもの。

僕のことあれこれ

柳澤眞一

青山学院大学英文科に在学中の僕がジヤズシンガーとして初めて舞台に立つたのは、一昨年の六月三十日に歌手黒田美治さんの後援会発会記念コンサートが日比谷公会堂で催された時だつたから、かれこれ一年半位前の事になる。その頃迄は毎週日曜日に学院教会の聖歌隊で歌つたり好きでコーラスの指揮をやつたりしていたが、僕の音楽経歴と云えばゝの位で、それも皆な好きで覚えたと云うだけで特別な勉強等は何もしていなかつた。中学生時代からラグビーをやつたり歌舞伎や新派新国劇寄席等に興味を抱き自分も学生芝居を演つたりしていたが、ジヤズも只そんな色んな僕の趣味の中の一つだつたというだけに過ぎない。此頃では幸か不幸か歌手としての生活に追われていて学校へは中々行かれない。いつそ学校を退めてもつと自由に思い切つた事をやつて見たいと思う事もあるが長男で一人つ子の僕はどうしても自分、ひいては自分の家庭の将来の事等に責任を感じて了つて未だに踏切がつかないでいる。これは僕が日本人に生れ、又英語の歌を歌い乍ら日本本来の古風な美しさに特別心を惹かれている人間だからでもあろうか英語の歌と云えば、昨年の春ビクターとコロムビア両レコード会社から入社の勧誘を受け、迷つている間にキングからも話を貰つて長い間悩んだ末、結局僕の好きな古賀政男作曲になる日本調の歌が歌いたい為に、先に話のあつたビクターとは、この一月に発売された二曲だけを吹き込んで、最近コロムビアとの契約に落着いたがこの間の複雑な問題は歌手生活で僕が始めて経験した大きな悩みだつた。これからはジヤズでも日本ものでも聞いた後迄心に残る様な歌を歌つて行きたいと思う。ではここで、僕の忙しい生活の中の一駒一駒を御披露してみよう。

学校

殆ど毎日、時には数ヶ所の舞台を掛持ちで歌つたり、その間に放送やテレビ出演等で馳け廻つている此頃なので学生としての僕本来の生活は極端に制限されて了つたが、悄く行かないでいると何故か堪らなく学校に行きたくなる。健康や年齢が大きな影響を持つ歌手という生活は何時どんな事になるかも判らないからそんな時の為にも学校だけは卒業したい。去る十二月十九日に二十一才の誕生日を迎えた許りの僕がこんな事を云うと随分古臭い様だけれど

舞台

扮装もメーキヤップもしない生地のままで出演するコンサートの舞台は、経験が一年以上になるのに今だに舞台に出るとあがつてしまう。ポサッと出てポサッと引つ込んでしまうだけの味気ない僕は、まだまだステージアクトの勉強はこれからだと痛感している。殊に何ヶ所も掛持ちで歌う時や、後楽園球場やスケートリンクなどの様に音を無視した場所で歌うのは無理があつて本当にむずかしい。写真は日比谷公会堂で、後のバンドはリズムエース。

ラジオ

この場合は聴衆が目の前にいないので〝あがる〟という様な事はないが、録音のマイクに声が吸収されて了うので、歌つていて自分の声の調子や強弱がどの程度に出ているのかが判らず、手さぐりで歌つている様なものでやはりこれも難しい。幸い今迄はナマ放送が少く殆ど録音だつたのでポケット型のラジオを持ち歩いては自分の放送を努めて聞くようにして、欠点を直すように心掛けている積り。写真はラジオ東京のイヴニングコンサートの録音の時。

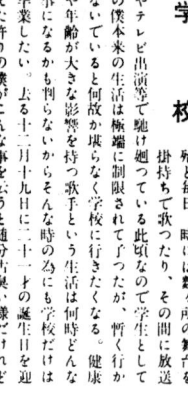

レビュー

これは昨秋日劇で上演された秋の踊りの一場面だが扮装をしてレビューの中の役の一人となつて了うと何となく捨て鉢みたいになつて、例えそれが歌うだけであつても不思議にあがらない。それに長期間なので悪い出来の日があつてもよい日もあるし（結局出来の悪い日も良い日も誰かが聞いているのだから同じ事なのだけれど）何となく気持も楽なのかも知れない。すると結局一番好きなのはレビューの舞台で、続いてラジオ、コンサートの順になりそう

テレビ

テレビと云つても、コンサートのようにただ素のままで歌う場合は例え放送のスタジオ内の限られた観衆の前でもやつぱりあがつて了うので駄目だが、ストーリーのある音楽ショウなどの場合はレビューと同じ様に役の人物になれるので好きだ。ただ台本を見てやれるラジオ放送と違つて、一度限りの放送に短い稽古の時間でセリフを全部覚えこまなければならないのが大変だけれど——。役に扮してしまうとどんな大げさな芝居でも割合平気に演れる。

家庭での時

今の僕は殆どといつて良い位に夜遅く帰宅して、身体を洗つて寝るだけが家庭での時間になつて了つたが、歌う世界と全く離れた場所でくつろいで静な時を持つという事は、僕が一番求め憧れている事だ。兄弟のない僕は父母と祖父母との五人家族、一人静な部屋でラジオやレコードを低くかけつぱなしにして寛いでいるのが本当に楽しい。僕が将来結婚する時は、こんな僕の気持をよく解つて附いて来てくれる人を先ず絶対の第一条件として探したい。

事務所

西銀座八丁目にあるこのジャズ・メン・クラブは僕達ジャズ関係の者が仕事の連絡に集る所。ジャズプロデユーサーの奥田喜久丸さんがここで一切の世話をしてくれる。南里文雄とホットペッパース、原信夫とシャープアンドフラット他十数個のバンドや、僕の他に富樫貞子・旗照夫・メリー大須賀さん他の歌手が所属している。コーヒーや甘い物は嫌いで好きなものはお煎餅位だから喫茶店等は全然縁がなく、歌う場所の他に僕が立寄る所はここ位のものだ。

本よみ

右のテレビの写真はNHKで音楽ショウを演つた時、向つて僕の右が演出の石川甫さん。これはその番組の前夜徹夜でやつた本読みの時間。ここでセリフを読み合つたり覚えたり振りをつけて貰つたりする。明日の本番を前に一回の本読みで何から何迄覚えなければならない。放送劇団の方や専問の俳優諸君に交つて僕の様な素人が芝居をやる訳だが、こう云つた雰囲気の中でその割にのびのびとやれるのは学生芝居を演つていたからでもあろうか。

舞台事務所

華やかに見えるレビュウの舞台の裏には、楽屋生活や舞台事務所、舞台裏で働いている人達との間等々に多少とも煩しい掟がある。僕なども、若いくせに少しばかり人気が出たと思つて生意気だなどと思われはしないかと人一倍気苦労をしてしまう。我々出演者への面会はこの舞台事務所で取次いでくれるのだが、特に大劇場は厳重なので、厚かましい面接希望者の多い此頃有難い事の方が多い。こうした守衛さん方の苦労も並大抵ではあるまい。

旅　行

旅行は特に好きではないが電車に乗つて家へ帰る様な感じで別に気にならない。ただ余り騒ぐ事が嫌いな方なので汽車でも宿でも、同行の友達が夜遅くまで賑やかに騒いでいても一人ですぐ先に寝てしまうものだから〝真ちやんは附合いにくい〟と云われる。僕はただ余り人に煩されるのが嫌いで静な方が好きなだけの事だが。この窓から首を出している人達は、手前から歌手の富樫貞子、僕、旗照夫君、ジヤズコンサートの司会でお馴みのエリック君達。

飛行機

上の大阪行に続いて年末に北海道へ旅行した時。飛行機は余り早くさつと着いて了うので遠方へ旅行した様な気がしないで何となくつまらないしやつぱり落ちはしないかという不気味さもある。時間の余裕さえあれば汽車の方が好きだが、東京札幌間を汽車なら早くて二十六時間も掛るのにたつた三時間で着いて了うのだから文句も云えない。初めて飛行機に乗る事は父母達がとても心配したが、こんな訳では心配しても始まらないともう諦めているらしい

手　紙

手紙を貰う事は僕の嬉しい事の一つ。勿論全部拝見する。返事もなるべく全部の方に書きたいと思うのに、それが中々出来ないでいる中に沢山溜つてしまい、幾つかの箱に整理して置いておくのが精一杯なのでとても苦になつている。何か答えを要求したりする種類のものは困るが読んだあとに〝有難いナ〟とただ感謝の気持が残るものは嬉しい此頃の人は漢字制限の影響か平假名が多くて読み難い。落着いて返事を書ける時間を僕は本当に欲しい。

サイン

どちらかと云うと神経質で社交下手の僕は、もともとファンにたかられたり騒がれたりするのは苦手な方なので、外でサインを求められるのもやつぱり苦手だ。折角の御希望だからなるべくさせて貰いたいのだけれど、次のコンサートの舞台や他の仕事と掛け持ちですぐ楽屋を飛び出さなければならない時はどうしても困るのでお断りしてしまう一人の人にだけというのは悪いので――これは神田共立講堂の楽屋で中学生に掴つたところ。

蒐　集

特別な理由はないけれど河童が好きで好きで堪らない。この世に実在しない假空のものに鳳凰、龍、天馬等色々ある中で河童は最も庶民的で、何とも云えない稚気があつて――。友人やファンから贈られた河童ののれんや額、皿、茶碗文鎮（右下の写真）河童の判等何から何迄河童を集めたが、何れ近い将来「河童の部屋」を建てて沢山の河童に埋れて暮したいと思つている。この一番右の大きな皿は雪村いづみちやんから頂いた。序に僕の好きな色は緑。

打合せ

バンドの人との打合せが不充分だとどうしてもうまく歌えない。ステージで華やかに歌つているように見えてもその直前迄少い時間の打合せに非常な苦心をしている。僕は専属のバンドはないがシャープアンドフラット、ミッドナイトサンズ、リズムエース等は中でも自分にぴつたりする方どちらかと云えば静かな古い歌が好きで僕が歌う歌はどうも新しい流行歌が少いので困る。アメリカの歌手では断然ビングクロスビーを好きと云うより尊敬している。

歌舞伎

新国劇、新派と並んで僕の大好きなものの一つ。古風な義理人情を扱つた日本的な情緒のあるこれらの芝居を堪らなく好きだから理屈つぽい新劇は嫌い。食べ物も日本的なお寿司やお茶漬等が好きだが、もしお酒ならば日本酒で黒板塀に見越しの松、といつた粋な構えで長火鉢で一杯と洒落て見たい。今の歌舞伎では中村勘三郎のファン。沢村訥升（元源平）君とは親しい友達。これは三年位前僕が学生歌舞伎で白浪五人男の忠信利平に扮した写真。

楽屋生活

映画を挟んで一日に何回か繰返される長期間のレビュウに出演する時は、舞台のない時間もずつとそこに居るから殆ど一日中を楽屋で暮すことになる。舞台に出ているよりもずつと長いその休みの時間を利用して、手紙を書くとか歌を覚えるとかすればよさそうなものだのに、只訪問客と話したり好きなお煎餅をかじつたりして何となく身体を休めている。大低二三人の人と合部屋なので僕みたいにかけ出しの交際下手な者にはやはり楽屋生活は苦手だ。

スポーツ

ポーカー、マージヤン等の勝負事は全然興味が無い僕だがスポーツは好きで、ラグビー、バスケット、バドミントン、ピンポン、野球、競走等何でも一通りやつたが、中でもラグビーは一番本格的で都立十三中時代は選手をやつていた。今の若い者の好きなスケートやダンス等は自分も今の若い者なのに何故か興味がなく、ダンスに至つては踊れないと来ている。スポーツをやつていたお蔭で煙草を吸わない習慣がついたが此頃では好きなスポーツも出来ない

学友

久しぶりに学友を訪ねてこの写真を撮つた。此頃では時たま学校へ現れると会う人毎に珍しがられて了うのでやはり考えさせられる。学生の身分で多少ともファンに騒がれるような世界に足を踏み込んでしまつた僕なので中には妬みもあるし又利用される事もある。学校の友達は懐しいが、こんな環境の違いからどうしても疎遠になつて了うのは仕方がないのだろうけれど。もつとも友達の方より僕自身の方が気兼ねしているような気もする。

暗記

前にも述べたように公開放送やテレビは、譜面や台本を見ながら出来ないので、歌詞やセリフを全部暗記しなければならない。一つの仕事が終ると次のスケジユールまでの時間を利用して少しでも覚えようと、こうしていつも手に台本や楽譜を持つて歩いてはいるが、結局気休めに持つて歩くだけで実際にはやはりぎりぎりの本読みの時間やテストの時間に、その中に浸つていて覚える事になる。暗記力はある方だと思うけれど決して得意ではない。

寄席

芝居と同じ様に寄席の持つ下町的な雰囲気が大好きな僕も此頃では好きな丈でどちらも余り行かれない。物真似の三代目江戸家猫八さんや噺家の三遊亭小金馬、漫才の国友昭二南道郎さんとも親しい。大晦日のKRの隠し芸大会では僕が落語で一席御気嫌を伺つた始末。こんな下町趣味の僕だから籠の鳥や枯れ芒、君恋し、影を慕いて等、其他大正昭和初期に流行つた歌が好きな訳。今迄は英語の歌許り歌つていたがこれからは両方歌える事になつて嬉しい。

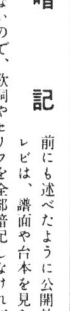

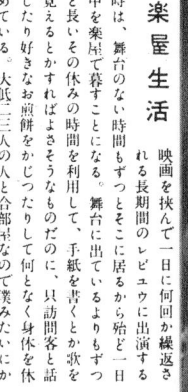

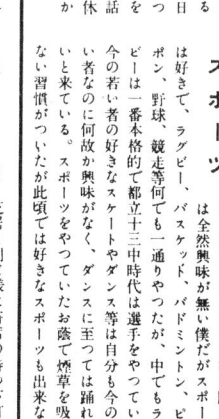

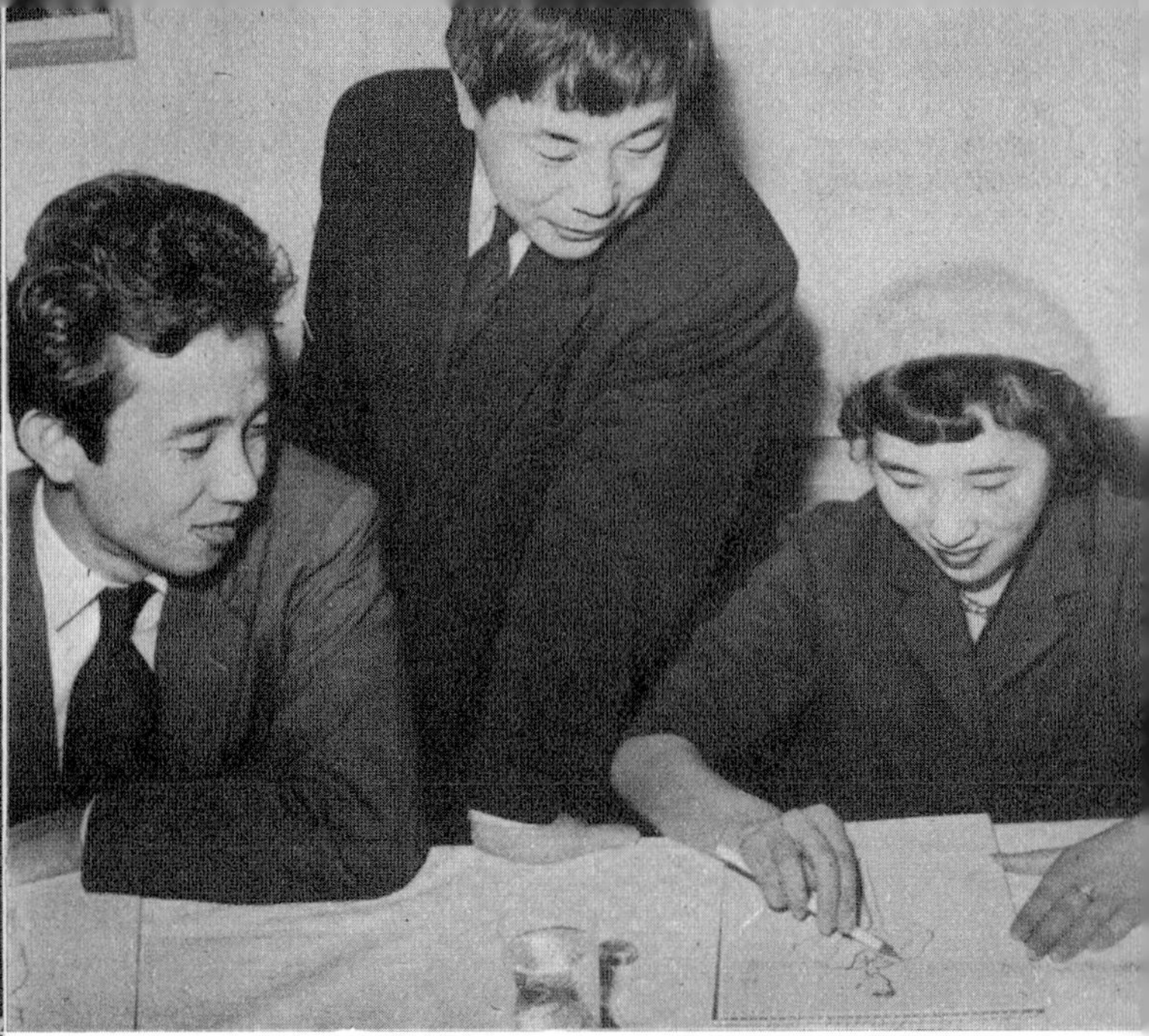

デザインあそび

田中マサコ・水野正夫

田中マサコさんと水野正夫君の二人は、今日本で一番若いデザイナーです。田中マサコさんは女のひとだけのもつ可愛さをそのデザインの上にみせ、水野正夫君は男のデザイナーとしての大胆なテクニックをもつているこの二人は若い人だけのもつ新鮮な感覚で今注目されているのです。

さて、これは私の出題によつて、三分間で描いた若い二人のデザイン遊びです

中原淳一

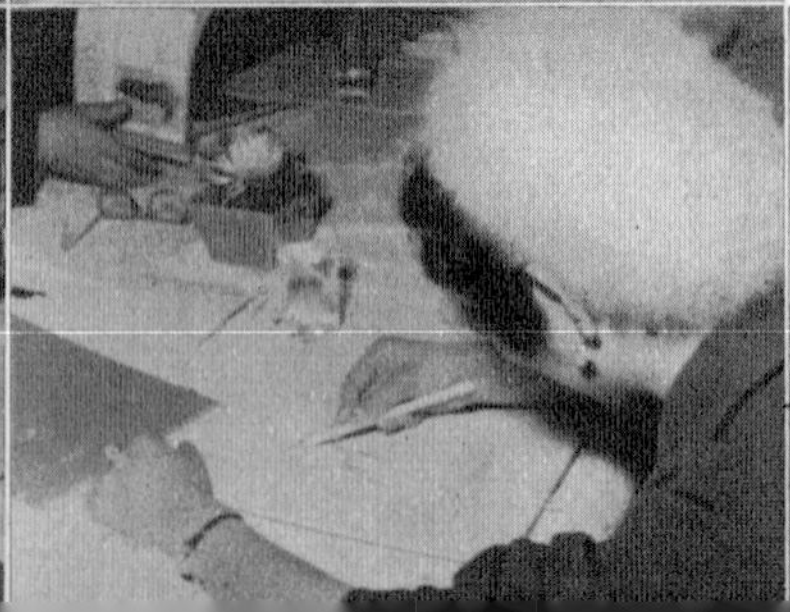

田中マサコ

たつた三分の間でまとめるとなると、その出題されたものゝ形を先ず頭にえがいて、その形にこだわりたくなるのは当然である様にも思えるが、マサコさんの方にその傾向が多かつた様だ。しかし、その中に今流行しているテクニックをうまく取入れているのはさすがだと思つたし、ものによつてはそんな風に形にこだわつている事がかえつてユーモラスな楽しさを感じさせているのだとも云える。

中原淳一

木蔭

明るいグリーンで作り、裾にぐるつとフリルを狭んで濃い緑の布を廻らせて、この全体の色調に光と影の感じを出そうと思いました

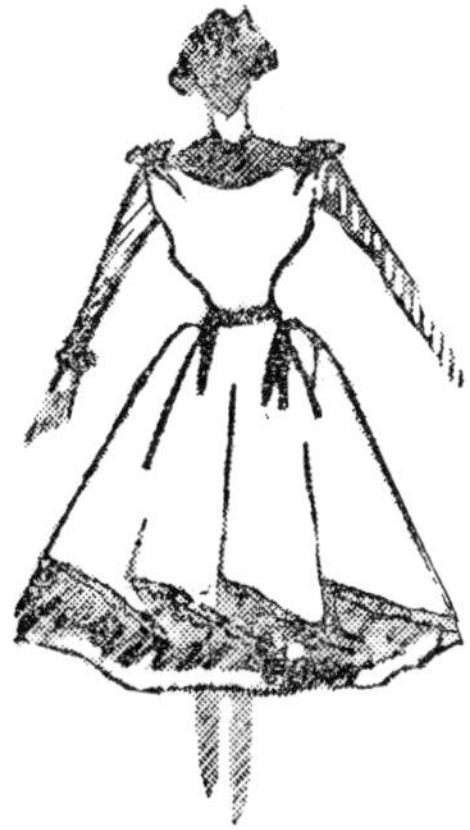

犬

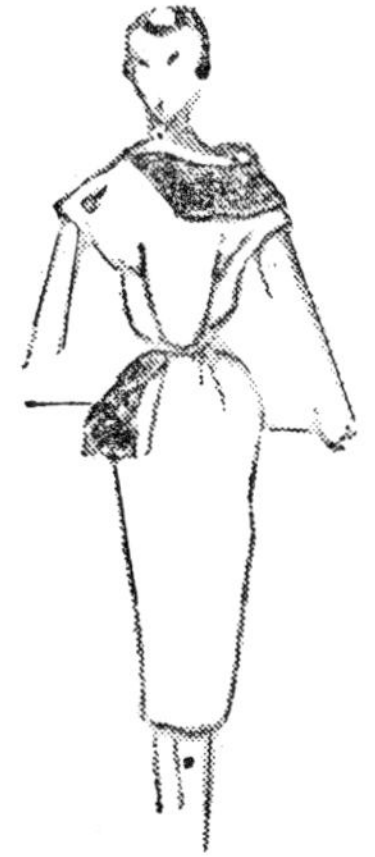

衿ぐりやヒツプにアストラカンをあしらつて、衿は耳、ヒツプの布は尾、右袖にとめた大きな釦は眼と、それぞれ犬を表わして見た

たんぽゝ

胸もとに寄せた共布のフリルに可愛らしいたんぽぽの花びらを思わせ、全体を最近のハイウエストのシルウエツトにしました

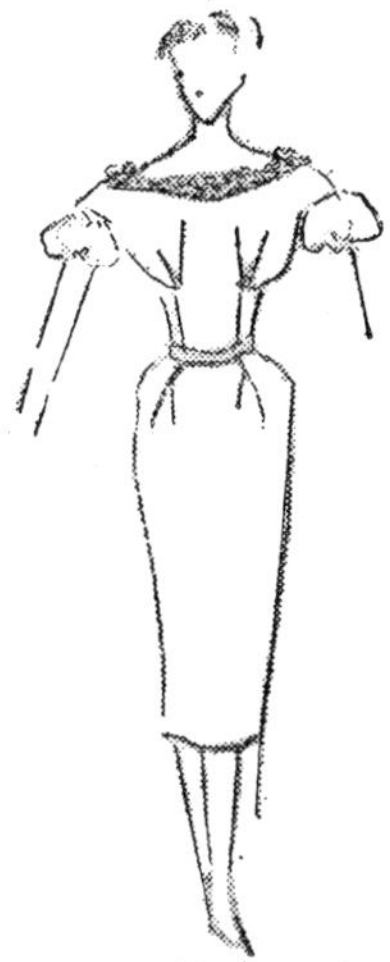

汽車

カラーの四角い線は機関車の堅い感じを、カラーのポケツトは両窓、細い布を接ぎ合わせたスカートは窓外の田や畑の感じです

水野正夫

人形を作る水野君が、短かい時間にサツと頭に浮ぶものはやはり童話的なものであるらしく、そんな雰囲気のものが多い。大まかで新鮮な感じを受けるが、やはりそのものゝ形にこだわつたものがいくつかある様だ。私はその題名のものゝ形には全くこだわらず、それでいてそのものゝ感じだけをつかんでいる様なものが一番望ましいのではないかと考えるが、それは実際にはなか〱難かしい事だと思う。

中原淳一

ローウエストのワンピース。袖から幾段も重なつた共布のフリルをのぞかせて木の葉の感じを出した。木綿地で色は深いグリーン

黒のアンゴラを毛立てしたブラウスと黒の細いタフタのスカートを組み合わせてブラツクプードルの感じを出したイヴニングドレス

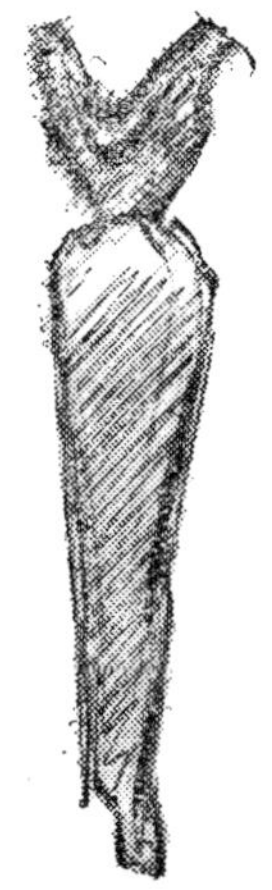

ヨークの切替に共色の毛糸の房をつけて、たんぽぽらしい可憐な感じを出して見た。ちよつと草色がかつた黄色のウールで

前立てで線路の感じを出して見た。全体を野原の感じの若草色にして、前立てには黒の毛糸で縁取りをした。この前立は服と同色で

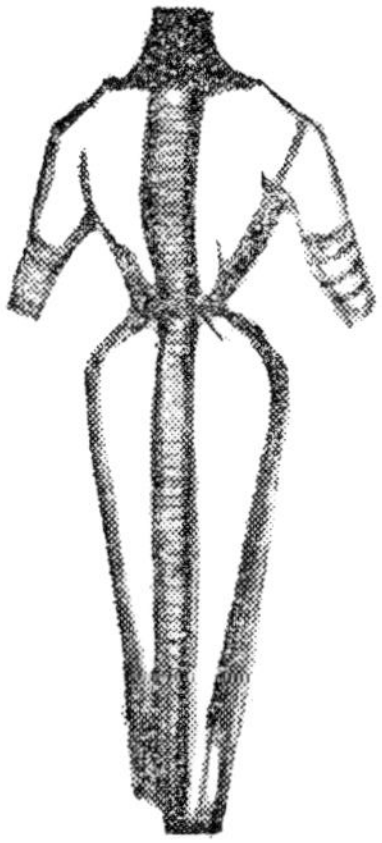

ジャズ

衿やスカートに可愛らしい花のアツプリケをして、何となく若々しくて華やかな感じを出してみたもの、とでも云いましようか

黒と赤の布を接ぎ合せた。強烈な二色の取り合せにジヤズの狂燥感みたいなものを出そうとした。布の接ぎ目は芯を入れて張らせる

積木

スカートの布を何段にも重ねてそれを前中心の釦の位置で組み合わせ、積木を積み重ねた感じを出してみた。胸のポケツトも同じ

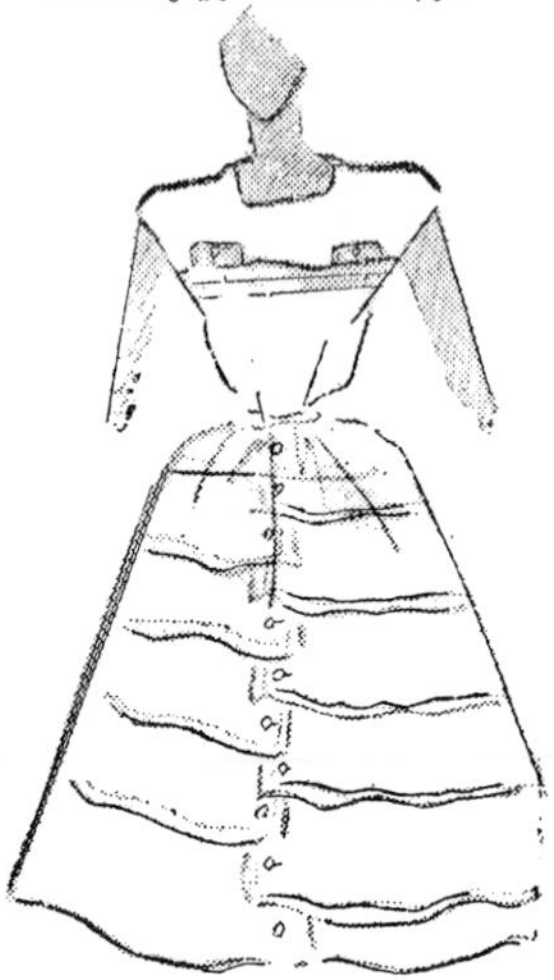

三角のシルエツトをした上衣とタイツの様に細いズボンとを組み合わせて積木の感じを出そうとした。ボタンは積木を其儘使つて

ヨット

全体を薄い水色で作る。二枚の布を重ね合わせた様な上半身はヨツトの感じに、スカートには白糸でステツチをして波の感じに

濃紺のドレス、それに白いカラーを思い切り大きくあしらつて、夏の海に浮ぶ白いヨツトの美しさを思わせようとした

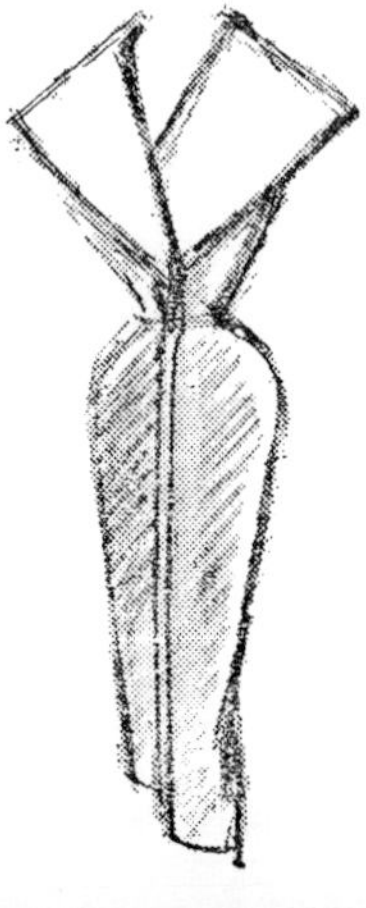

カーネーション

全体がピンクで、両肩にフリルを飾る、スカートを扇形に接いでそれにも幾重にもフリルを重ね合わせてこの花の感じを出してみた

黒いセーターにローズ色のジヤンパースカート。ヒツプに数段のフリルを重ねてカーネーシヨンを思わせた。ロマンチツクな味。

枯葉

くすんだ薄茶色の薄手のウールで。胸元にゆるく折れ返つたカラーの中心に皺を寄せて、朽ちた枯れ葉の感じを出そうとしました

茶系統の濃淡の枯葉色の布を幾枚も重ね合わせて、丁度枯葉の様な感じを出して見た。裾に向つてだんだん色が濃くなつている

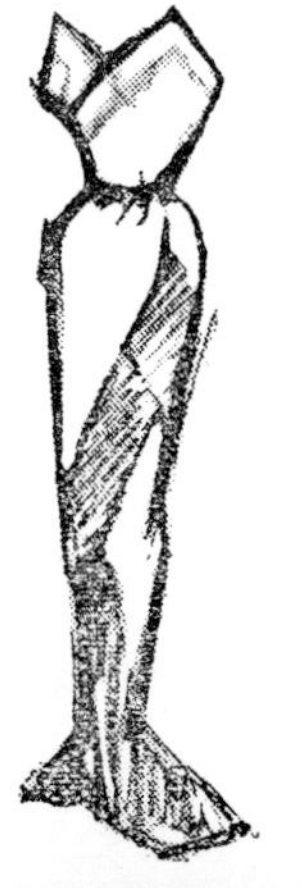

ホームシック

ウエストの二本のダーツをハートに指された二本の矢という積り、ホームシックで胸を痛めている所ですが随分苦しいこじつけです

ホームシツクを、子供の頃の折紙遊びの思い出と結びつけて、その懐しい折紙を何枚も重ねた感じをあらわしてみた。

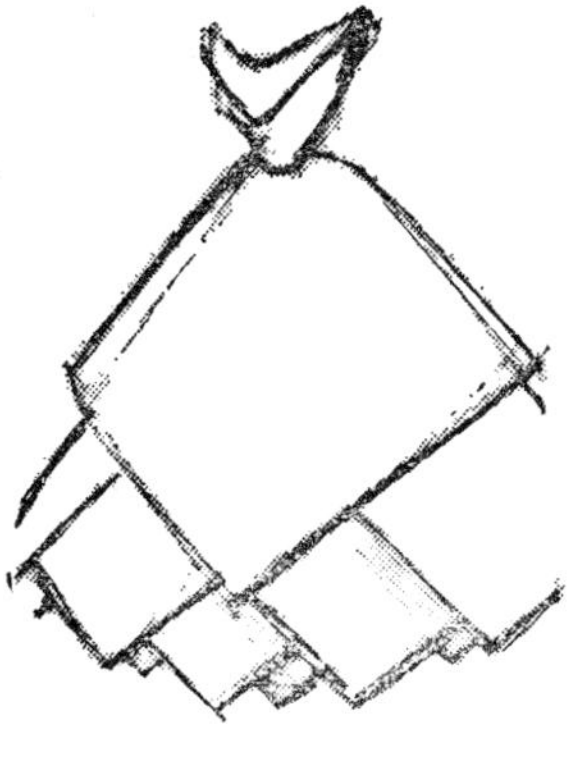

餓鬼大将

これは何となく腕白小僧の印象ではないでしようか。衿や身頃のポケツトには紺の無地や絣などを使つてみたらと思います

餓鬼大将を子供にこじつけて、身頃が折返つたような胸当に二つのポケツトをつけてそこに子供つぽい感じを出して見た

歌舞伎

衿は舞台、両袖は花道、上衣の裾のポケツトは客席、衿ぐりのダーツはライト、という風に芝居小屋の感じを出したつもり

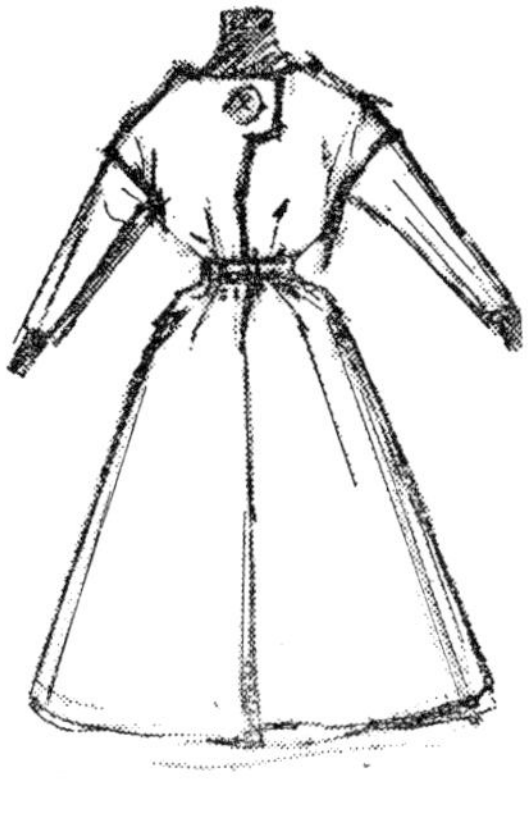

単純でゆつたりした身頃をベルトできゆつとしめた感じが歌舞伎の日本的な衣裳の様な積り。袖附も着物のような感じを出した

ずる休み

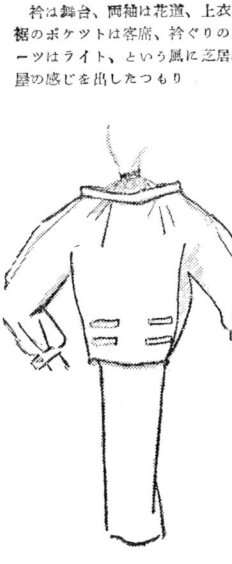

ずる休み、という言葉から受ける如何にもあどけない子供らしい感じを家庭着の上つ張りのような感じに作つてみました

寺小屋時代の子供が着ていた上つ張りを想像して、学校と子供とを結びつけて考えたけれどこれはこじつけがましいかも知れない

行燈

行燈という日本的な雰囲気を何となく新しい着物で表現してみたつもりです。木綿の藍無地で作り帯はやはり白い木綿で

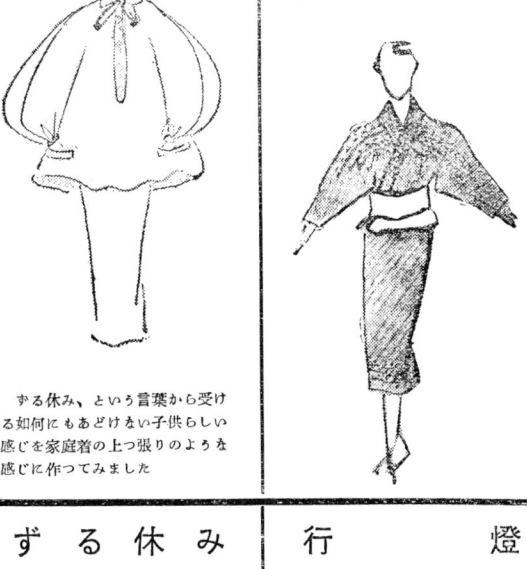

白で作る。巾広い前立のように見えるプリンセススタイル。切り替に焦茶色で玉縁を取り、それが四本の足を思わせる

めまぐるしい時の流れと共に新しい言葉は次々と生れ，そして消えて行く，ではどんな言葉が，今日の私達を取巻いているでしようか

アクティヴィティーズ（Activities）

最近アメリカで重視されている住宅設計上の新工夫。いわゆるリヴィング・ルームというのは、大人のリヴィングだけを念頭において設計されているのに対し、これは主婦が仕事をしながら、同時に子供を遊ばせることをも計算に入れた設計の室である。ふつうのリヴィング・ルームの他に、これを併設すれば理想的。日本の座敷は、原始的な意味で、みなこのアクティヴィティーズになつている。

アフター・ケア（After Care）

結核患者の病後保養のこと。初期のうちの手当で、比較的容易に恢復させられる結核病も、この事後療養が不充分のため、多くの場合再発して不治のコースに入ることになる。それを恐れる人々は、恢復しても退院したがらず、いつまでもベッドを占有するので、新患者が入院されないという事態を派生するので、厚生省は、目下全国に八か所のアフター・ケア施設の完成を急いでいる。

ドライヴ・イン（Drive Inn）

自動車の国アメリカにはなくてならぬものの一つ。ドライヴ・ウエイの要所々々に、ガソリンスタンドと共に必ずあるのがWCとこれ。簡易食堂というところだが、先を急ぐ時は、窓から声をかけると、ボーイが車までサンドウイッチや飲みものを運んで来てくれるのがうれしい。これまたイミテーションが京浜間に現れて来た。但し、本場のよりは遙かに貧弱で、そして不潔。

コカコロニザシオン（Coca-colonization）

アメリカの清涼飲料水のコカコラと、植民地を意味するコロニーとを結びつけたフランス製の新語。コカコラがあまりにも普及して、自国の清涼飲料業を圧迫するので、フランス議会はコカコラ自由販売取締法を通過させたが、その時、アメリカ勢力のヨーロッパ進出を皮肉る意味をふくめてこの言葉が生れた。日本なら、さしずめキチ（基地）コロニゼーションというところ。

4H《フォア》クラブ

MRA（後出）とやゝ形が似ている精神運動で、五十年前南米の一農村に起り、第一次大戦後全米にひろがつた。4HはHead, Heart, Hand, Health—頭脳、心、手（勤労）、健康の頭字を表すもので、農民の生活、教養の向上、農産物の改良等の面に効果を挙げている。日本では、戦後米軍の指導で農村の青少年間に普及しているが、都会にも大いに迎え入れたいような、健全かつ実際的な運動である。

平和攻勢

自由主義国家に対する、ソ連の平和的な働きかけをいう。つまり、軍事的手段による侵略でなく、平和を謳う行動によつて、自由国家の軍事力、経済力を後退させる政策の意で、原子兵器全廃の提案などがそのサムプルというわけ。但しこれは、自由国家側が一方的に使用している表現で、ソ連側にいわせると、それはとんでもないヒガミでござんす、ということになろう。

条件反射

つねると痛い、暑いと汗が出るというような本能的反射でなく、一定の条件下の訓練によつて起るようになつた反射作用をいう。例えば犬に、必ず或るきまつた音を聞かせてから食物を出すようにすると、しまいにはその音を聞かせただけで、ヨダレをたらすようになる。人間の精神面では、いわゆる善男善女が最もかゝり易く、これをうまく利用すると、お金もうけなども楽に出来る。

マッカーシズム（Macarthyism）

アメリカ共和党上院議員マッカーシーの政治思想の傾向。彼はアメリカの反共政治家のリーダーで、一九五〇年二月、国務省の赤色分子百余名の追放を要求して以来、いわゆるマ旋風で全米をかき廻したので、共産主義の本を図書館から運び出して焼き棄てるという騒ぎまで出ている。同じ共和党出のアイク大統領も、このアバレモノをもてあまし、「困つたものだ」とボヤいている。

最近の言葉から（その1）

マスコミュニケーション（Mass Communication）

大衆伝達。人間がその知識や経験を交換して自己を成長させる手段は、昔、或いは小規模の社会では主として会話だが、今日では新聞、雑誌、放送、映画等々を媒体として、驚くべき広範囲の知識を注入されて生活している。

同時に大衆は、知らず知らずのうちに、そういう大企業体によつて思想的、精神的支配をも受けるようになる点に御留意のこと。

MSA（Mutual Security Act）

相互安全保障法。アメリカのお名指しで、この保障法の適用国になると、相当額の国家的生活資金を融通してもらえるが、それと同時に、軍事的に〝自由世界の防衛に十分寄与する〟義務を負うことになる。大戦直後の欧洲諸国を救つたマーシャル・プランのように〝バターはもらうが大砲の方はいりません〟といえない点が問題。防衛の義務はないといつているのは、世界中で吉田さんだけ。

マッハ（Mach—略記号 M）

空気中の物体の進行速度と音速との比をいう。この場合、物体とは勿論飛行機で、その飛行機の速度が音速に等しい時は、マッハ数1といゝ、いわゆる超音速は、マッハ数1以上の速度を意味している。音速は、標準大気高度〇米で三四〇米／秒、時速にして約一二二〇粁。また飛行機の速度記録は、昨年十二月アメリカで記録された約二七〇〇粁／時で、M2強となるわけ。

モーテル（Motel）

モータリスト・ホテルの略語。街外れの閑静な場所にチラホラと建てられてあるバンガローで、恋人同志が自動車で乗りつけて来て最も気楽に楽しめる場所。ベッド、シャワー、WC一式完備で一泊三ドルから八ドルぐらいまで。アメリカで大いに流行しているが、最近日本にもぽつぽつ現れて来た。日本の待合の離室のアメリカ版だが、それだけに離室式よりはずつと明朗濶達な気分らしい。

MRA（Moral Rearmament）

文字通り〝道徳再武装〟の意。正直、純潔、無私、愛情の四つを信条とする世界平和運動の一つで、第一次大戦後、フランク・ブックマン博士の主唱で創始された。現在は五十二カ国数千万人の加盟者があり、一九四八年六月ロスアンゼルスに開かれた第十回世界大会以後は、毎年日本からも代表者が出席している。但し、今までどれだけの実効を挙げたかはよくわからない。

二十五時

ルーマニアの作家C・V・ゲオルギウの同名の小説が輸入されてから、新奇を好む若い世代の間に流行している語。二十四時の次は午前一時となるわけだが、それをわざわざ二十五時と表現することによつて、〝手おくれ〟〝絶望〟〝虚無〟等々の意味を託しているもの。現在の日本が、好むと好まざるとにかゝわらず立たされている世界的位置なども、二十五時的なものかも知れない。

リコール（Recall）

直訳すれば〝呼びもどす〟で、公選されて公職にある者の罷免や議会の解散などを、その選挙管内の住民投票で決めることをいゝ、そのやり方をリコール制といつている。国民が最も直接に政治に関与することの出来る制度で、いわば民主政治の華なのだが、国民の方は大して関心を持たないようだ。昨年秋、東京の渋谷区長が、これで追放されたのが記憶に残る程度。

3《スリー》D映画（Three Dimention Film）

いわゆる三次元映画の立体映画。人間が二つの眼球で物を見る原理に基き、二台のカメラで二本のフィルムを同時に作り、二台の映写機で同時に同一のスクリーンに映写する。これを偏光眼鏡で見ると〝飛出す映画〟となるわけ。立体映画には、半円形に湾曲したワイドスクリーンを使用するシネラマというのもあるが、偏光眼鏡を使う煩しさがない代り、立体感の方は必ずしも十分とはいえない。

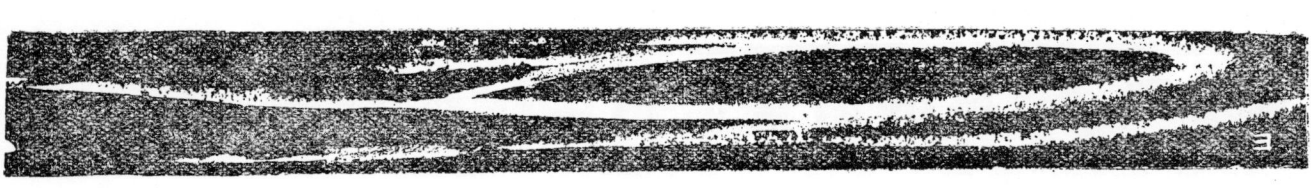

現代の結婚と子供

評論家　古谷綱武

1

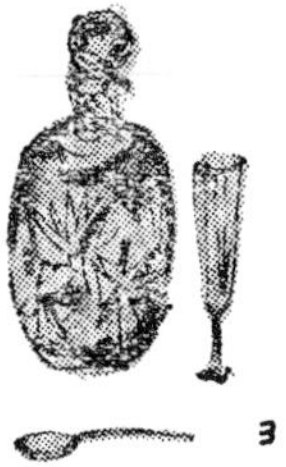

このごろの若い夫婦たちは、ことに家の秩序から解放されて都会でくらしている若い夫婦たちは、いっぱんに子供をもちたがらない。あるいは子供をもつにしても、結婚数年後にしたいという夫婦が、たいへんふえてきているということがいわれています。

これはたしかにいままでの日本の結婚についての考え方からいうと、夫婦たちの新しい気持というふうにいつてもよいかもしれません。

いままでの日本では、子供こそが、夫婦というものを、生涯かけてしつかりとむすびつけるカスガエであるというふうにいわれてきました。結婚すれば、子供というものは、もう運命のように、自然発生的に、つくられるものだと考えられてきました。結婚するということは、一組の男女が、夫と妻になることであるよりも、むしろ父と母とになることかのように思われてきたのが、日本のいままでの結婚であつたといつてもよいかもしれません。

たとえばいままでの日本では、結婚して数年たつている夫婦にたいしては、「お子さんはなんにんおありになりますか？」そうきくことが、人にあつて時候の挨拶をすることとおなじように、きわめてしぜんなことでした。夫婦の生活から、子供が生れるということは、あたりまえなことでありますから、そうきくことには、それほどふしぜんをかんじなくてもよいのかもしれませんが、しかしこうきくとき、「子供はひとりもありません」と答えると、質問した人の顔に、ごくしぜんに、たちまち同情の表情があらわれるのが、もう生活感情にまでなつている日本の夫婦というものにたいする考え方になつていたと思うのです。

いままでの日本では、じつさい、子供をもつていない夫婦というものは、まるでかたわのようにながめる世間の眼が、夫婦というものをとりかこんでいました。子供のない夫婦にたいしては、（思えばまつたくなおせつかいですが、）「ほんとうにお気のどくですね」「さぞおさびしいことでしょう」と挨拶することが、礼儀にかなつた言い方だつたのです。つまり、夫婦である以上、子供がないことは気のどくなことと考えられ、またさびしいことと考えられ、そしてその夫婦自身も、世間というものにたいして、かた身のせまい思いをさせられてきたのが、日本のくらしでありました。

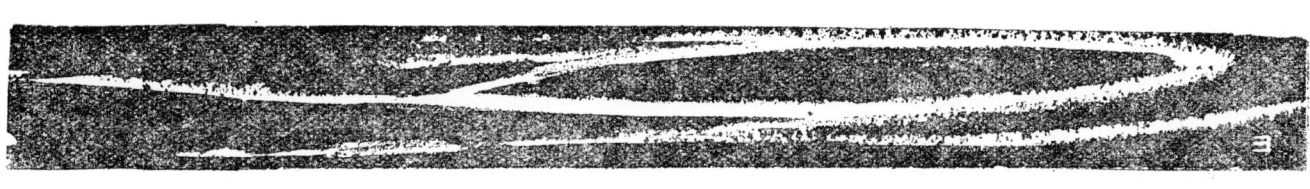

2

いままでの日本の結婚というものは、人間のためのものであつたというよりは、むしろ「家」というものの秩序をささえるためのいとなみであつたところで、その土台になる考え方がつくられてきたのです。

そしてその考え方のなかでは、結婚するということは、運命的に、また自然発生的に、子供ができてしまうことであるというのではなしに、むしろ子供をつくるというそのことに、結婚のいちばん大きな積極的な目的があつたのです。

それですから、結婚して三年も夫婦としてくらしてきたのに、それでも子供のできないような妻は、子供ができないという理由によつて離縁にすることは、すこしも非難すべきことではなくて、道徳的にも当然なことと考えられてきました。また、結婚して三年すぎて子供のできない妻が、それでもなお離縁にならないで夫婦としてくらすことを認めつづけられるようなばあいには、妻は夫にむかつて、子供ができないことをわびて、自分以外の女性に夫の血筋をうけついだ子供を生ませるようにしてくれ、そういつて夫にたのむことが、妻の正しい態度と考えられてきたのです。こういうことをふりかえつてみても、いままでの日本の結婚は、夫婦の人間の幸福をきずくための生活であるよりは、むしろ、子供をつくるということに、いちばん大きな目的があつたことが理解されるのです。

3

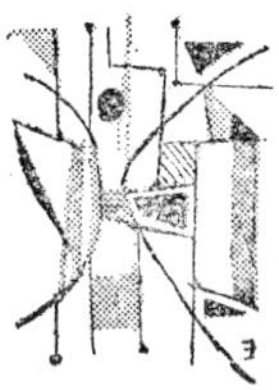

それでは、いままでの日本の「家」の秩序のなかでの結婚は、なぜ、子供をつくるということを、それほどまでの大きな目的にしてきたのでしょうか。

それは、いままでの日本の結婚は、人間の幸福のためのものであるよりは、「家」をささえていくというところに、いちばん大きな目的がおかれていたからです。

いままでの結婚は、当人たちが愛情と尊敬とによつてむすびつくことであるよりは、親が息子のために、それよりは「家」のために、息子に嫁をもらうことでした。そしてそのなかで、女というものは「嫁にやる」「嫁にもらう」「かたづける」という言葉があらわしているように、人間というよりは、品物にたような扱いをうけてきたのです。そしてその「家」のために、息子に嫁をもらうことが、日本の結婚であつたわけです。

そういう結婚のいちばん大きな目的はどこにあつたかというと、その「家」の先祖のまつりをたやさないために、その「家」の先祖たちの墓もりをするために、先祖からの血筋のつながつたあととりをつくることにあつたのです。それですから、結婚のいちばん大きな目的は、なによりも子供をつくるということにおかれたわけです。

戦争中に、自分のうちの息子がいよいよ兵隊にとられてしまいそうだということになると、親たちはあわてて息子の嫁さがしをしたものです。しかしあのころ兵隊にとられるということは、まず生きては帰つてこないことと考えなければなりませんでした。もしも結婚というものを、生涯を愛しあつて生活をきずいていく夫婦の、人間としての幸福をきずくことに目的があるのだと考えるのであつたら、わずかな月日の結婚生活ののちに、ほぼ確実に、ひとりの未亡人がそこにつくりあげられてしまうということのわかつている結婚をするということは、人間の幸福ということに反したことといわなければなりません。わずかな結婚生活ののちに、生れてきて父親の顔もみることのできない子供をかかえた、年若いひとりの未亡人をつくりだすということは、すべての人間が幸福を求めるという権利からいえば、むしろこれほどの悲惨はないというべきです。ところが、それを悲惨なことと考えなかつたことが、いままでの日本の結婚でした。

たとえば、息子の戦死の公報がはいつたとき、年若い未亡人になつたその妻が、姙娠しているようなばあいには、おくやみにきた人たちが、そのなくなつた息子の親にむかつて「息子さんをなくなせられて、さぞお力をおおとしでしよう。しかしききますれば、お嫁さんのおなかには赤ちやんができているそうで、まあそれだけは、せめてものおなぐさめでございましたね」といつて挨拶したものです。

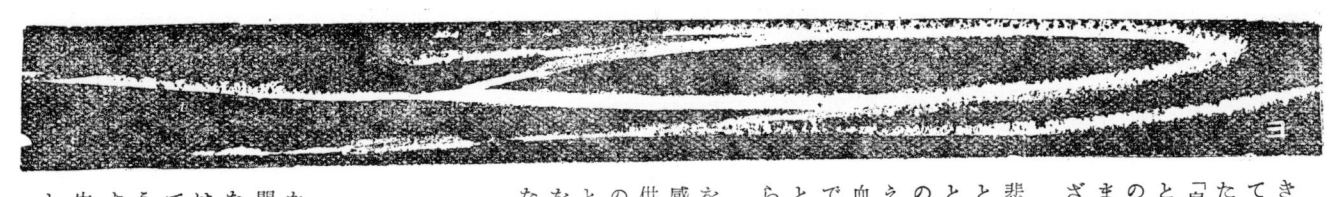

人間の幸福ということからいえば、こんな悲惨なひとりの年若い婦人をつくりだしたことを、むしろせめてものよろこびと考えることが、「家」の秩序のなかでの考え方だつたのです。つまり、もしもこういう子供をかかえた年若い未亡人がつくりだされなければ、血筋のつながつたあととりがなくなることで、そのことのほうが、ひとりの人間の幸福ということよりも、ずつと重大なことと考えられてきたのです。

日本の結婚のなかで、夫婦はかならず子供をもつものだという考え方が、根ぶかい生活感情にまでなつてきたのは、年をとつたら子供にやしなつてもらうという打算も、親たちの心をつよく支配していたわけですが、それといつしよに、この「家」の秩序というものをささえることに、結婚ということが深くつながつていたからです。

4

新しい結婚は、まずこういう「家」の秩序からの、人間の解放、そしてそのなかでの人間の幸福をきずくためのいとなみでなければなりません。ここで、結婚の目的というものは、そういう、はつきりとべつなものになつてきたことによつて、夫婦が子供をもつということの意味にも、変化がおこつてきました。すくなくとも、結婚の最大の目的は、子供を生むということにあるのではない、それが新しい夫婦の生活です。

「家」のための結婚から解放された人間のための結婚のめざしている最大の目的は、その結婚によつて、人間としての自分の幸福を求めることです。まず、求めるべきものは、人間としての自分自身の幸福でなければなりません。その人を自分自身の夫にえらんだことで、その人を自分の妻にえらんだことで、なによりも自分自身が、幸福になれること、そして自分が幸福になれることは、それが相手の人をも幸福にすることになること、それが新しい人間の結婚の第一の目的です。

それですから、ここでは結婚の目的は、子供をつくるかつくらないかということにあるのではなしに、子供をもつことが、自分のしあわせであるかないか、その判断によつて、子供をもつかもたないかをきめるべきだと思います。そして子供をもつべきであるかもつべきではないかということは、十組の夫婦があればそこには十のことなつた生活がいとなまれているわけですから、その人たちがめいめいの生活のなかで、自分たちは、どう自分の人生を設計することが最大の幸福であるかということをもとにして、自分たちの家庭のあり方を、自分たちの自由な意志によつてきめるのが、新しい夫婦生活のあり方だと思います。その意味で、子供をもつことのよろこびを求める夫婦たちは、子供をつくるということが、計画した出産でなければならないと私は思うのです。

5

夫婦が子供をもつということは、それは計画した出産でなければならないと私は書きましたが、ただその計画にも、いろいろの内容のちがいがあります。私は、新しい人間の結婚は、なによりもまず、その夫婦の人間としての幸福ということが、第一に考えられなければならないと書きましたが、いままでの日本の親たちが、自分たちの幸福のために、計画して子供をつくるということは、意志的無意識的に、自分たちの老後の生活の不安とい

うことにむすびついていたばあいがすくなくありませんでした。つまり、はつきりいえば、老後になつてからの自分たち夫婦のくらしというものに、十分な自信をもつことができないで、そのときに路頭にまよわないように、よりかかる相手をつくるということが子供をうんでそだてる計画の意味をもつていました。

　この気持は、ことにいままでの日本では、女親のほうにひとしおつよいものがあつたのです。そしてそのことは、いままでの日本の婦人たちが、経済的独立という点では、はなはだはかない身の上におかれていたことと、深いつながりをもつています。露骨にいうならば、いままでの日本のひじように多くの婦人たちにとつて、結婚ということは、経済的な意味での就職でもあつたわけです。それですから、いままでの日本では、年ごろになつた娘たちは、まるで就職の機会をまつように、結婚の機会をまつような生き方をしていました。そしてそういう娘たちにとつては、もしも自分が結婚できなかつたらという不安は、生活の安定を得られないという気持と、底のほうではむすびついていた感情をひそませていました。それですから、結婚できたということは、経済的にも生活の安定感を、この世で得たことになつたわけでしたが、実はこの安定感というものは、不安定のなかでの安定でした。つまり、こういういままでの多くの妻にとつては、その安定感は、自主的な独立を得たということにはならないで、ただよりかかる相手をさがし得たということにすぎませんでした。しかもそこには、生涯の安定というものの保証はないわけです。

　いままでの日本の多くの婦人たちにとつては、夫によりかかる結婚によつて、第一の安定をつかんだことは、第二の不安定をのぞきみる場所に、わが身をおくことを意味したのです。そののぞきみた不安定とは、まず、いつどんなことから夫に捨てられるかという不安です。日本のどれぐらい多くの妻たちが、夫に捨てられまいとして、涙ぐましい、みじめなほどの努力をしてきたことでしよう。しかも捨てられる不安というものを、妻だけが一方的にいだいてきた、いままでの結婚は、けつして男と女とが対等な位置でむすばれたものとはいえません。それから、いちおうの安定のなかでのぞきみたもうひとつの不安は、これも露骨にいえば、なま身の夫を、いつ死が奪うかわからないということです。予告なしにくる夫の死の不安というものは、いままでの日本の多くの妻たちが、その結婚生活のなかで胸のなかにひそませてきた深刻な不安だつたと私は思つています。しかし、いままでの日本の多くの妻たちは、たえずこの不安に心をおびやかされながら、しかしそのことは、なるべく思いださないように、なるべく考えないように生きてきたのです。なぜなら、いくら考えてみても、どうしていいかわからないのが、経済的独立をあたえられないようにそだてられてきた日本の女の身の上だつたからです。夫の死にあつて、いままでの日本の妻たちがながしてきた涙は、しばしば、愛する人生の伴侶に死にわかれたかなしみをなげいたのではなしに、生きている自分が、これからさきどうしてたべていつたらよいか、そのことを途方にくれてながしていた涙だつたのです。

6

こういう境遇におかれていた日本の婦人たちにとつて、結婚によつて得たいちおうの安定のなかで、のぞきみた第二の不安定、それをどう解決するかというそのことと、女親がとくに子供を求めようとした気持のなかには、深いつながりがあつたと私は思つています。つまり、夫というよりかかる第一の柱を失つたときに、ただちにその場合をうずめるためのよりかかる第二の柱として、子供を求めたのです。このことは、老後の生活に自信のない父親たちの心のおくにも、ひそんでいる感情ではありましたが、しかし、娘のときは親に、結婚してからは夫によりかかることでだけしか生きてこられなかつた日本の婦人たちは、そういう何十年の生活のなかで、年

をとればさらにいつそうだれかによりかかつていかなければ、生きられなかつたのです。

　私は、夫婦が子供をもつためには、それは夫婦の自分たちの人間の幸福のために、計画した出産でなければならないと書きました。そして、いまのべてきたような、ことに日本の母親たちに多く見られる、わが子にたいする感情も、考えようによつては、自分の幸福のためのまことに用意周到な打算とむすびついているというふうにもいえるわけです。そういう意味では、私がさきにのべたことと一致しているかのように見えますが、しかしこういう考え方は、これからの日本の子供をうむ母親の考え方であつてはならないと、私はつよく思つているのです。子供はいかなる親のもとからうまれてきても、親からはなれた独立した人間として、自分自身の幸福を追求する権利をもつたものだと思います。もしも母親が、いま私がのべたような目的をもとにして、子供をそだてるのならば、それは、子供というものを、自分の私有物かのように考えていることであり、また自分に奉仕させるためだけにそだてたことであります。私はこういう考え方は、子供もまた、親とともにもつている人権を、親がみとめていないことだと思うのです。

7

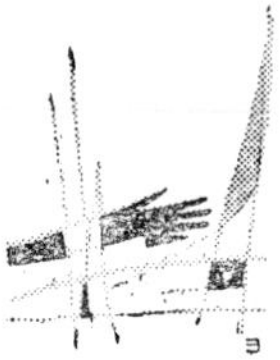

　子供がなにもわからない小さいときには、親と子との平和なたのしい家庭がいとなまれていたのにもかかわらず、やがてその子供が一人前の人間になつて結婚の時期を迎えるようになると、その母親さえいなければ、幸福になるべき若夫婦の結婚が、その母親がいるために、しばしば悲劇的なすがたをとらなければならないのも、この自分の生涯を、だれかに依存して生きようとしてきた母親の考え方によつて、底ぶかい原因がつくられていることは、私たちが身辺に、じつに多く見てきていることであります。

　これからの結婚は、「家」のためのあととりの子供をつくることが目的でないことはもちろんです。それとともに、子供を生むということは、老後になつて親がやしなつてもらうために、子供をそだてることであつてもならないと思うのです。よりかかるためにそだてるのでは、これはまつたく取引きであつて、しかもそれは、親と子との了解の上にできた契約ではなくて、むしろ、親の一方的な考え方によつての、子供への欲求です。子供が自発的に、親のめんどうをみようとすることは、もちろん、人間の美しい情愛といつてよいことだと思いますが、一人前になつた子供が、さて自分の人生に出発しようとしたときに、重荷として親を背負つていることを発見させることは、私は立派な親の態度とはいえないと思うのです。これからは、そういう考え方の親がなくなること、子供の重荷としての親にならないこと、それが、子供をもとうとするすべての親たちの、子供にたいする態度にならなければならないと思うのです。

　そしてそのためには、その社会の人間の老後の生活にたいする、社会保証制度がもつとしつかりと、つくりあげられるようにならなければなりません。力を失つた人が、よりかかることのできる社会制度をつくるべきです。社会にかわつて、子供にそのふたんをさせたいままでの家族制度と道徳は、理想的な社会のものとはいえないと思うのです。

　また日本では、ことに母親というものを、社会人としてのいままでの無力から、もつと一人前の社会人になれるようにそだてあげていかなければなりません。婦人解放、男女同権という考え方の、いちばん土台になつているものは、社会のなかでの婦人というものが、男とおなじように、経済的な独立をもつた人間にならなければならないということです。それは、やしなつてもらうために子供をそだて、やがて子供によりかかろうとする母親を、なくなすことだと思うのです。

　夫婦のもつている権利は、もしもそれを幸福なことと夫婦が信じるならば、その自分の信じるところにしたがつて、子供を生む自由、そして生んだ責任を果すための育てる自由だと私は思うのです。そしてその子供は、やがて一人前になつて親から離れていつて自分の人生を生きる、これからの夫婦にとつては、子供はそういうものだと私は考えています。

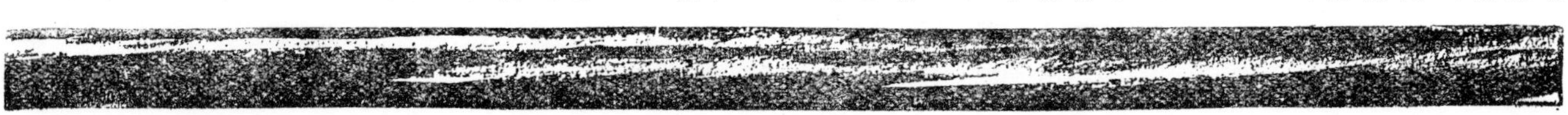

伊東絹子さんのアメリカみやげのドレス拝見

日本のAクラス、ファッションモデルとして活躍していた伊東絹子さんが、昭和廿八年度のミス・ユニバースコンテストに見事三位に入賞日本の女性に華やかな話題をなげていますが、その伊東さんがアメリカから昨年十二月帰国されました。在米中ハリウッドのナンシーと云う店で求められた数々のドレスを着て、それいゆの為にキヤメラの前に立つて頂きました。これはグレーウーステットのシックなスーツ。衿と袖口にだけ同色のシールをあしらい、その光沢が素晴らしい効果を見せ、袖附けから出た胸の切替線がまるくやわらかな感じをあたえていますそれからこのブレスレットは銅で出来たもので、そのにぶい光が深い味をそえていますが、このブレスレットは伊東さんの御自慢のものだそうです。

えんじ、黒、グレーの配色が素晴らしく、その縞の流れが伊東さんの美しい体をことさらに立体的に見せています。既製服を、伊東さんが衿元や袖口を御自分の好きな様に作り直させたのだそうで、大胆にこの縞の面白さを生かしスカートは横縞で、ウエストにぐるつとボックスプリーツを二重に重ねて、それが大きくふくらんでいます。ゆつたりとちようど和服の衿元を思わせる前のうち合せが、印象的でした。

午後の陽を楽しまれる伊東さんは、やわらかなブラウン地に衿、袖口、前立とパウダーブルーに白と云う配色をあしらつたジャージのジャケットを着ていらつしやいます。このジャケットは体にぴつたりとして、非常に着心地がよいのだそうでやはりカッティングの良さでしようか—と伊東さんはおつしやる—その配色が美しく、伊東さんによくおにあいでした。これは、イタリーの製品だそうでやはりナンシーでみつけられたものだそうです

黒オットマンのプレーンなスーツ。衿は小さな背広衿で、この写真では、手のかげになつてちようど見えないのですが、ポケット口の切替が、かたくなりがちなスーツをやわらかなドレッシイなものに仕上げています。衿元にのぞいた白いマフラーと胸に飾つたアクセサリーが、この真黒な中で、端麗な美しさでした。このスーツは伊東さん御自身のデザインだそうで、見事なカッティングで出来上つたこのスーツが伊東さんの大切な一揃いだそうです。

VOGUE

淡いラクダ色の、キャシミヤの豪華なオーバーコート。衿はハイネックで、ボタンを一つも用いないものです。袖口に大きなカフスがついていてゆつたりとした仕立てになつています。

伊東さんは、此のやわらかな感じのオーバーのアクセサリーに、全部栗茶をえらばれました。たくみな着こなしとゝもに、こくのある美しさを見せていらしつやいました。

これはまたパウダーブルーの毛糸で出来た、楽しいカクテルドレス。極細の毛糸で模様編をあしらいたつぷりとしたフレヤーを作り出したスカートが花の様に華やかで、この珍らしいドレスは染色の美しさと技術の巧妙さの集りの様なもので、アメリカのものらしい派手なものでした。ぐつとおとしたネックラインがこのドレスの味を出し、イヤリングとブレスレットの持つ、清々しい光がこのやわらかな色調の中に解け込み優美なよそおいにしています。

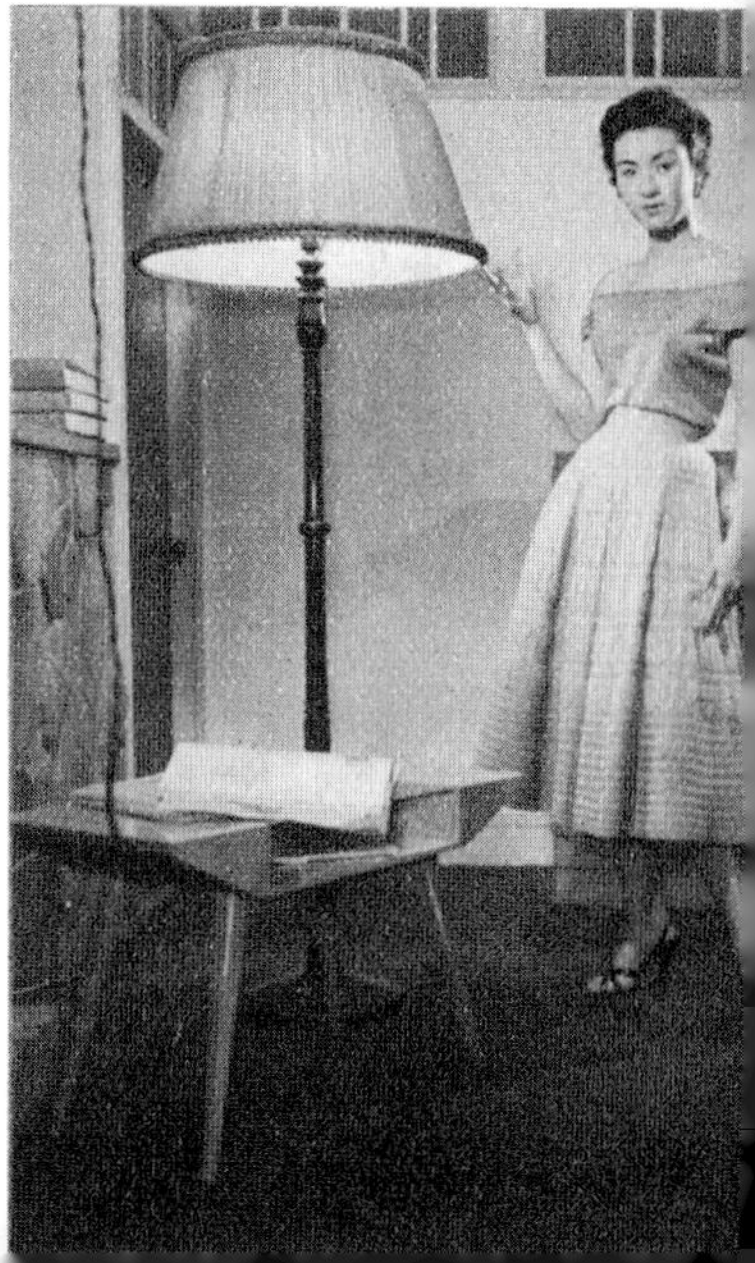

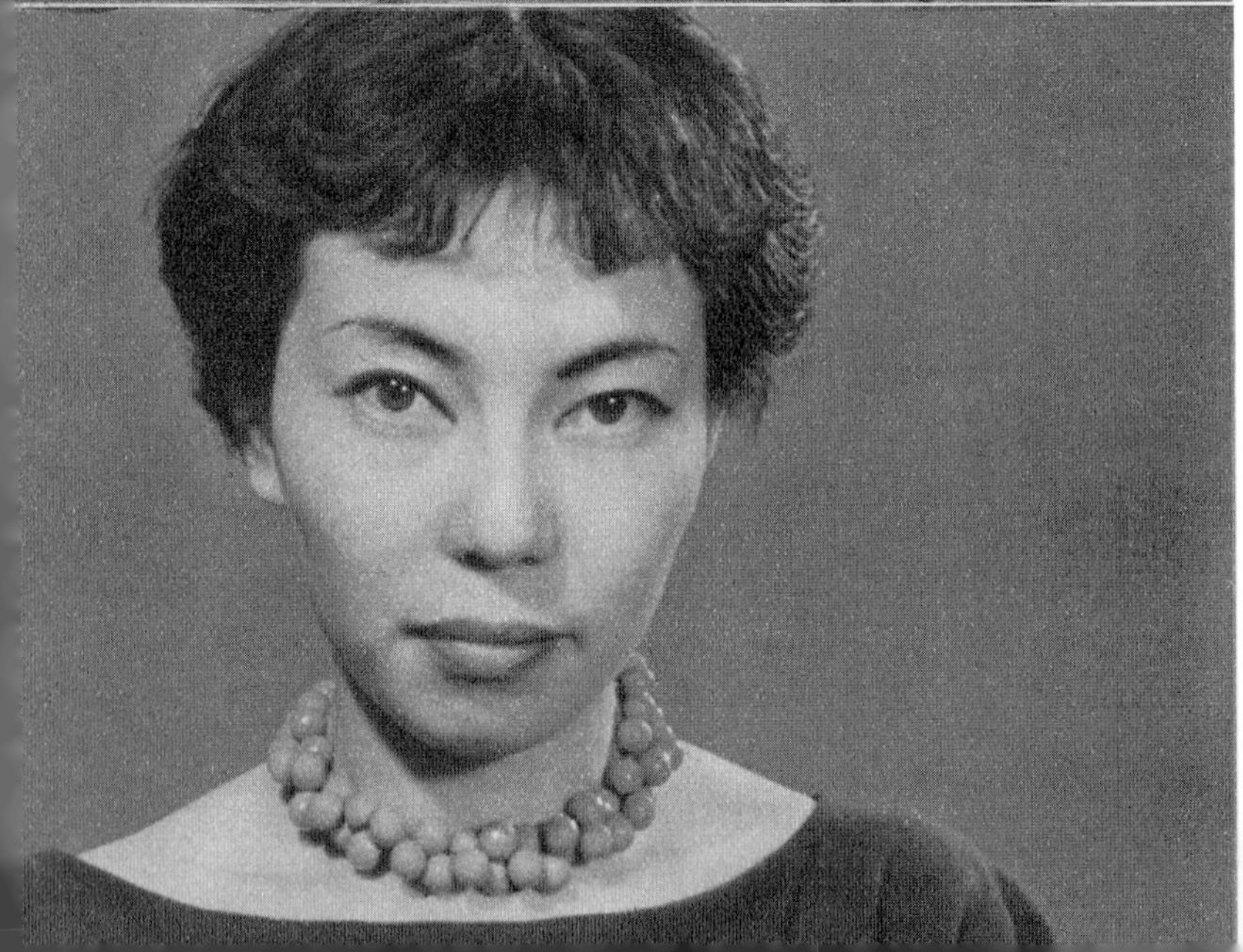

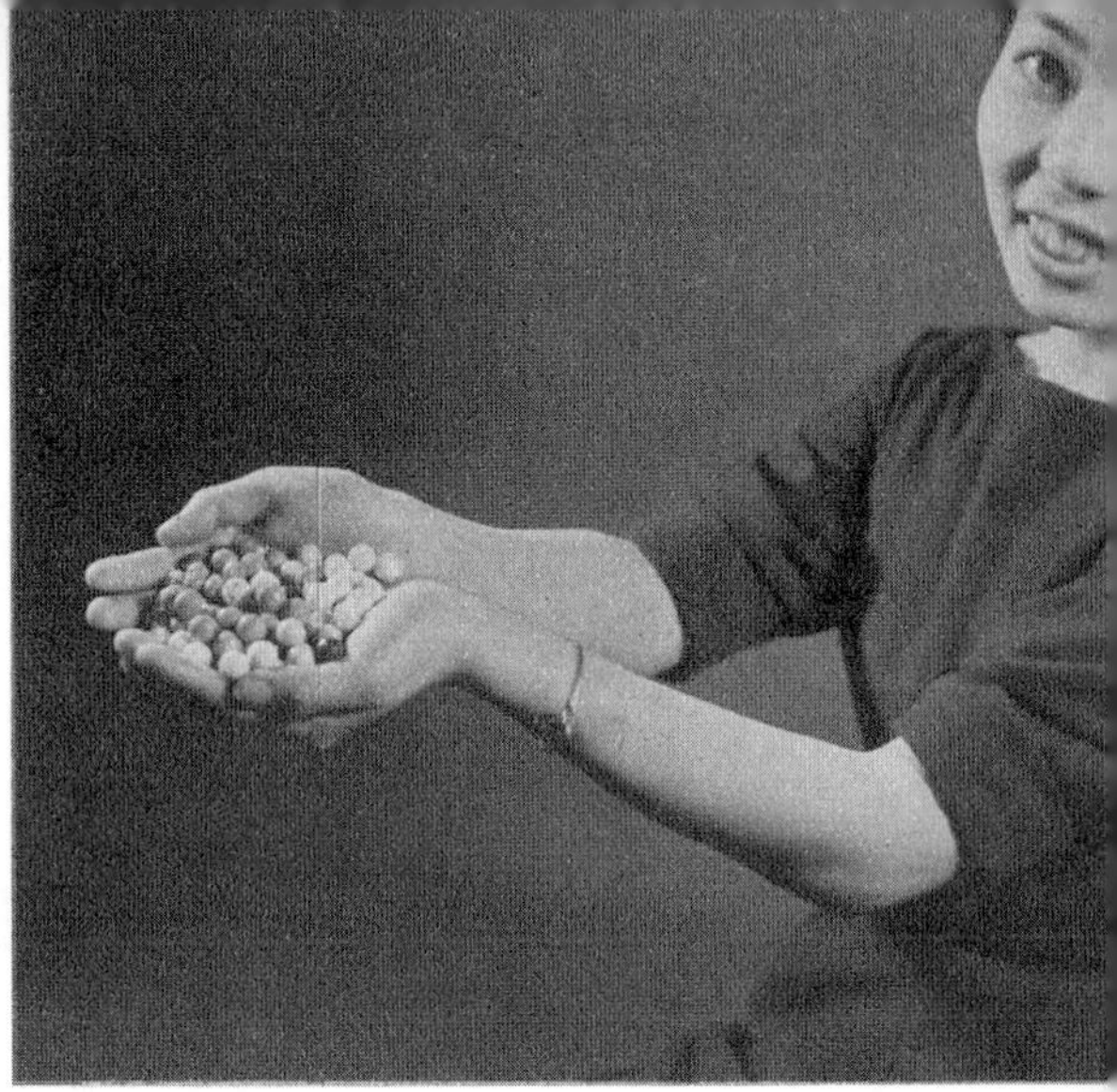

ボタンで作る アクセサリー

自分の手では出来ないと思つていたネックレスやイヤリングを自分で作る事が出来たらどんなに楽しい事だろうか。

これはどこの店にでもありそうな玉型のボタンと卵型のボタンで作つたもの。

これから春に向つて又夏になつて胸を大きく切開いたドレスの時に、こんな花の様なネックレスがどんなにあなたを美しく飾つてくれることか……。

出来上つたものでは見つけられない様なもの、ドレスの色にあわせて色々に工夫して、やがて来る春の日のためにぜひおためし下さい。

中原淳一

モデル　長谷川玲子

小さな玉型のボタンの色が七種ほどもあつたので、それでこんなに華やかなネックレスを作つてみました。色は赤、水色、白、黄、黒、茶色、ピンクで、この小さな木の実のようなボタンは華やかであつてもどこかに素朴な味があつて、春の半袖のスウエターや真夏の木綿の白いワンピースやブラウスの上に、また夏のカクテルドレスなどのアクセサリーとして素テキな効果を見せるのではないでしようか。

これは濃い緑色のネックレスとイヤリングです。勿論この二つはいつしよにしてもよいので、これは卵型のボタンで作つたものです。このボタンは表面は卵型の玉の様になつていて、裏の方で糸を通す様になつているもので、これもただ通してゆくとそれが自然に重なり合つて面白い効果を見せてゆきます。後は古いもう使えないネックレスがあつたら、その止めがねだけを取つてこれにつけて下さい。

イヤリングの方は、耳から下る様になつているイヤリングで止めがねだけ取りはずせる様になつているので、それにボタンを絹糸で縫いつけたもの。

誰にでも簡単に出来るこのネックレスと耳かざりは、この春の計画の中の一つに入れておいて下さい。

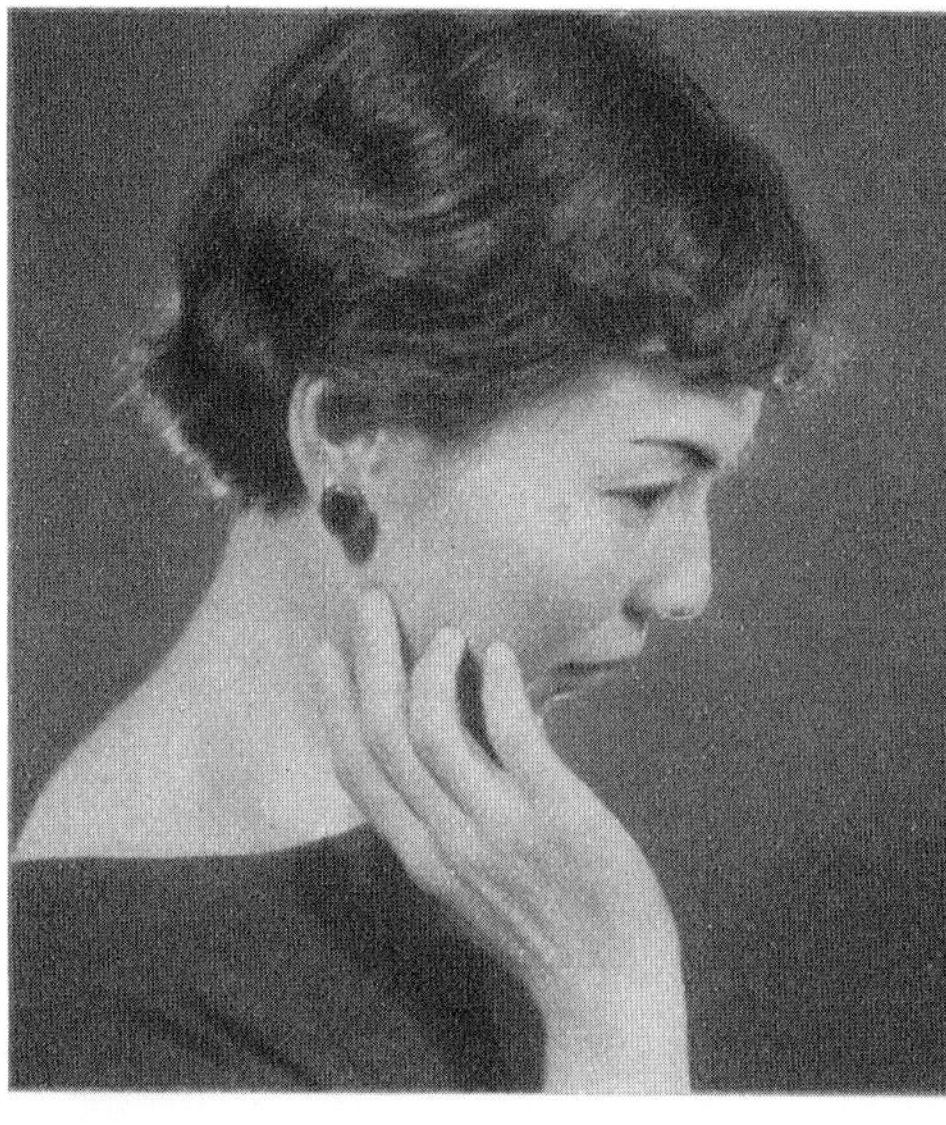

これは上の写真と同じボタンで、色はオールドローズ色のドレスに合せて、少し淡くした同色のもの。上の写真の場合も同じであるが、まるでぶどうの房の様に複雑に見えるこのネックレスは、ただボタンを丈夫な糸に通しただけで、そのボタンが玉の形の片角に穴があいているのでこんなに房の様になつてつながつてゆくのです。これは頸にぐるつと一重に巻いただけで、上の場合は前だけ二重にして色々の色をとりまぜたもの。

男性と女性の着るものの調和ということは洋服の場合でも、和服の場合でもいえることだが、和服よりも洋服のほうが調和、不調和ということがはつきりと現れてくる。それは値段の高低ではなくて、その洋服の持つている性格が決めるものであるから、たとえ安物であつてもよそゆきになつたり、高価なものでも普段着になるということは常にありうることである。

冬なら、男の人が紺や黒のダブルボタンの背広姿でいるのに、お連れの女の人はというとスエータースタイルであつたり、夏などに薄もののしやれたカクテルドレスを着た奥様と、これまた仕立おろしとはいえ、ワイシャツ姿で腕まくりの御主人とが連れだつて観劇に来ていたら、何とおかしなことだろう

男の人の夏姿は、ワイシャツでどこへでも通るとはいうものの、女の人がオーガンデイの裾の開いたパーティドレスなどを着ている場合は、いくらとびきり上等のワイシャツでも一緒に歩くのはおことわりしたい。

これと逆の場合、冬に男の人が黒のダブルボタンの背広服をきちんと着ているのに、一緒にいる女の人が、くだけたスエーターを着ているなどということは、前と同じ例である。

男性も女性も、一人一人別に見れば、それぞれの美しさを持つたスタイルであるのに、二人が並んで歩いている時には、それらが全く滑稽に見えてしまう。偶然にばつたり町角で逢つたのならまだしも、二人で一緒に出かける時には、二人の服装の性格をそろえてみたいものだ。

イヴニングドレス

ナイロンタフタの淡いグリンの上にオーガンディを重ねたイヴニングドレスの夜会服姿に対しては、男の人も燕尾服といったしやれたスタイル。これは男性の夜会服でこれを着ると大低の人は馬子にも衣裳ですつかり見違えてしまう。胸には白い蝶ネクタイを結び、胸巾いつぱいに細かいプリーツが並んだ純白の華やかなシャツがのぞいている。上着の前はウエストラインまでで短く切り、後は燕の尾のように長く垂れている。こういつた燕尾服姿というものは、現在ではごく特殊な環境にある人、たとえば舞台に出演する人以外には余り着る機会はないといつたように、一般の女の人も正式なイヴニングドレスを着ることはまず少ないといつてよいだろう。

（男の帽子　大徳帽子店）

男の服と女の服

中原淳一　　モデル　小泉博・国弘道子

男の服・パリー商会　帽子・日本橋トラヤ　女の服・ひよしや　帽子・サロン・ド・シャポー

カクテルドレス

カクテルドレスになると、ずつとくだけて略式になるが、勿論礼服としても、又パーティなどの華やかな場所にも着てゆかれるので、女の人はこれくらいの服を一着は持つていたいものだ。

この写真のドレスは、ローズ色のタフタで胸元に淡いピンクや白の花をまとめてとめ、長めの白い手袋をはめた一般向きのもの。

男の人も黒や紺の濃いめの色の背広ならカクテルドレスと合わせても決して不自然ではない。

又、濃色の黒とか紺の上着を着て、下に縞ズボンをはけば、ほとんど礼装としても使える、夜の美しいライトの下で、このような一組の男女の服装は一きわ輝くことだろう。

アフタヌーンドレス

正式なアフタヌーンドレスというものはなるべく肌を出さないことが特徴で、袖も長く、裾もいくらか長めだが、普通一般には略式になつて、その時々の流行に合わせて袖も半袖になつたり、スカート丈も短くなつたりする。主として訪問用のものであるから、通勤には勿論向かない。

これに合わせて男の人は紺のウーステッドのダブルボタン。女の人のアフタヌーンという範囲の中には、正装に近いもの、普段着に近いものなど、その種類はさまざまだから、男性側の服もそれに合わせるものはいろいろあるわけで、一概にこれといいきつてしまえないが、ネクタイやワイシャツの選び方からいうと、やはり粗いチェックのワイシャツとか、毛糸で編んだネクタイなどは、この場合不適当だといえよう。

（男の服　小岩今井洋服店）

セパレーツ

セパレーツという言葉も、もう使いなれてしまつたが、ずいぶん広い範囲の意味をもつている。元来「二つに分れたもの」という意味だが、上下揃つているものでも、揃わないものでもどちらでもよいので、普通によく使われるブラウスとスカートの組合せも、セパレーツのひとつである。

「組み合わせる」ということは、頭の使い方ひとつでどのようにでも上手に着ることができるのでセパレーツこそ、数少ない洋服をヴアラエテイを持たせて豊かに着られる楽しいものといえよう。それだけに通勤に、散歩に、または気楽な訪問にと、使いみちはさまざまあり、スーツのようなフォーマルなものとちがつて、着る人のシックな感覚を生かした、さらりとした味を見せたいものである。これはトロピカルのブラウスに上下揃いのホームスパンを組み合わせたもの。

この場合男の人もグレイのツイードの背広にこげ茶の帽子、卵色のワイシャツに、紺に横縞のネクタイという軽快なよそおいで、セパレーツの味をこわさないように。二人そろつた、本当に春らしいさわやかなよそおい。

スーツ

スーツは、男の服の仕立からできたと言われるが、この頃はぐつと女らしいやさしい線を見せるものになつてきている。スーツはもともとかなりフォーマルな感じのもので、紺や黒で作つたスーツに白いブラウスを組合せれば、結婚式やパーテイなどの席にも出られるし、カクテルドレスを着た人達の中に入つてもひけをとらないほどである。

このようにセパレーツよりもずつとフォーマルなものにも使えるし、又セパレーツと同じような目的にも着られるので、セパレーツよりも更に広い範囲に着られるものといえる。

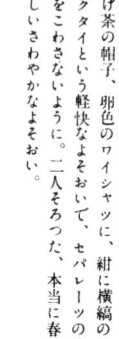

このグレイのスーツは、黒や紺よりもぐつとくだけた明るい感じのものだが、それでもスーツ本来のフォーマルな味は失われてはいない。

男の人は、こげ茶のウーステッドの背広に明るい茶の無地のネクタイ。この二人のよそおいは、極めて巾広く使える服装であろう。くずれてもいない、フォーマルに過ぎもせず、たとえていえばこのままオフィスで仕事をして、帰りにパーテイに出席したとしても、この二人はそのどちらの場合でも場違いな感じを人に持たせることはないと思う。スーツとはそういう感じのものなのである

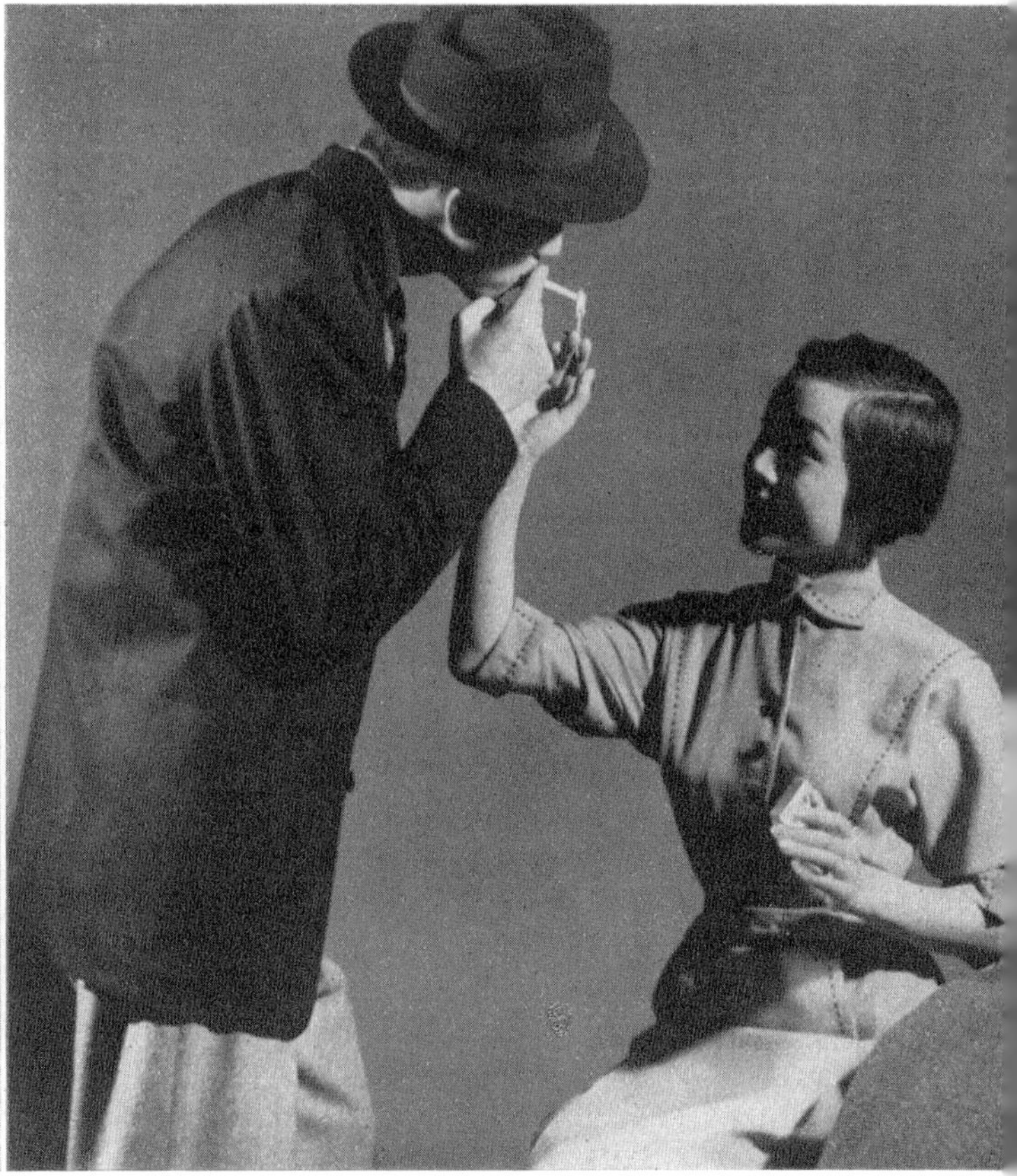

ワンピース

ワンピースは、ツーピースよりも気軽に着られて何となく柔かな感じのもの。若い人達が着ればどこかあどけなさが見えて、やはりツーピースにはない好ましさが感じられる。

この写真の服は、サモンピンクに紺の毛糸でステッチをほどこしてある。この場合は、特にスポーティでも、特にドレッシイでもないが、公式的な場所以外どこへでも着てゆかれて、誰にでも着られそうなスタイル。又、普段着にしてもよく、ちよつとしたおよばれにも着てゆかれる。

男の人は、紺の上着に紺の帽子、グレイの替ズボン。紺の背広で上下揃えてみると、ちよつとした略式の礼装にもなるが、ズボンを替えるだけで急にくだけた軽快な感じになつてしまう。こんな場合は、ワイシャツは真白というよりも、グレイや淡い水色、又は白に近いクリーム色といつたものや、あまりめだたない縞やチエックなどを着てその時その時を楽しんでみたい。ネクタイも楽な気持で選びたい。

スエーターと組合せたワンピース

ちよつと濃いめのグリンのツイード風なワンピースに、青みがかつた淡い黄色のスエーターがのぞいているのが、とても明るい印象を与えている。下に着るスエーターをブラウスにかえてみてもおもしろいが、この場合、スエーターの方がずつとくだけた感じになつて、帽子もベレーをかぶりたくなつてくる。だからこの服は、下に着るものを工夫していろいろに使い分けられる便利なものといえよう。

男の人は、グリンといつても相当に濃色の上着に、グレイに近い淡いグリンがかつたズボンをはいて軽やかなよそおい。こんな場合は二人とも楽な感じで揃えたい。

ネクタイも絹の光るようなものはなるべく避けて、ウールとか、毛糸で編んだものなどがふさわしく、ワイシャツも縞やチエックの粗い感じのものを着たほうが、女の人とのつりあいがとれる。くだけきつてしまつたものとは言えないが、活動的で、しかも機能的な面を持つている。粗いスエーターのようなものを着てもよいだろう。

シャツとスエーター

シャツスタイルも、スエータースタイルも共に一番くだけた形のもので、家庭でくつろいだり、家の近所を散歩するときの典型的なスタイルといえよう。

夏なら簡単なブラウスにスカート姿や、男の人のワイシャツ姿にも通ずるものである。現在では、女の人がこのままの姿で通勤することもほぼ常識化されてはいるが、男の人の場合には、活動屋さんならともかく、シャツやスエータースタイルでオフィスに出ることはむずかしい。むしろ休みの日のピクニックとか、散歩、スポーツ見物位の感じであろう。

女の人もこれらのスタイルで外出する場合、あまりフォーマルなハンドバッグとかドレッシイな靴とかを身につけることは当然避けるべきことであろう。

スエーターやウールのシャツスタイルの味は、春さきの散歩などのときに、伸び伸びとして一番楽しく着られるものだが、上の写真などの場合に、男の人が中折帽子をかぶつていたとしたら、本当におかしなものである。

一組の男性と女性とが並べられたとき、二人の着ているものの感じが揃つていれば不自然には見えないが、二人の服装がちぐはぐなときは、一方の人が相手の人のことも考えずに夢中になつて飾りたてたという感じになつたり、また片方の人がひどく場所がらをわきまえない服装のように見えておかしなものである。

たとえば、あなたが新しいシャツやスエーターを買つたとき、何となく早く着てみたくて、およばれなどにスエータースタイルで出席したとしたら、また滑稽である。たとえそれが高価なものであつても。

文学作品を通して

戀愛を語る

独・仏・英米・日五ケ国のそれぞれ文学史上に残された名作の中から，国柄と時代とを反映する恋愛のあり方をたずねて，四氏の誌上討論を試みた．

フランス文学　小林　正

ドイツ文学　原田義人

英米文学　石垣綾子

日本文学　円地文子

フランス文学から

「野に空に川に、動物どもの恋愛する姿を見てから、『クレーヴの奥方』を読んでごらんなさい。恋愛の点で、技術のある場合と自然のままの場合とが、どんなに違うものだか、はつきりわかりましよう」と、アンドレ・モーロワ は前置きをしてから、「人間の恋愛が神秘的な現象であるのは、それが、ごく単純な愛慾という本能を土台にして、複雑微妙きわまる愛情の建物をうち建てているからなのです」といつています。

これはまことに明快な良識に富んだ定義といえましよう。恋愛の本能はどんなに単純であつても、その上にうち建てられた感情の度合は数限りなく存在するわけですし、わたくしどもの理性がいろいろの制約をこれに課していますから、恋愛のありかたはいくら書いても書きたりないくらいあるのです。

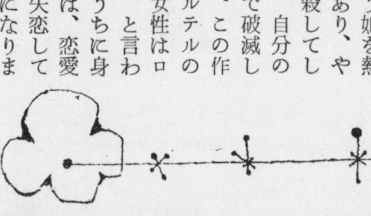

ドイツ文学から

小林先生は、恋する男を、ドン・ファン型とウェルテル型とに分けられましたが、私のほうはもつぱらウェルテル型であるという名誉を持ちます。ドン・ファン型の男を描いた作品はないわけではないのですが、この方面ではドイツ文学には傑作は全くありません。ゲーテの書簡体小説『若きウェルテルの悩み』では、御承知のように、非常に感受性の強い青年ウェルテルがロッテという娘を熱烈に愛しますが、ロッテには許婚があり、やがてその妻となつたため、ついに自殺してしまいます。ここに描かれているのは、自分の愛の対象に生活のすべてを打ち込んで破滅してしまう青年の火のような恋愛です。この作品が現われて、すべての青年はウェルテルのように愛することを欲し、すべての女性はロッテのように愛されることを欲した、と言われておりますが、燃えるような愛のうちに身をこがしてしまうウェルテルの物語は、恋愛のひとつの典型を示しております。失恋してみな自殺してしまつたら大変なことになりま

ふらんす

それでも、スタンダール式に分類して見ますと、情熱恋愛・趣味恋愛・肉体恋愛・虚栄恋愛の四つに大別できましょう。情熱恋愛とはウェルテル型の恋愛で、これについてはあとのところで精しく述べます。趣味恋愛とは、優美で粋でどんな意味合いでも負担にならないような恋愛遊戯です。肉体恋愛は説明するまでもありません。虚栄恋愛とは、言つてみればまあ、評判の男性なり女性なりを手にいれて虚栄心を満足させようという恋愛です。

結晶作用

そこで、ほんとうに恋愛という名に値するのは情熱恋愛だけなのです。けれども、その情熱恋愛にしても、その他の三つの恋愛の要素が大なり小なり加わつている場合が少なくありません。ある男性なり女性を見て、一瞬にして恋心を覚えるような場合、この電撃的な恋愛は情熱恋愛の最も理想的なものといえますが、これは不幸にして、きわめてまれなことなのです。だいたいはまず淡い憧憬からはじまつて、次第に相手のことだけを思うようになり、ここにスタンダールのいう「結晶作用」が生まれます。

「ザルツブルグの塩坑では、廃坑の奥に、冬になつて葉の落ちた小枝を投げこむ。二三カ月して取り出してみると、それはきらきらした塩の結晶で蔽われている。ごく小さな枝が、まばゆいばかりのダイヤを無数につけている。もう、もとの小枝は認められない。わたくしが結晶作用と呼ぶのは、目の前に現わ

すが、単なる遊戯に止まらない「死ぬほどの思い」を打ち込む恋愛でなければ、するに値いしないとも言えましょう。

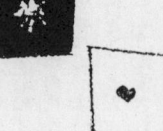

理想主義的恋愛観

ともかく、ドイツ文学が代表的な恋愛小説としてドン・ファン型の場合でなく『ウェルテル』のような作品を持つているのはけつして偶然ではないのです。ドイツ文学は、『ウェルテル』にかぎらず、恋愛を理想化した作品を多く持つております。理想主義的な恋愛観がその大きな特色となつているように思われます。恋の手管や駆け引きの面白さを扱つて成功した作品は見られず、一筋の愛に殉ずるような型が多いのです。シラノの悲劇『たくみと恋』でも、女に会おうとして海峡を泳いで渡り溺死してしまう青年レアンダーの悲劇を描いたグリルパルツェルの『海の波恋の波』でも、大摑みに言えば、そうした理想主義的な恋愛観に基いているものと思います。最近私は、或る聡明な女子大学生が、恋愛というのはいわばリクリエーションのようなものだと警句を吐いた、ということを聞きましたが、ドイツ文学をやつているせいか、恋愛にはもつと普通な意味で真剣なものを望みたいと考えます。それでは、ウェルテルやレアンダーが余りに可哀想ではありませんか。

浮気ということ

第二に、浮気の問題ですが、小林先生は、男は本質的に浮気で、女性は浮気をしても、その度ごとに真底から打ち込むものだ、というお説のように伺いました。これは、男性にとつてははなはだ都合のよい説で、私も男の

どいつ

ふらんす

れるすべてのことがらをもとにして、自分の恋人がいろいろの新しい美点をもつていると思う精神作用のことである。」

相手を理想化するわたくしどもの心理作用を実に的確に言い現わす比喩ではありませんか。

恋愛における二つの型

こういう情熱恋愛のできる型をウェルテル型というのですが、もう一つのこれと正反対の型はドン・ファンです。ウェルテル型の人間は情熱恋愛のとりこになりますと、虚栄心も自尊心も全くなくなり、自分の周囲にある平凡な現実がすべて姿を一変したように感じ、愛する対象にあらゆることを集中させて考えるわけです。ところが、ドン・ファン型の人間は対象の変化にしか快楽を感じないわけで、こういう人間にとつては恋愛は一種の征服慾の満足ですし、勝利の内容よりもその数を誇りとするのですし、ウェルテル型の人間がひとり自分の胸に秘めて恋愛を楽しむのに反して、ドン・ファンは自分の恋愛を人から見てもらいたいのです。ウェルテル型の人間とは、マノンに恋するデ・グリユー、クレーヴの奥方に恋するヌムール公、女性でいえば、椿姫などです。ドン・ファン型の例も少なくありません。ラクロの『危険な関係』のヴァルモン子爵（フランスの十八世紀末の小説ではたいていこういう型が出てきます）、『赤と黒』のジュリヤン・ソレル、女性でいえば、『危険な関係』のメルトイユ夫人、カルメン、マノン、ナナなど。

はしくれですから、大いに賛成したいところです。また、小林先生の言われることは、或る意味では女性に敬意を表することになるかとも思います。ところで、ジンメルという哲学者が、男性は個性的な心の働きによつて恋愛するが、女性のほうは相手のうちに個性を見るのでなくてただ類型的なタイプとしての相手に身心を捧げるのだ、というような意味のことを言つていたように記憶しております。こんなことから、女性には本質的に浮気というものができにくいのかもしれません。シュテファン・ツヴァイクの小説『不安』は浮気をした人妻が結局夫の許に帰つてゆくまでの心の不安を描いております。これは夫を欺いてやろうというような心の動きではなく、もつと本能的な不安だと思います。また同じ作家の『見知らぬ女の手紙』では、相手を忘れてしまつているような男に対して終始変らない心の貞操を捧げ身を売りながらも、相手によつて宿した子供を育てて来て、その子にも死なれた悲しい女の気持を描いています。いずれも小林先生の言われるような例と申せましょう。しかし、私はドイツ文学においては、浮気でない男性の愛を強調したいように思います。事実、ドイツ文学には浮気を描いた佳作は少いようです。シュニッツラーの『アナトール』や『恋愛三昧』などでも、浮気な男は結局罰せられてしまいます。また浮気に眼を向けたこれらの作家が世紀末のウィーンの作家であることにも注意しなければなりません。ドイツ文学の大筋は、恋愛を精神的なものに高めようとする方向に貫かれているのではないでしょうか。マクス・ミュラーという人はシューベルトの「冬の旅」などの歌詞に使われた詩人ウィルヘルム・ミュラーの子でイギリスに渡つて大成した十九世紀の重要な言語学者ですが、その唯ひとつの小説に『ドイツ的な愛』（邦訳『愛は永遠に』角川文庫）というのがあります。病身な一公女に純愛を捧げ、身分によつて結ばれず、ついにはその死に会う主人公の一人称小説の形をとつたものです。伝統的な神秘思想に色濃くひたされたこのプラトニック・ラヴの物語に「ドイツ的な愛」という標題がつけられて

どいつ

ふらんす

しかし、今あげた人物たちもよくしらべてみますと、両者の性質を兼ねそなえていることが多いのです。どちらかの性質が強いというだけのことです。たとえば、ジュリヤン・ソレルはなるほどレナール夫人やマチルドを誘惑しますし、出発点は野心なのですが、いつのまにかその恋愛作戦のとりこになつてしまい、真剣になつて相手に恋い焦れ、野心も自尊心もふりすて、有利な社会的条件も省みなくなつてしまいます。ヌムール公にしたところで、クレーヴの奥方に恋する前は、宮廷の伊達男なのです。女たらしとして徹底的に冷酷なヴァルモン子爵、欠伸をしながら恋文を書くこの典型的なドン・ファンでさえ、どうやら法院長夫人には恋心を覚えるらしいのです。ウェルテル型の人間でも、ときには無意識のうちに、ドン・ファン的術策を用いることもあります。

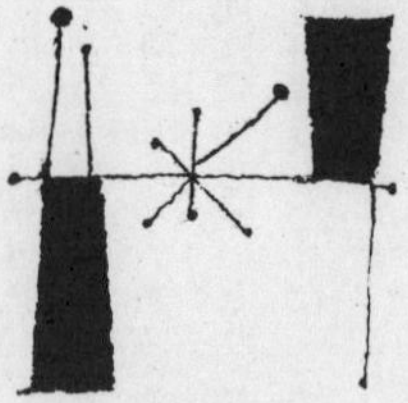

浮気ということ

それにしても、今あげたような代表的なウェルテル型は別として、愛情というものは単調を好みませんから、どうしても浮気ということが問題になります。『第二の性』の著者シモーヌ・ド・ボーヴォワール女史がいかに女性解放を叫び、社会的条件が男性と女性の差を作るのだと言つても、やはり男性と女性の差は浮気の点ではつきりとしています。スタンダール流にいえば、女性の場合は浮気が直接の行為であり、部分的にはそこに愛のしるしが認められるのです。その反対に、男性の浮気は何のしるしでもありません。女性は

どいつ

いるのは、極めて象徴的と申さなければなりません。みなさんの多くは、シュトルムの『みずうみ』とか『聖ユルゲンにて』とかいう作品を愛読されたかと思いますが、老年に至るまで青春の愛を胸に秘めているそれらの小説の主人公たちは、およそ浮気などとは縁遠いものであります。余りにセンチメンタルで、老人になるまで昔の恋愛のことをくよくよ考えているのは薄汚いとお思いになるかもしれませんが、およそ恋愛体験はあらゆる体験のうちで最も根強く一生涯を支配するものです。ですから私はやつぱり、恋愛の美しさを信じ、青春の愛情は美しくありたいものだと思います。もつとも、ドイツ文学にも女性の激しい愛を描いた作品はあります。クライストの『ペンテジレーア』では、愛する男に裏切られたと思い込んでそれを斃し、犬の群れとともに男の死体にかぶりつく女人国の女王が描かれております。ヘッベルの『ユーディット』も、貞操を犠牲にして敵将の首を獲得しますが、自らの心のなかの相手に対する愛は限りなく深いのです。こうしたタイプの女性の愛はオルテガというスペインの哲学者が「サロメ型」と名づけた、病的と言えるほどの主我的なものですが、女性にもわれわれのいわゆるウェルテル型があり得ることを示しております。ともかく、女性が純一な愛に傾き易いことは私も認めますが、ドイツ文学に関するかぎり、男性は浮気であるという説はどうも願い下げにしたいように感じます。

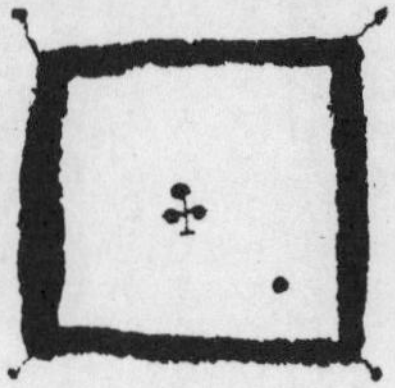

理想化された女性

第三に、恋愛が情念の働きによつて現実を眺める私たちの眼を曇らせるということについては、私も全く同感ですが、私としては特に、ドイツ文学においては女性を理想化して見る傾向が顕著なことを指摘したいと思います。ドイツ文学は情念の作用や繊細な恋愛心理を巧みに描き出すよりも、そうした理想化

ふらんす

羞恥心が強いだけに、浮気をする場合、それは捧身的な行為となるのです。男性の場合は、むろん従来の悪い社会的慣習によるせいもありますが、浮気をまるで必要なものと考えているのです。したがつて、恋する女性は男性の浮気など大目に見るがよろしい。それに反して、女性の浮気は男性にとつては許しがたいものとなるのです。

現代の恋愛

ところで、現代の恋愛はとくに都会ではあまりに知性的で神経過敏症のものが多く、同じ情熱恋愛でも、愛する対象は単に理想の女性を想像する契機にすぎないことがあり、甚だしい場合には現実の女性の顔形さえはつきり思い出せないような、自意識過剰の恋愛病さえあります（プルーストの場合）。また、とくに第二次大戦後の世代は、ちようど十八世紀末のフランスのような、性道徳の全くすたれた恋愛遊戯の時代ともいえましよう。

（筆者は東大助教授）

どいつ

に大きな特徴を持つているように考えられるからであります。ゲーテは『ファウスト』第二部の末尾において「永遠に女性的なものがわれらを引き上げてゆく」という謎めいた表現を用いておりますが、多くのドイツ詩人は女性のうちに神秘的な浄化力や創造の原動力を見ています。そして彼らの恋愛体験から美の理想像を生んでいる場合がしばしばあります。ゲーテにおけるシュタイン夫人、ヘルダーリンにおけるディオティーマ、すなわちズゼッテ・ゴンタルト夫人は、ダンテにおけるベアトリーチェのような存在であります。それらの体験がなかつたならば、ドイツ文学はその宝のいくつかを失つたことでありましよう。また、リルケが『ポルトガル文』を書いたポルトガルの尼僧のような、愛を超えて愛に生きるタイプの女性の高い精神性を尊重していたことも、有名な事実であります。これらの人々によつて愛は限りなく美化されたと申せましよう。

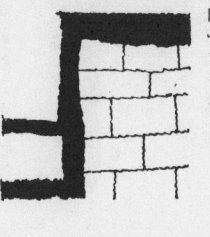

終りに

私はみなさんに媚びたり、或いはひとりだけいい子になろうとして以上のことを書いたのではありません。このことは、ドイツ文学の研究者としての良心に誓つて申し上げることができます。みな古風な考えかたのようですが、恋愛は人間が永遠性に最も近づく瞬間だとは言えないでしようか。また問題を主として男性の側から見ましたが、自分が男であるから已むを得ません。少くとも私は、あの映画『女の一生』が描いたような男ばかりではないということを、みなさんに知つて頂けたら幸いだと思います。恋愛は甘美であるだけでなく、苦しいものです。みなさんがそういう苦しさと真面目さに取り組んで生涯の体験を立派に築かれることを望んでやみません。

（筆者は東大助教授）

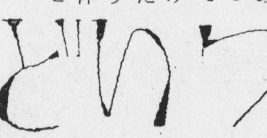

いぎりす あめりか

英・米 文学から

サロメの愛　オスカー・ワイルドはマタイ伝十四章のヨハネとサロメの話をもとにして、劇をかきました。彼の描いたサロメは、予言者のヨハナンにひそかに愛慕をよせていました。サロメはこの地上にあるありとあらゆる願望を、充たすことのできる王女でした。その彼女でしたが、恋の願いだけは、彼女の手にもとどかないものでした。というのは、サロメが恋したのは、荒野で神の声を叫ぶヨハナンでした。彼は国王のヘロデにとらえられ、獄につながれています。ヘロデは妃となつたヘロデヤの娘サロメの美しさに魅了されていました。彼の誕生日の祝いに、王のヘロデはサロメの舞いを要求し、彼女の望みは何でもかなえてやると約束しました。サロメは妖婉な踊りを舞い終わると、王にむかつて「予言者ヨハナンの首を、盆にのせてここに賜われ」と、ねがいました。

サロメの願いは聞きとどかれました。彼女は大理石で刻んだような真白い指先をそろえて、盆にのつたヨハナンの首をだきあげます。サロメの恋を拒絶した彼は、死人の首となつて初めて彼女のものとなりました。サロメはヨハナンの口唇に、熱い口づけをし、愛撫の熱情をそそぎましたが、彼女は恋を失つたわけです。王のヘロデは嫉妬にもえて、サロメを殺せと従者に命令をするのです。

サロメは恋の相手を征服して、わがものとする強い性格の恋愛型を表現しているように思います。ふつうの場合、女は、自分の存在を恋するひとに、捧げることによつて、よろこびを感じることが多いのですが、サロメのような要素も、女の心のそこにあるのではないでしょうか。

デスデモーナの愛　シェークスピアの描いたオフエリアや、ジュリエットは女の可憐さとはかない純情な恋をかたつています。『オセロ』に出てくる女主人公のデスデモーナも、純な愛情に生きる女でしたが、夫のオセロに貞操をうたがわれて殺

日本 文学から

過去の日本の歴史に恋愛があつたでしようかなど丶云えば、源氏物語や万葉集、近松門左衛門の研究者などから、抗議されるに違いありません。

古事記に記された仁徳帝の吉備の黒媛や武烈帝の影媛をはじめにして、万葉の女歌人額田女王、茅上女郎、坂上郎女などの情熱を経て王朝の宮庭女流文学者（紫式部、和泉式部、右大将道綱の母など）の文学上のテーマは詩であると、散文であるとを問わず、恋愛を基調としている点で一致しています。

平家物語や太平記の中にも恋愛の記述は多く、戦国を経て、徳川時代に入つてからは、元禄の文学黄金時代に「五人女」や「一代男」「一代女」を描いた西鶴（浮世草子）や心中物に多くの傑作を遺した近松（浄瑠璃）に、濃艶な開花を見せています。明治になつてからの小説にも、尾崎紅葉の「金色夜叉」や広津柳浪の「今戸心中」、樋口一葉の「にごりえ」などは恋愛の世界を扱つた作品ですし、国木田独歩の「あざむかざるの記」や有島武郎の「ある女」夏目漱石の「それから」「門」なども、恋愛をテーマとしていることに間違いはありません。

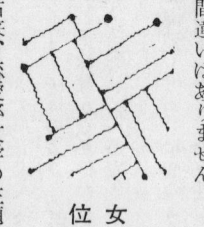

女性の地位と恋愛

古来、恋愛が文学の主題として、重用されていることは両性の問題が簡単に解決されぬのと均衡して洋の東西を問わぬようですがギリシヤ哲学や、キリスト教のマリア崇拝思想を通過していない東洋では、社会的に見て女性の地位が低く、女は崇められるものより常に男に従うものでありました。

こういうフェミニズムの伝統のないところに高度の恋愛は発達する筈がないことは、日本よりも女性の地位の低いといわれる中国に

につぽん

いぎりす　あめりか

されオセロも嫉妬で傷ついた心で自分の命をたちました。オセロはアフリカのムーア人で、武勇の名高い将軍です。ヨーロッパの美しい貴婦人デスデモーナと、深い愛情で結ばれたその幸福な生活をかき乱したのは、イヤゴーという奸智にたけた男でした。デスデモーナは、従順で、無邪気で、夫のオセロを限りなく愛していました。ですが、その従順さといじらしい無邪気さのゆえに、イヤゴーの策略は効を奏します。

オセロは妻への愛情のしるしとして、一枚の美しいハンカチーフを、デスデモーナにあたえました。これをなくしたら彼女の愛もなくなつたと思うからね、と云つて大切にするように申しました。そのハンカチーフに目をつけたイヤゴーは、ムーア人のオセロと美しいデスデモーナの間をさくために、それをぬすみとり、デスデモーナがそつと自分にくれたものであると、云いふらしました。ハンカチーフをなくしたデスデモーナは、早く、夫にそのことを打ちあければよいのに、「愛のしるし」だといわれたハンカチーフをなくした不安を胸にひそめてひとりで心痛するだけでした。オセロは妻の愛情をうたがい、誇りを傷つけられて、とうとう妻も自分も死の悲劇に、終つてしまうのです。

デスデモーナは男の好む、女のタイプであるのかもしれません。夫の愛情をつつましやかにうけいれ、純な心のもち主です。そのかぎりにおいて、女としても彼女に好意と同情をよせます。けれどもハンカチーフを失くしたことで、おろおろしてしまい、自分の愛情をまもりぬくために、積極的に行動することができなかつたのでした。女の弱さと、はがゆさが感じられます。しかし男がゆめに描く女性は、デスデモーナのようにどこかいじらしさがあつて、男の肩によりかかつてくる従順さを讃美したいようです。はつきりした意志と、知性をもつ女は、男のゆめに反するらしいのです。

現代では、デスデモーナのように、受動的な女性は、存在しなくなりました。自己に目ざめ、人間的な解放を求めているからです。限りない従順さは存在しなくなつたとは云

於いては、あの李白や杜甫を生んだ絢爛たる唐の盛代に於いて、傑れた恋愛詩人、女流詩人を生んでいないのを見ても思い半ばに過ぎるものがあるでしよう。

中国に較べれば、古代社会にシャーマニズムと通じる祭政一致の時代があり、シャーマン（巫女）として神と人間の間にある代表者は常に女性でありましたため、日本の古代に於ける女性の地位は高く、そこに古事記の天照大神や、神功皇后などのような伝説的ヒロインも自然に誕生したわけです。

奈良朝までは、皇女や皇后が帝位に即く習慣もつづいていましたから、一般婦人の家族の間にある地位も後世ほど、低くはなく、そのことが万葉集の相聞歌に見る素朴な重厚な調べになつていると思います。

額田女王の

きみ待つとわが恋ひ居ればわが宿の簾動かし、秋の風吹く

紀の国の山越えてゆけわが背子が居たゝせりけむいつ樫がもと

のようなおおらかな逞しい息吹きは平安朝以後の恋愛歌に絶えて見得ないものです。この歌の背後には、持統天皇とか光明皇后とかいう赫奕《やく》たる豊麗な女人像が連つています。

平安朝の恋愛

スタンダール流に分類すれば、万葉集の時代の恋愛は情熱恋愛であるのに較べて、平安朝時代の恋愛は、趣味恋愛と言えるでしよう。

文学が行動と共にあつて、素朴な表現をとつた古代社会はすでに崩壊し、宮廷を中心とする狭い文化圏の中で、洗練された情緒生活を送る消費的な貴族の一群の間では、美を規定する尺度が厳として存在するようになりました。美とは調和であり、儀礼でもあるのです。恋愛や結婚の前提としてもまず歌の贈答が男女の間に行われ、その場合、歌を書きしるす紙の質や色合い、その文を結びつける木

にっぽん

いぎりす
あめりか

え、やはりデスデモーナの不安と困惑は、どこかにかげを残しています。そして、男は、夢に描いた女の幻想を、いまだにさがし求めているようなところがあります。

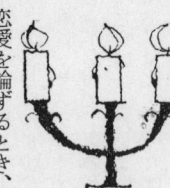

恋愛における二つの型

恋愛を論ずるとき、女は献身的な愛情を求め、男は愛の対照を略奪するとみられています。女性はその献身的な要素のために、恋愛の中に全身を打ちこんでしまうが、男性は、力づくでも、愛を征服し、それが自分の掌中にはいると、つぎの愛を追って浮気をする、というように、女性型と男性型があるとされています。

サロメは男性の要素を多くもつた女であつたかもしれません。いずれにしても、ヨハナンという愛の対象を無理やりにもぎとりました。ディスデモーナは、愛情の中にひたつていながら、その愛を自分でまもることができなかつたのでした。そして、その愛を失いました。これは女性型の恋愛に分類することができるでしょう。けれども、この二つの要素は、近代女性の中に、いり乱れて内在していると思います。完全な男性型も、完全な女性型も、存在はしていないでありましょう。恋愛の女性型は、長い歴史を通じて、女が、男の支配下にあつたために、「第二の性」としてつくられた要素が、多分にあること丶思います。

女性が解放され、人間として自覚をもつようになつた近代では、女は自分の心をもち、恋愛においても、受け身から自主的に、移りかわつてきました。それで、男性タイプと女性タイプは、ひとりの女の中に、交錯しています。サロメは云うまでもなく、自覚した女性ではなく、わがままに育つた王女でした。王女として、すべての権力を背景にしていました。そこから、支配者としての男性タイプが、彼女の恋愛に表現されたように考えられます。

の枝や草の花にもそれ〴〵の季節や情緒にふさわしいものを選ぶのが、文の送り主の教養をうらづけるものとして重用視されたらしいのです。（源氏物語、枕草子参照）

この社会では音楽や手蹟の才能ばかりでなく、男も女も衣裳の色の調和や、言葉使い、動作などにまで、細やかに心をつかい、そういう教養のしみついた人柄が、単なる美しい容貌以上に相手の心を動かすのです。（源氏物語）など読むとわかりますが、この時代の男性の女性を相手にする場合、会話の繊細なニューアンスを湛えていることは驚くほどで、その点ではこの時代の貴族は、明治時代をも含めて、日本の過去のどの時代よりも、女性に対するギャラントリーを心得ていたといえるでしょう。

もともとこういうフェミニズムが、后妃を自門の繁栄の媒体とした藤原氏の権力者によつて生み出された政策に因を発していることは論を俟ちませんが、例え、そういう政策から生じた気風であるにしても、女性の教養を高め、尊げに取扱う習慣の中から、世界に殆ど類例のない古代社会に於ける女流文学の黄金時代が生まれたことは認めねばなりません。

この時代の女性は、家の中に閉じこめられて、男と顔を見合うことも自由に出来ないような不自然な生活をしていましたが、一方では、後の封建時代のように男性を中心とする家の観念が確立していなかつたために、女がいく人もの男と交ることについての不倫感がなく、そのために、和泉式部のように、男から男へと恋愛巡礼をつゞけつゝ、奔放な恋愛歌を詠むような生活も強ち爪弾きせずにゆるされていたのでしょう。

私は今ある必要があつて「かげろう日記」をよみかえしています。この日記の著者右大将道綱の母が、自分の庇護者であり愛人である東三条兼家に対して持つ二十余年にわたる愛憎の執拗さには、同性として息苦しいものを感じますが、生活の保護を受けている女（後世の妾）として、愛人の兼家の浮気を少しもゆるさず、純粋な一夫一婦の愛情を希求している烈しさには、自我に眼ざめた女性の

にっぽん

いぎりす あめりか

近代小説と恋愛

話は近代にとびますが、映画「陽のあたる場所」アメリカ作家セオドロ・ドライザーの小説「アメリカの悲劇」を映画化したものです。この小説の主人公は愛していた女を殺しました。富と地位を得るために、金持ちの娘と結婚することにしたのですが、そこに邪魔者として考えられたのは、貧しい娘と取り交わした恋の存在でした。純情な娘は男の獲物となり、肉食獣の爪にかかつたのです。これは女を征服して、つぎの獲物を追つてゆく男性タイプの恋愛型に属するでしよう。

同じ作者は、「シスター・キャリー」という小説の中で、女に喰われてゆく男を描いています。キャリーという娘は、はじめは田舎出の世間知らずでした。日本の地方にもよくある娘のように、都会にあこがれ、シカゴに嫁にいつた姉をたよつて、田舎から出てきました。大都会に住む姉の一家は、キャリーの空想していた華やかなものとは反対に、生活に疲れた灰色につつまれていました。キャリーは姉の一家に寄食していることはできないので、働きにゆきました。田舎出の娘をやとつてくれる工場は、搾取のはげしい小さな工場でした。ほんのわずかな賃金で、一日中働き、姉の家に帰つてくればそこは夫婦げんかの展開する居づらい場所でした。キャリーは古ぼけた姉のおさがりをきていましたが、美しい娘でした。そこへ彼女をみそめた男が現われます。生活に疲れ、明るさを失つていたキャリーは、金のある男に心をひかれ、姉の家を逃げ出して、男の妾となります。彼は社会的の地位もあるし、立派な夫としてまた父親として、暮していますが、商用にかこつけて、キャリーをかこつた家によくきます。彼は上品ぶつた冷たい妻には見出せない、あたたかい愛情をキャリーに感じました。キャリーも彼を愛していました。田舎娘だつた彼女は彼のおかげで、どこに出してもはずかしくない

抵抗がまざまざと感じられます。一夫多妻が普通のことゝ見なされていた時代でありながらこういう抵抗が女の側からなされたということには、やつぱり、女性を卑しむことが恥とされている通念が宮廷文化の中に育つていたとみてよいでしよう。

時代の移り変りと共に

それが証拠には、王朝時代が終つて武家階級による封建制が確立して以来、女性は男系の血統をつたえる隷属物となつてしまい、明治維新に到るまで七百年にわたる間、僅かな歌人や俳人を出した外は殆ど文学と縁のない存在となつてしまいました。そういう時代を背景にしては、恋愛も決して、高貴な花を咲かせることが出来ません。

元祿の劇詩人として、恋愛を描いて成功した近松の心中ものなどにしても、多くは、人身売買の犠牲となつて遊里にいる遊女と、制約の多い家族制度に縛られている商人の若者との間に恋の花が咲きながら、金と義理人情に世を狭められて死んでゆく封建社会の悲劇であつて、義理人情を恋愛が圧倒しているような場合は殆ど描かれていません。

明治大正文学をとつてみても、女性が近代的な魅力を持つて描かれているのは有島武郎の「ある女」の葉子と、国木田独歩の信子ぐらいなもので、漱石の作品にしても、西洋文学を作者の中で飜案したような「それから」の三千代などは存外観念的で魅力がありません。鴎外の作品にしても「青年」に出て来る未亡人などより、「雁」のおたまの古めかしい恋ごころのほうが巧みに描かれているようです。

優れた作家達のしめすこういう現象は、この作家達の恋愛観が浅いとか、女性を愛さなかつたとかいうのではなくて、明治大正の日本には「アンナ・カレニーナ」や「狭き門」のアリサを生むような女性の実在性が考えられなかつたためだと思います。

にっぽん

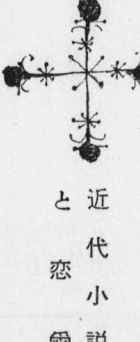

いぎりす あめりか

女となり、その美しさは格別でした。

妾と妻と、この両方を巧みに使いわけていた間は、幸福な、無事な日がつづきましたがその秘密がもれて大変なことになりました。彼は財産を妻にとられ、会社からも追われ、その土地にはいたたまれなくなつて、放浪の旅に出ます。キャリーは彼が没落してゆくのと反対に、ちよつとしたきつかけで舞台に出たのがあたり、人気の絶頂に達する女優となりました。男はおちぶれた自分の姿を、彼女にみせたくなかつたのです。彼女を愛する情が強ければ、強いほど、姿を現わすことはできませんでした。彼はいろいろな事業に手を出しましたが、いずれも失敗して、さいごには、ほんとうの浮浪者となり、一食にありつくために、ニューヨークの街を寒い風にさらされながら歩いています。知らずにキャリーの出演する劇場まえにくると、彼女の名前と写真が大きく張り出されています。

キャリーはゆめに描いていた有名な女優になりました。舞台の上で、拍手のあらしをあびる彼女は、舞台裏にかえると、みたされない淋しさを感じるのです。彼女のもとに、あれから多くの男が現われましたが、貧しい彼女の前に現れた最初の男、彼のことが忘れられませんでした。キャリーの成功は、彼からうばいとることのできるすべてを吸いつくして、はじめて可能だつたのです。彼なしには、キャリーはここまでくることはできませんでした。男を征服し、男の犠牲で成功したのです。彼女はある意味で、サロメのように、愛する男を殺しました。この小説では、この男は自殺をします。男をそこまで追いつめてしまつたが、キャリーは彼に対して、純情な愛をすてきれません。そこに近代女性の複雑な恋愛心理があるのでありましよう。

恋愛の極致はこれまで純な感情に動かされるものとされてきましたが、現代の複雑な社会では、知性と自主性のない恋愛は、けつきよく、悲劇の深いふちにおちこんでしまうでしよう。恋愛は盲目であつては、ほんとうの幸福をつかみとることはできないと思います。

（筆者は評論家）

にっぽん

現代の社会と恋愛

敗戦後、憲法の改正と共に、姦通罪が法律から削られ、離婚の場合子供を母の手にひきとることもゆるされるようになりました。これは日本の女性にとつて、何といつても大きな革命であつたと思います。この十年間に、恋愛や結婚の面で女性がどれほど賢くなつたか、新聞の社会面を賑わす記事だけについて見れば、楽観出来ないことばかりですが、長い間の習慣が壊され、新しい目標ははつきり与えられず、衣食住については貧しいという日本の社会の当面している悪条件のたゞ中では、女性だけが切りはなされて豊富になり聡明になることは出来ないでしよう。

それでも男女共学がはじまつてからもう数年になる間に、いろ〳〵な否定面があるにしても、日本の青年男女は新しい恋愛の相手のみつけ方を探し出しているように思います。

一両年前、さる大学の文科の学生で二人の優秀な青年が、一人の女子学生に争つて求愛しているのを見たことがありました。その女子学生はちよつと見ただけでは、美しいとは申し兼ねる眼立たない人柄の人でしたので、二人の青年の夢中になるのがおかしいように思われましたが、ある時、その女性の研究発表をきく偶然な機会を得ました。

その時、前のことを思出して注意していますと、その人はなるほど一見白い淋しい花のように眼立たない容貌の人ですけれど、声音が美しく明瞭で、態度に聡明さと自然な謙遜が滲み出ていて、実にこゝろよく話をきくことが出来ました。白い小さい花の高貴な匂いをたゞよわせているようでこのような楚々とした佳人に思いついた二人の青年にも尊敬を感じることが出来、若い人の恋愛がこんなところから芽生えてゆけば、日本の恋愛の将来も望みなきにあらずと心強く思つたことでした。

（筆者は作家）

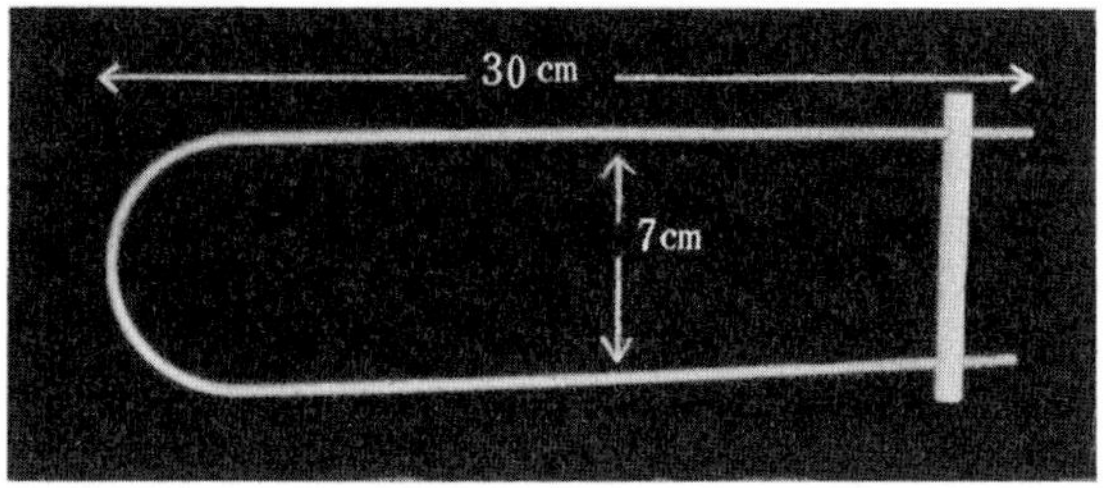

月丘夢路さんに編み方を習う

月丘夢路さんがアメリカから持って帰られたこのストールは、純白な毛糸で柔かく編んである、たつぷりとした大きめのもの。右の写真はそのストールを肩からふんわりとかけた月丘さん教えていただいた編み方をここで御紹介しましよう。

ちよつとみると大変模様がこみいつていて編み方もむずかしそうに見えるかも知れませんが、編み始めてみると簡単なのにびつくりなさると思います

材料 中細毛糸5オンス位

用具 鉤針、針金の枠（8番か10番の針金を買つて上の写真のように曲げて作ります）先の方がすぼまないようにするために、木をわたして結びつけてもよいし、木に針金をさしこむ穴をあけてもよい。

模様は21目が一模様になるので、目数は二十一の倍数になつてゆくわけで、ストールならば大体25模様ぐらいはほしいところですから、まつすぐに五二五目になるまで編んでからはずします。

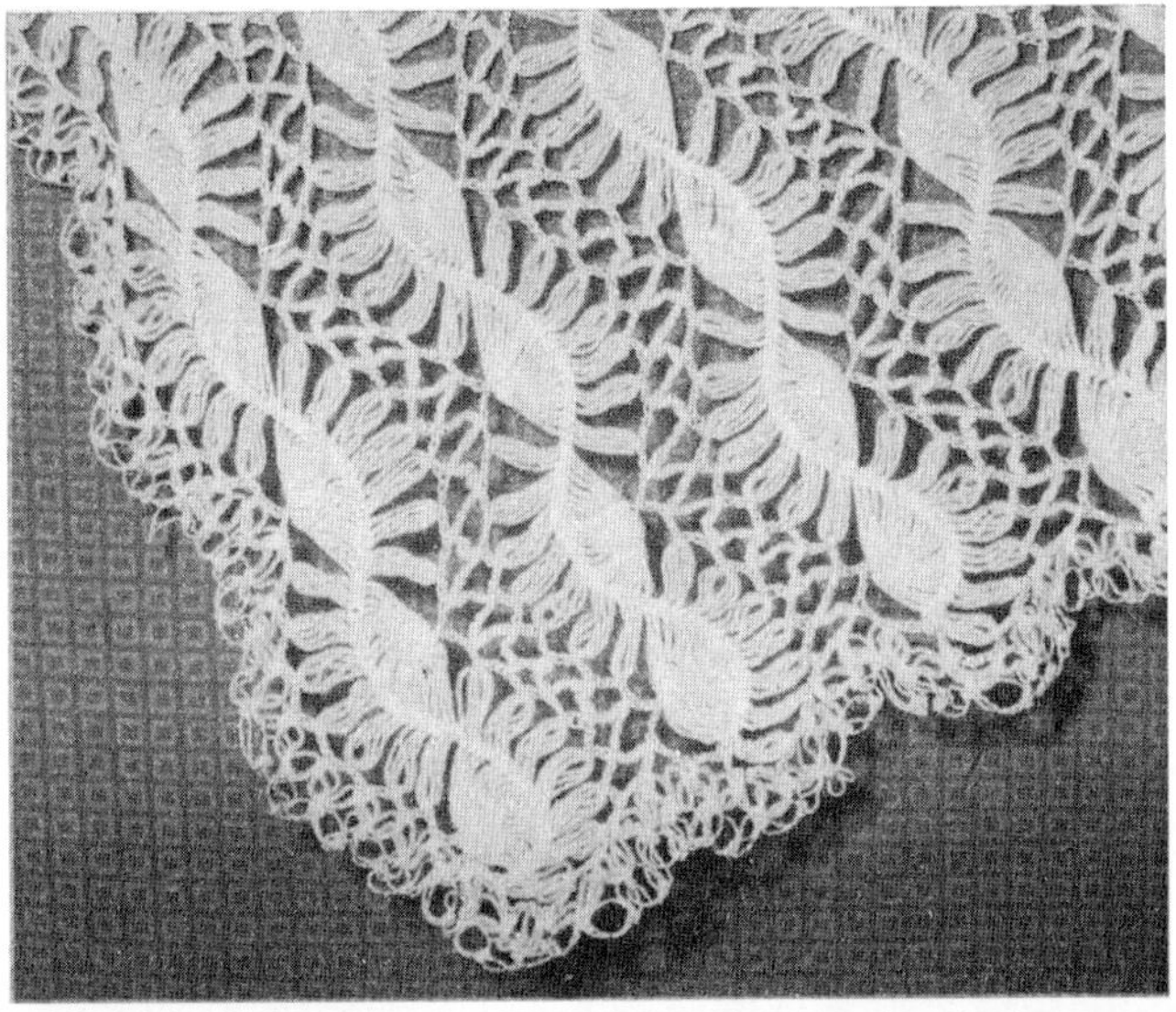

春風をさそうストール

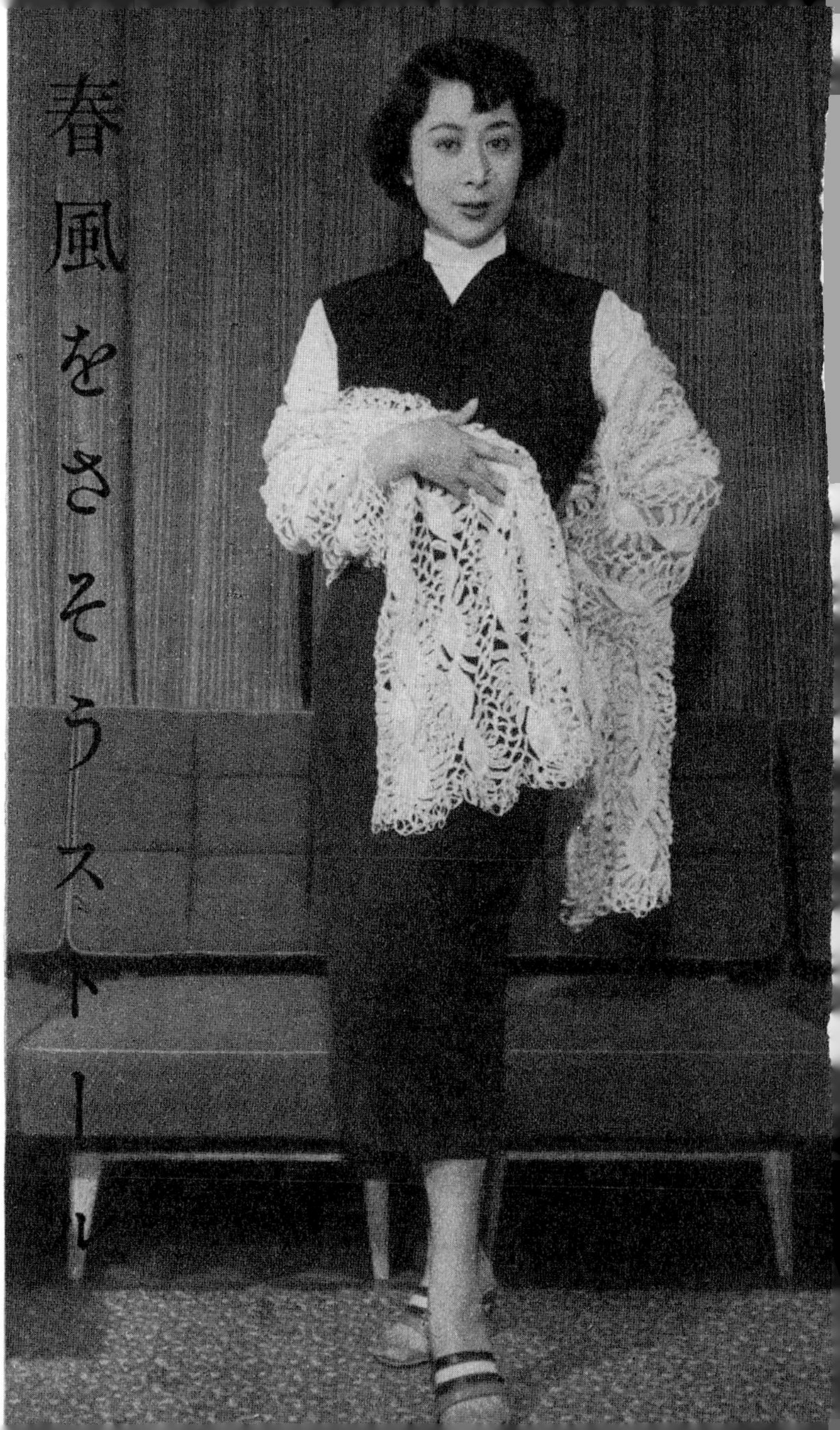

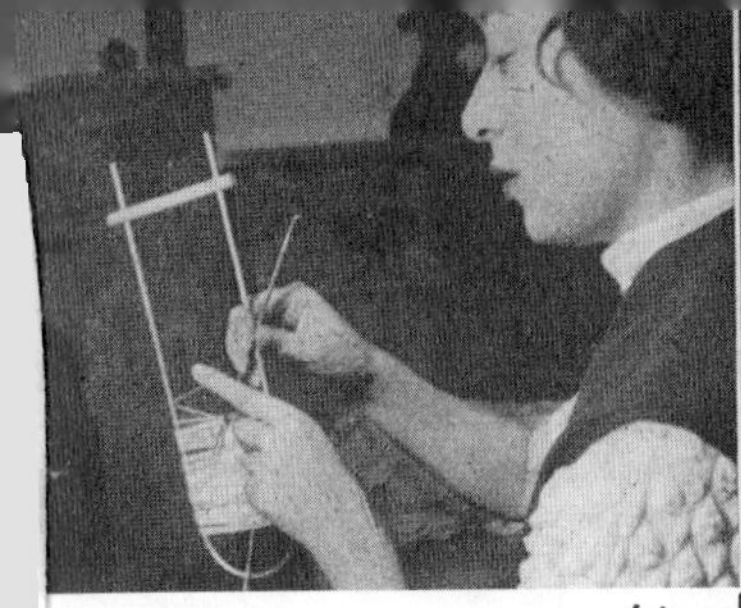

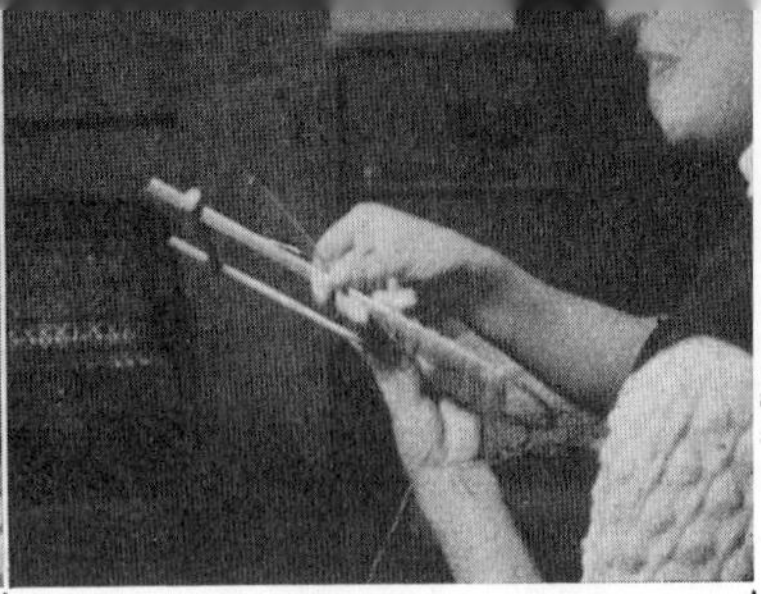

(1)

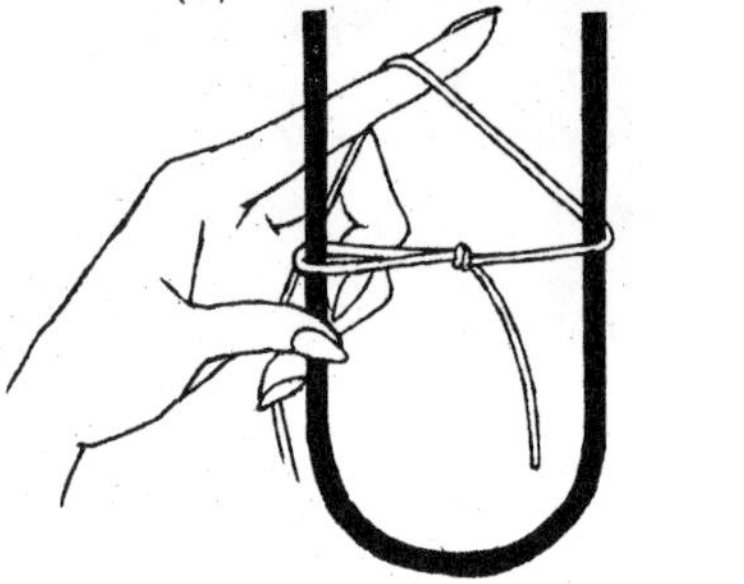

(2)

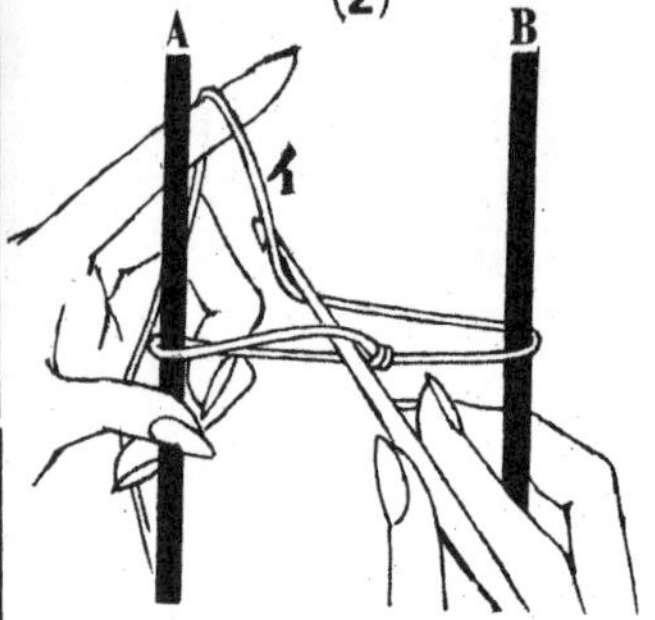

(3)

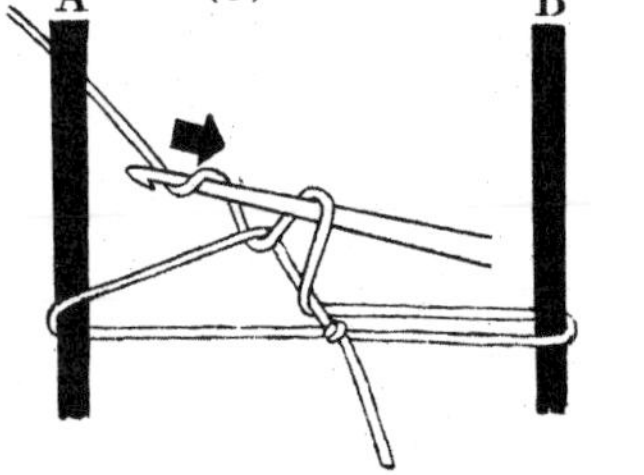

(4)

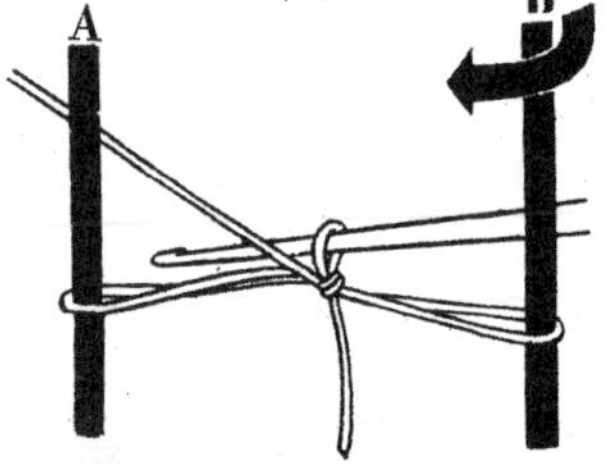

(5)

最初に一目大きく輪をつくり、枠の一方に通して、中央に結びめがくるようにします。

(1)のような位置に糸をかけてから真直ぐに編んでゆきます。

(2)鈎針を左の輪の中から入れて、イの糸をすくつて、引き抜きます。

(3)もう一度、同じようにしてイの糸をすくつてくぐらせると(4)のようになり、ここで左右に一本ずつの輪がかかるわけです。

(4)次に鈎針を枠の外側にまわして、左手で持つているAを基点として、Bを手前に半回転させるとイの糸が自然にAにひつかかつて(5)のようになりAを持つていた左手は、そのままBに移動します

(6)

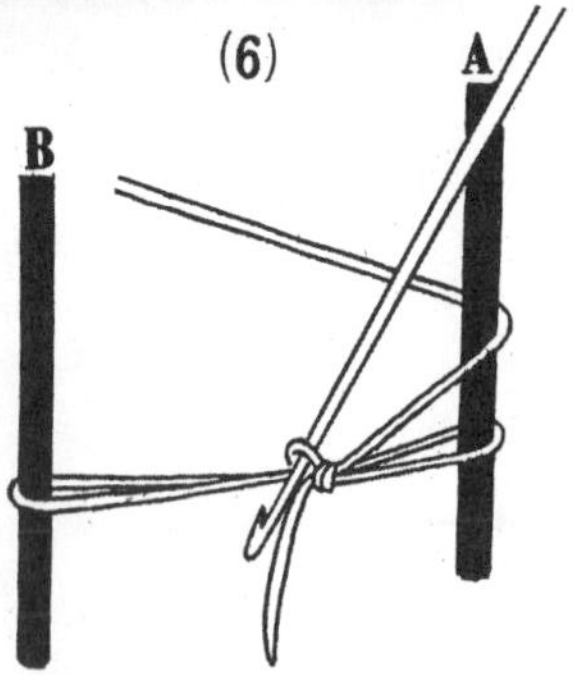

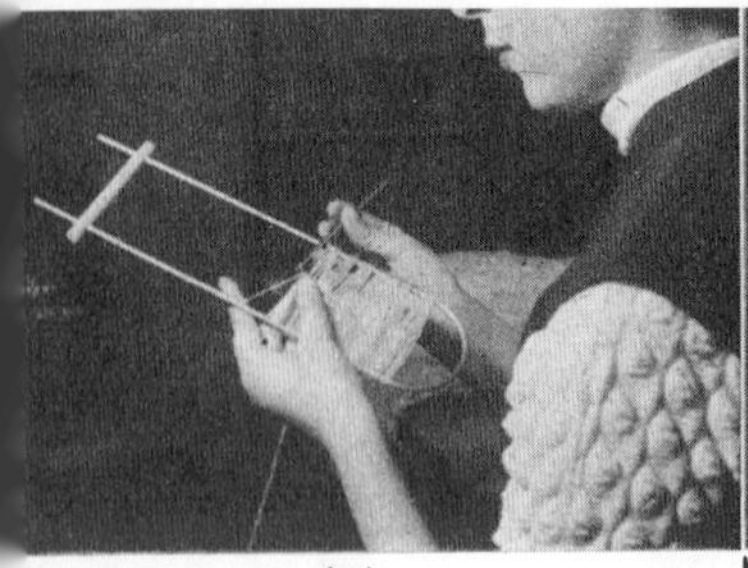

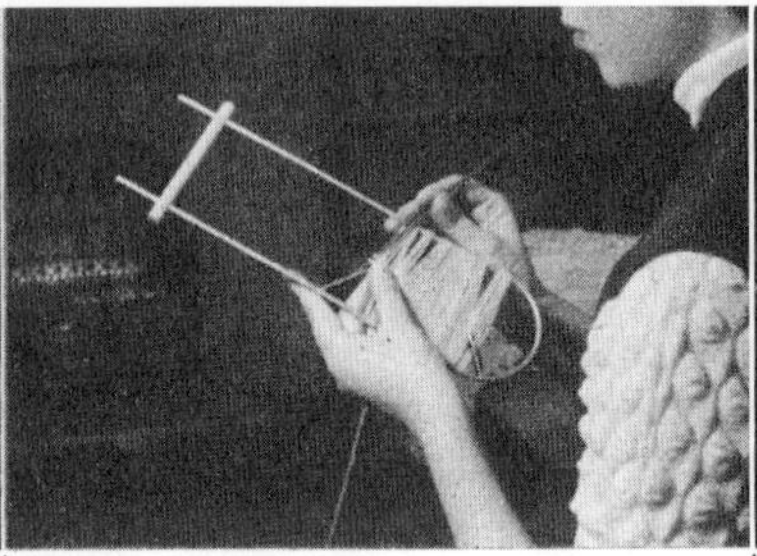

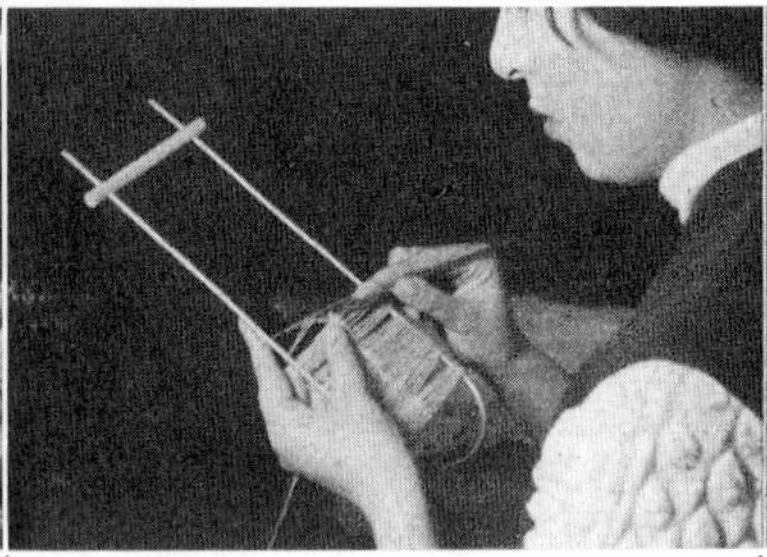

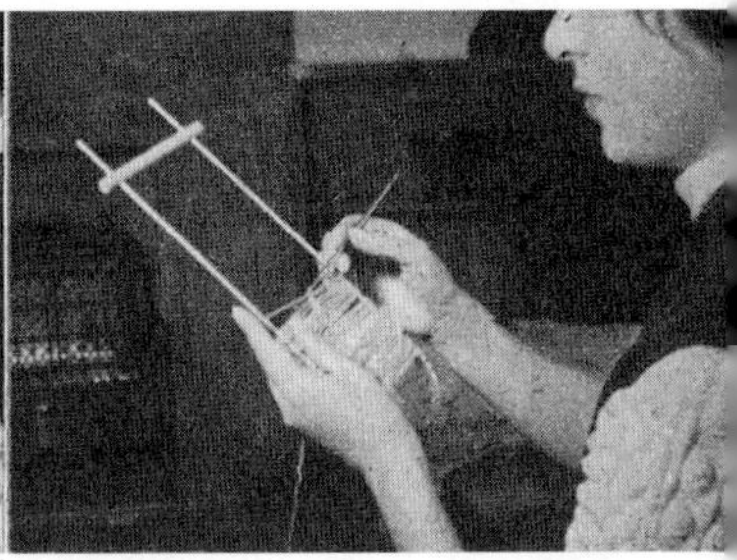

(7)

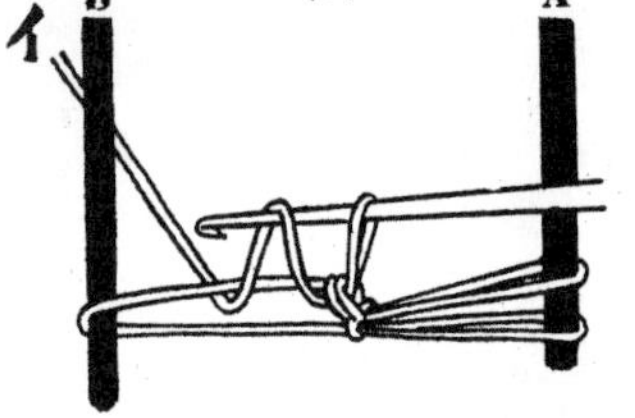

ここで前と同じ要領で糸をすくい、今度はBを基点としてAを半回転させると(8)になります。ここで又同じことが繰返されるわけです

(8)

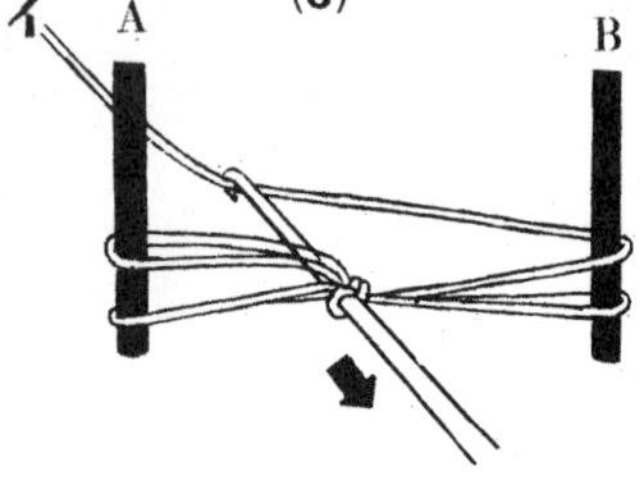

今度は輪になつた糸２本を一緒にすくつて、イの糸をひつかけてそのまま抜きます。

(9)

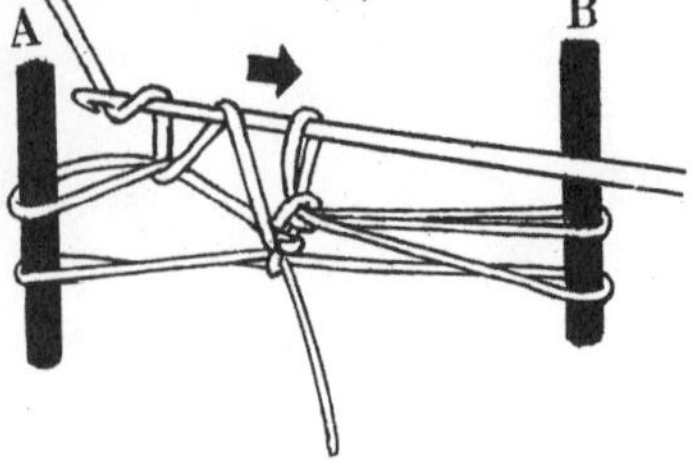

またイの糸を同じように引き抜いて編んでゆきます。

(10)

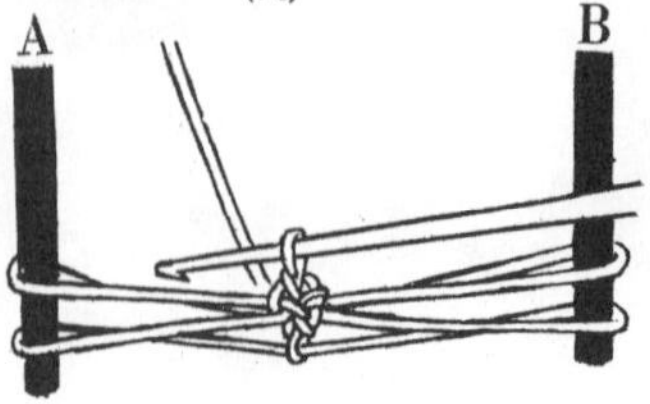

このまま真直ぐにストールの丈だけ（ 525目）編んでから、枠の先にはめてある木をはずしてから全部抜きとります。

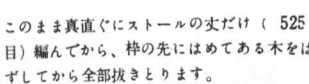

(11)

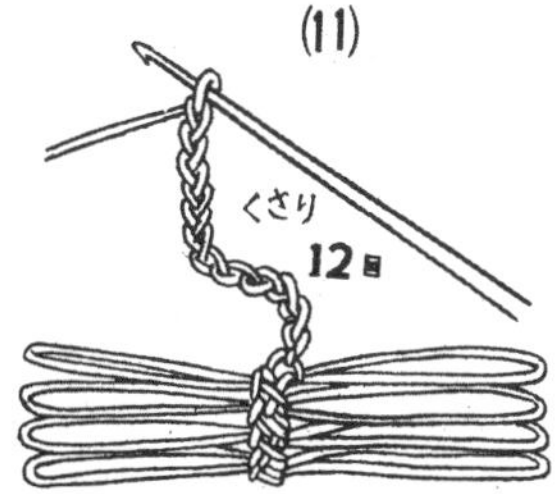

次にくさりを 12 目して、角をつくります。

(12)

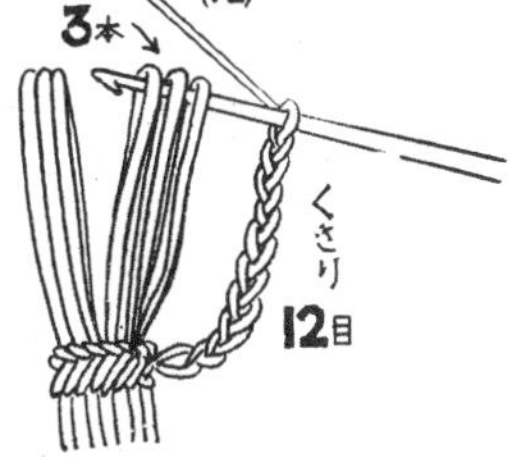

図のように三本一度に鈎針にかけて、イの糸を引きぬきます。

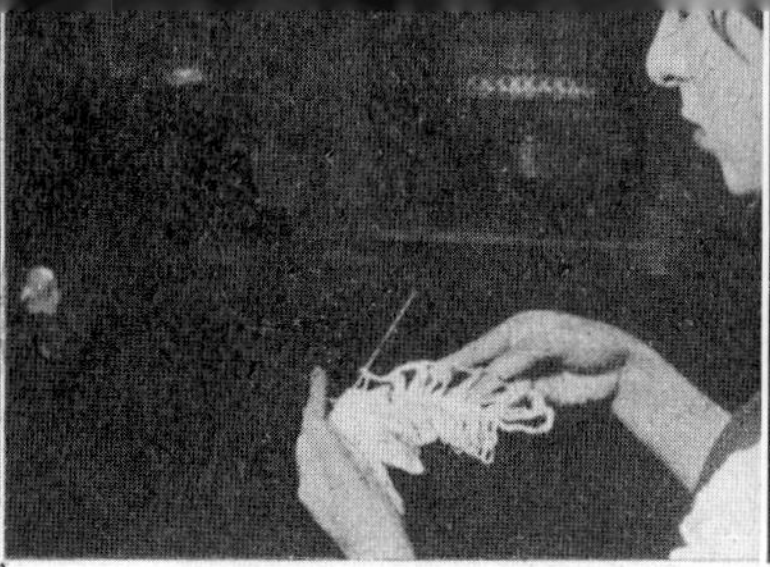

(13)

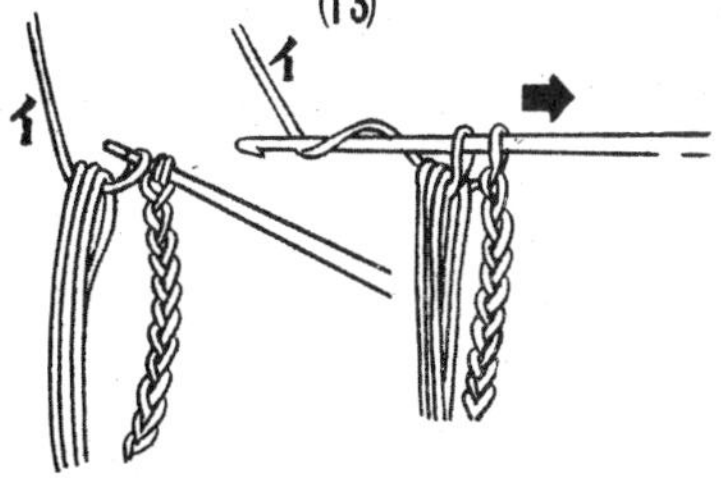

もう一度糸をかけて抜いてひきしめます。次にくさりを5目編んで三本すくつては今のようにして編んでゆき、くさり5目の間隔をおいて七組作ります。

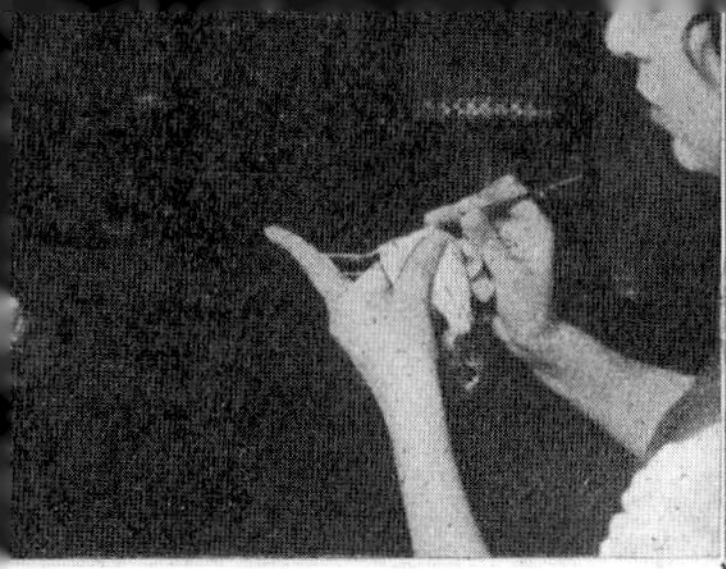

(14)

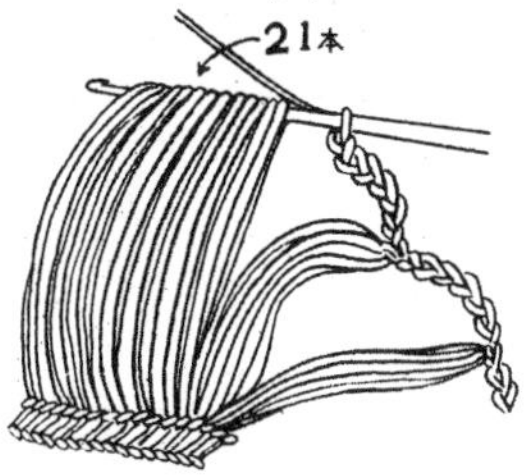

次にくさりを　目編んで今度は一ぺんに21本かけて糸を抜きます。

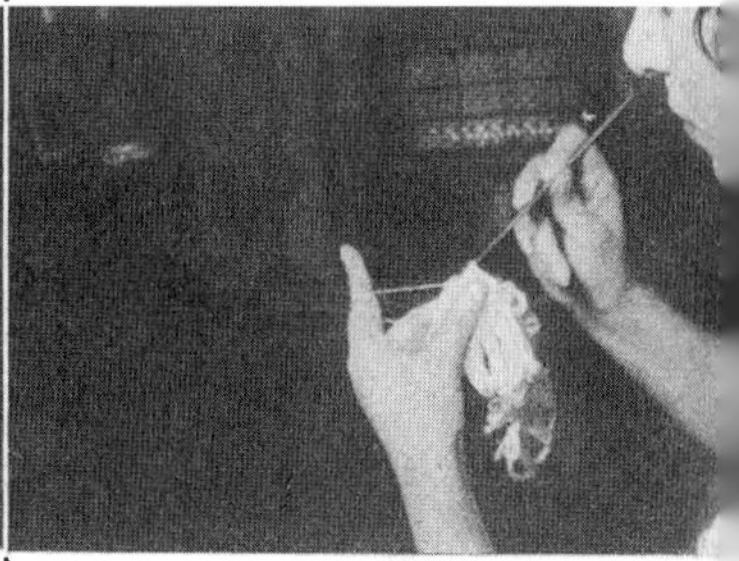

(15)

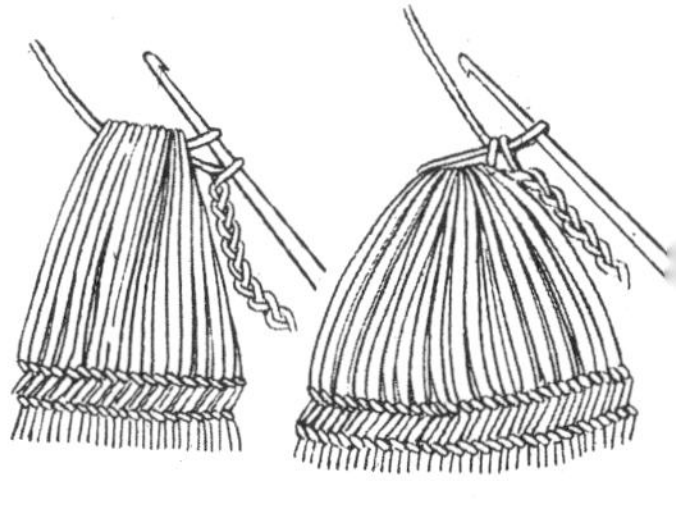

更にもう一度糸をかけてひき抜いて止めます

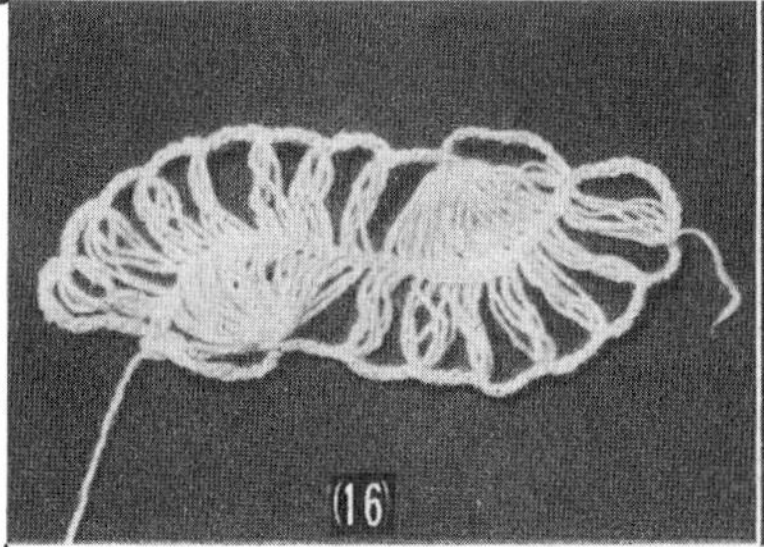

このようにして　21　目を一模様として編み,3本ずつ七組と　21　本を一組とを交互にストールの丈まで編み、次に片側を今度は反対の目数で止めてゆきます。つまり三本ずつ七組あるところの反対側は、　21　本を一束に止め、　21　本が一ヵ所にとめられているところの反対側の目は3本ずつに分けて七組止めてゆきます。片側を止め終つて反対側に移る時は必ず角でくさりを12　目編んで中心に止め、又 12 目編んでから反対側の目を止めてゆきます。

このようにしてストールの丈だけ両側を止めてゆくと上の写真のような松の形をしたものが長くつながつてできるわけです。

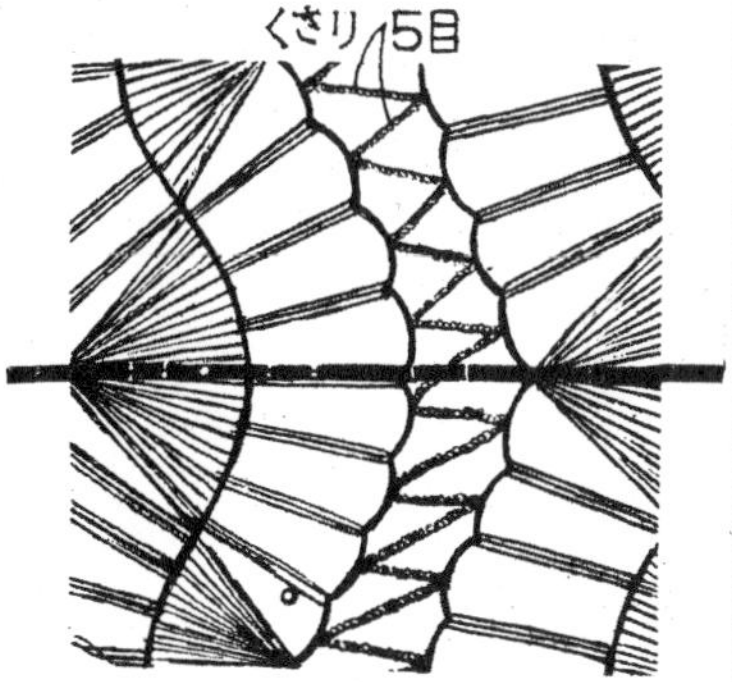

これまで編んできたものを5本同じように編んで、つないでゆくのですが、つなげるときは上の図のように三本ずつに分けた　21　目と一束になつている　21　目とをつき合わせて、各々くさり5目ずつの中央と中央を、同じくくさり5目の間隔をおいてつないでゆきます。

すつかりつなぎ終つてから、周りを七宝編にしたりして工夫してみるのもよいでしよう。

左の写真は頭からかけたところ。こういうときは、後から髪の毛がのぞいたりしないように。

のがたり

紫水晶の魅力

淡島千景

指環は私にとつて大切なものの一つです。どんなに小さな宝石でも、それぞれに、深い輝きを持つていて、じつと見つめていると、その宝石の数々の中に、私は希望とあこがれと哀愁とが、夢のように浮び上つてくるのを感じるのです。

指環はアクセサリーというばかりではなく、一つ一つの石に、尊重したい言葉が秘められていますので、私はいつもその言葉をまもりたいと心がけているのですが。

私が今手にしているのは、二月生れの私の誕生石アメシスト（紫水晶）です。つつしみ深い紫色のやわらかな光が「心の優しさとあなたの誠実を表わします」というこの石の言葉を伝えてくれます。

銀の台も上品な細工がほどこしてあり、私の持つているものの中で、自慢も出来るし大切にもしているものです。誕生石ですから、二月だけはこの指環に決めていたのですが、やはりドレスとの調和など考えてみますと、そうとばかりもきめかねて、色調の合うドレスに愛用しています。

この紫の石の光には、いつも心をうたれるのですけれども、指にする時には、一層石の持つ言葉を強く感じさせられてしまいます。（女優）

ゆびわも

雨を知らない指環

齋藤達雄

私が映画の仕事をするようになつてから早いものでもう三十何年になります。最近は監督の仕事をする事が多くなつたので監督に転向したのかと間違えられる程ですが、御存じの様に映画にはつきもののロケーションの撮影というのは天気具合に大いに左右されるものですから、この監督という仕事はその日の空模様を気にしなければならない事が非常に多い訳です。実はブルサファイアのこの指環は、不思議な程天気運が良く、これをしているとどんなに悪天候の時でも必ず晴れてくれる、という謂われのあるものなのです。この事は一緒に仕事をしているスタッフや俳優諸君も皆驚いている程で今だかつてこれをしていて晴れなかつたという事がないので仕事にかかる時は必ずこれをする事に決めていますこの指環は、元女優だつた某さんが米国の兵隊さんと結婚の約束をしましたが、その人が急に朝鮮へ出発する事になつて形見にこれを置いて行つたまま、三年程経つて戦死の公報を受け取りました。これは形が大きく女の私には出来ないから、という事で私が譲り受けたと云うエピソードのあるものです。多分その兵隊さんは雨を知らない常夏のカリフォルニアの生れでもありましようか。この他母の形見の小指にはめる寂光石の指環が好きで仕事の無い時は愛用して居ります。（映画俳優）

巴里での生活の記録を

黛　　敏　　郎

「女の人がする指環を男がしていけないという理由はない」という様な気持を何時頃からか強く抱くようになつていましたが、まさか学生時代には指環も出来ないので、只好きだなと思つている程度でした。そんな僕が先年巴里に遊学した際、その巴里での一年間の生活の記念となるものを何か持つて帰りたい、生活した思い出を絶えず身につけていたいそれには何がいいだろうと思つて探した揚句この指環を買う事になつたのです。巴里で旅行者向のお土産店に売つているものはエッフエル塔や凱旋門のついた灰皿という類のもので、こうしたものは丁度日本で江の島の貝細工とか熱海へ旅行すればお宮貫一の絵のついた手拭を買つて帰るようなもので、通りすがりに巴里に寄つたという旅行者ならば別でしようが、半年なり一年なりそこで生活をしてみると、そうしたものはどうも恥しくて買えないという心理になるものです。そうした露骨なものがついていないで然も巴里らしい特色を持つたものという注文は中々難しく、二ヶ月近くかかつてやつとリボリ町の貴金属店で中古品のアンバー（琥珀）のこれを見つけました。これは僕が初めて買つた指環でもあり、巴里での生活の記録として、昨年結婚の時の指環と共にもつぱらこれを愛用して居ります。尚男の指環のいいものが少いのは残念だと思つています。（作曲家）

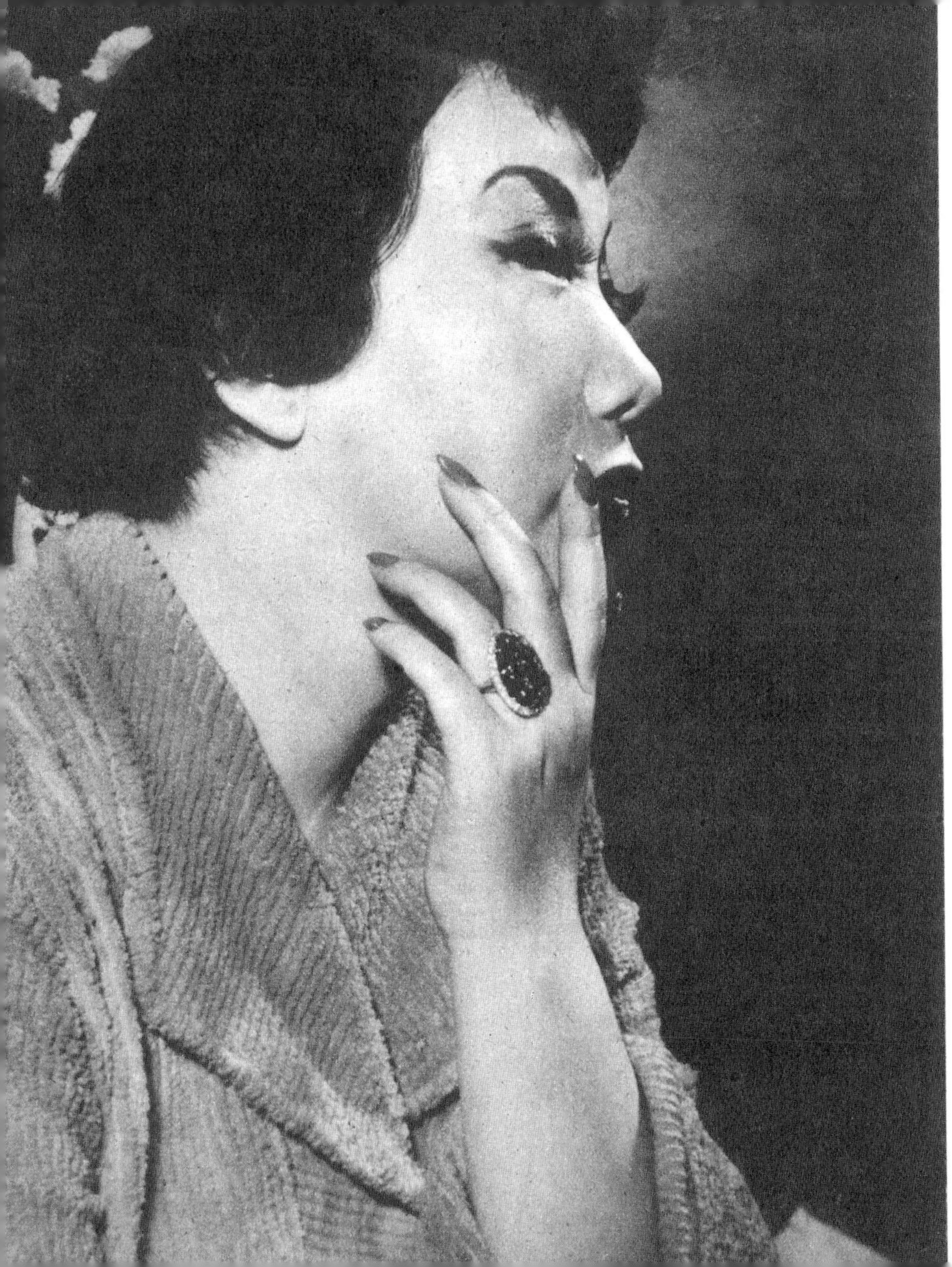

肌のように大切なもの

淡谷のり子

指環は私の大好きなアクセサリーの一つです。私が音楽学校を卆業して、初めて浅草の舞台に立つた二十三才の頃から、ずつと自分の肌のように大切にして来ました。もし指環を忘れて舞台に出たりすると、何となく歌詞を忘れそうな気がして落着かなかつたりする

この指環は、牡丹の花の形を彫り上げた深い紫色の翡翠で周囲の台には二十八個の小粒のダイヤをちりばめてあります。実は、これは支那のもので元首飾りについていたのです。私は何故か首飾りが嫌いで殆どした事が無い位なのですがこの紫の石の色と冷つとした肌ざわりが何とも云えずに気に入つて買つて了いました。買つたものをそのまま仕舞つて置くのは余りに惜しくてこんな台をつけて指環に作り直したのです。大柄な私には小さな可憐な指環は似合わないので嫌いですが同じ真珠でもブラックパールの大きなものを三つ位つけたものならば好きで、この次は是非そんな真珠の指環を作りたいと思つて居ります。中々大きな指環は見つかりませんので、私は好きな石を見つけると、それを指環に作り直して貰う事が多いのです。これは大きさも丁度紫のアレキサンダー程あつて、今のところ私の一番好きな指環になつて居ります。（歌手）

①

花をつるしていけるこころみ

台所をいつもたのしく 1

中原淳一

客間は美しく飾つても台所は誰にも見せない場所であるから、その台所を楽しい場所にするための心づかいはつい忘れがちである。ところで、人間が暮してゆくのには台所かなしではいられない訳だし、家庭の主婦は一日の半分はそこで暮す事になる。又アパートからオフイスに通うひとにしても、朝夕は流しの前に立つのだから、その時に明るい心でいられる様に工夫をしてみたいもの。

先ず清潔な台所にする為に心を配つていなければならない事は勿論であるが、どこかひと隅にたとえ一輪でも花が飾られてあつたら台所いつぱいをいろどつて何となくその日一日が心楽しいことであろう。これは台所にある空瓶でも鍋でも食器でも、何でもありあわせのもので、紐でつるせる様な器をみつけて、それに枯れかかつて客間には置けない、と云う花の中から未だつかえそうなものをえらびとつて活けてみたもの。それでも三日位は充分もつものだし、こんな楽しい工夫が出来ると云うだけでもどんなに嬉しい事だろう。

1 花を生けた器、右からミルク入、牛乳びん、柄のついたおなべ、浅いおなべ、お砂糖入等台所にあるものばかり

2 ミルク入の柄に紐を通して流しの上から吊してみたところ。花瓶に挿して置くのと又違つた感じで楽しい。

3 牛乳の空びんの口にぐるりと紐をかけて、その輪になつた紐の両端に又紐を通して調理台の上から吊したところ

4 この柄のついたおなべも牛乳びんと同じように紐を結び、もう１本は柄の先の穴に通して３ヵ所から吊してみた

5 これはお砂糖入の両側についている取手に紐を通して調理台の上から吊した。狭くても、場所をとらずに美しさを添えている。

6 平たいおなべに華やかに花を盛つてみた。取手に紐を結んで吊しただけだがおなべという事すら忘れさせる。

③

②

6

4

5

絵のある雑布

台所をいつもたのしく2

中原淳一

雑布といえば、手のつけられない程黒くよごれてしまつて、ボロボロにくずれてしまい、元は四角形であつたことすら明らかでないようなものをまだ使つているのもよく見かける。

どこの家庭でも忙しいのだから、いつも新しい清潔な雑布を――といつてもなかなかむずかしいことはよくわかるけれど、それでも――そんなきたない雑布は絶対にいやだ――と思つているのと――雑布なんて他人に見せるものではないから――と考えているのとでは結果が自然と違つてくるものだと思う。

家の中にあるものみんな、たとえ足をふく雑布までも、なるたけ清潔なものであつたら――結局不潔なものは家の中に置かないというモットーで生活できたらどんなに明るい生活が生み出されることだろう。

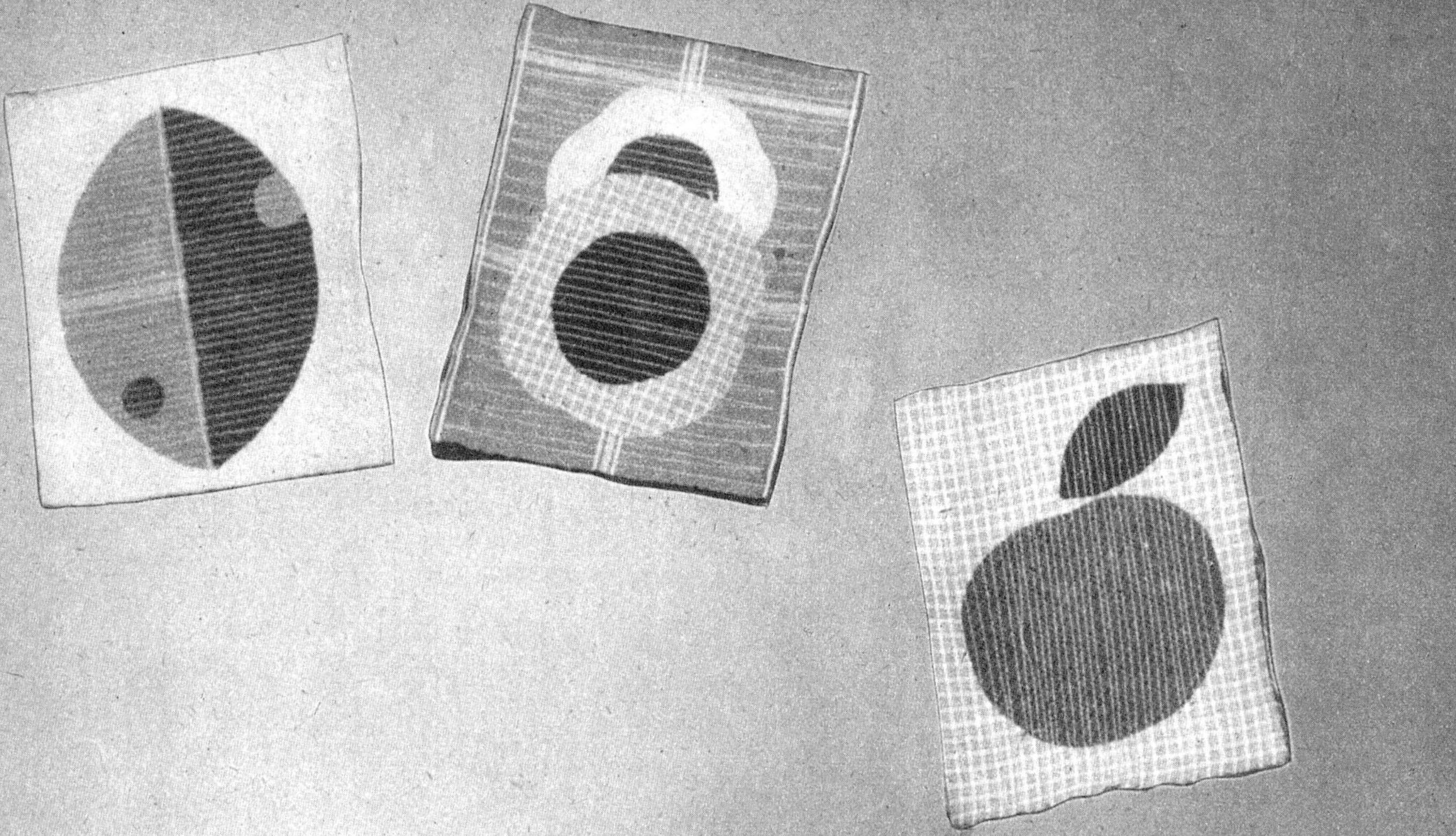

これは『絵のある雑布』で木綿の布を幾枚も重ねて、その上をミシンでザクザクと縫つた普通の雑布であるが、そのミシンで縫う前に、裁ちくず布の中から、丸でも三角でも、絵というほどのものでなくても、一番簡単で自分の描けそうなものの形を布で切りぬいて、それを雑布にする布の上に置き、動かないようにするためにところどころのりで止めてその上をミシンで横にでも縦にでもやたらと縫つてゆけばよいのです。

さあ、こんな楽しい雑布はたとえ一週間もすれば黒くなつてしまうにしても、新鮮な心で暮せる一つの方法ともいえよう。それにこの雑布をつくるための時間は普通の雑布を作る時間と比べて、ほとんど変るものではないし、夜の食後のおしやべりの間に家の者が一つずつ何か考えて色々な図案を置いてみるのも楽しいものではないだろうか。

そうして、雑布も使う場所で色々に分けて、机の上をふくものも、足ふきも同じであつたりしないように。

こんな楽しい雑布は、新築のお祝や、結婚の贈物に六枚か十二枚揃えて、白い紙に包んで赤いリボンをかければ、受け取つた人には、どんなによろこんでもらえることだろうか。

私の贈つたきものを着たイタリーのお蝶さん

去年、私がパリから日本への帰途、イタリーのローマで二週間ばかり過ごしましたが、私はオペラ「お蝶夫人」のために、日本から持つてきた和服二揃いをイタリーのプリマドンナ、エリナ・リッチエリーさんに贈つたことがありました。

オペラはイタリーが本場であるし、このリッチエリー嬢は、幾人もあるお蝶夫人の歌手の中で一番若く美しいといわれて人気を博している人だそうですが、彼女は丁度その時ヴエニスでオペラ公演中でしたが、私がきものを贈るということを知つて、それを受け取るためにわざわざ飛行機で朝ローマに着き、午後の飛行機でまたヴエニスに帰り、その夜は舞台に立つという騒ぎでした。

ところで、先日ひよこりそのリッチエリー嬢から私の

ところへ便りがありました。封を切つてみると、手紙の外に二枚の写真（左右のもの）が同封してありました。

これは私の贈つた着物でお蝶夫人を演じた時のものだそうで、この着なれない和服を着た不手際の着付の中にかえつて異国的な美しさが見えてはほえましさを感じられましたので、読者の皆さんに御被露いたしましよう。

着物の着方や帯の結び方なども、手にとつて教えてあつたのですが、やはりなかなかむずかしいものらしく右の写真の胸元はくずれているし、左の写真は上前がぐつと上がつて帯は両方共結び方が不手際な上に帯〆は縦結びに結ばれているようですが、そのポーズも併せて、なんとロマンチックな味を見せていることでしよう。右は第一幕の着物で、ピンクの地に大きな蝶を飛ばしたもので、花嫁になる時はこの上に、裾長くひいた白い打掛けを羽織ります。帯は白地に金糸で蝶を刺繍したもの。左は二幕目のもので、紅色の地に、大小の蝶が群がつて飛んでいるもので、帯は金と赤の縞。

中央の写真は贈つた日の記念撮影です。

子供部屋を楽しく美しく

水野正夫

子供の部屋はすぐ汚れるもので、何時も少し位は汚くしていても仕方がないとなかばあきらめている中にだんだんとその汚いと思つている神経が自分でも気が付かない中にもつとルーズになつている事が多い。

その部屋で子供達は育くまれ、育つて行くものであるから部屋自体を子供の一部の様に思つて子供にかける愛情と同じ様な親の愛情を何時もかけてやつたらどうだろうか。

そして部屋をきれいに掃除してやる事も大切だが子供達がその部屋に居る事を喜び、幸福に思う様な雰囲気にしてやる事も大切だ。

そうした楽しい子供の部屋を作るための小さな試みとして、こんな手作りのものを作つてやるのは、親にとつても楽しい事ではないだろうか。

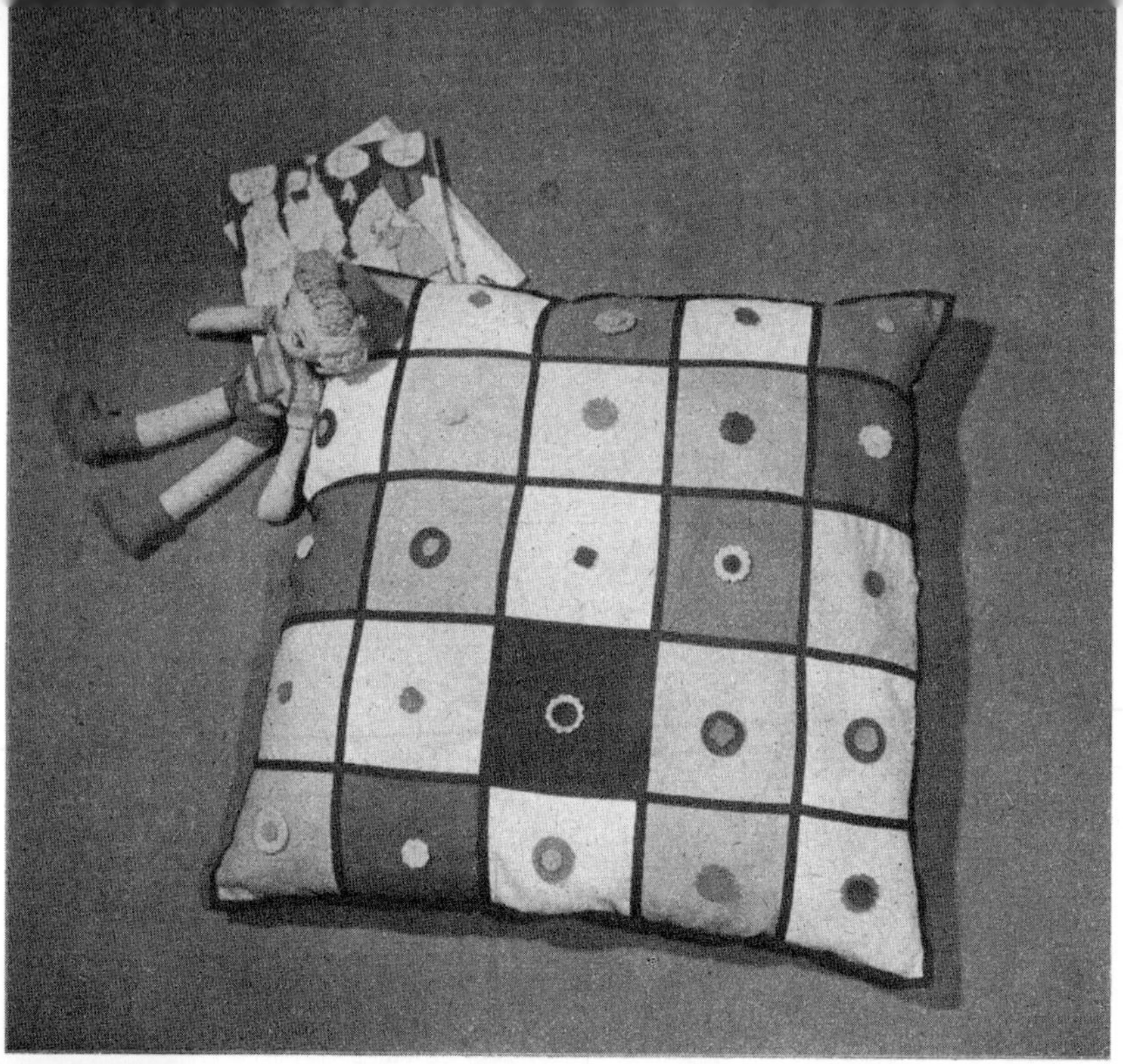

木綿の無地をいろいろ接ぎ合せたクッション

色どり良く同じ小さな正方型に裁つた布を並べて接ぎ、その接ぎ目に黒の綿テープをはりつけたもの。その一枚でつへこれも残り布のウールで小さな花を切り抜いて一つでつアップリケしてみた。

小布を接ぎ合せたカーテン

カーテンは大きな布が要ると思い勝ちだが洋服の裁ち落し布や、古い布を色どり良く接げば楽しいカーテンが簡単に出来る。

これは黒つぽいかんじの紺や赤、ブルーなどの木綿布を正方型に接ぎ合せ、白の綿テープをその接ぎ目へ格子にはつたもので、黒い昔の暗幕と袷に仕立ててみた。

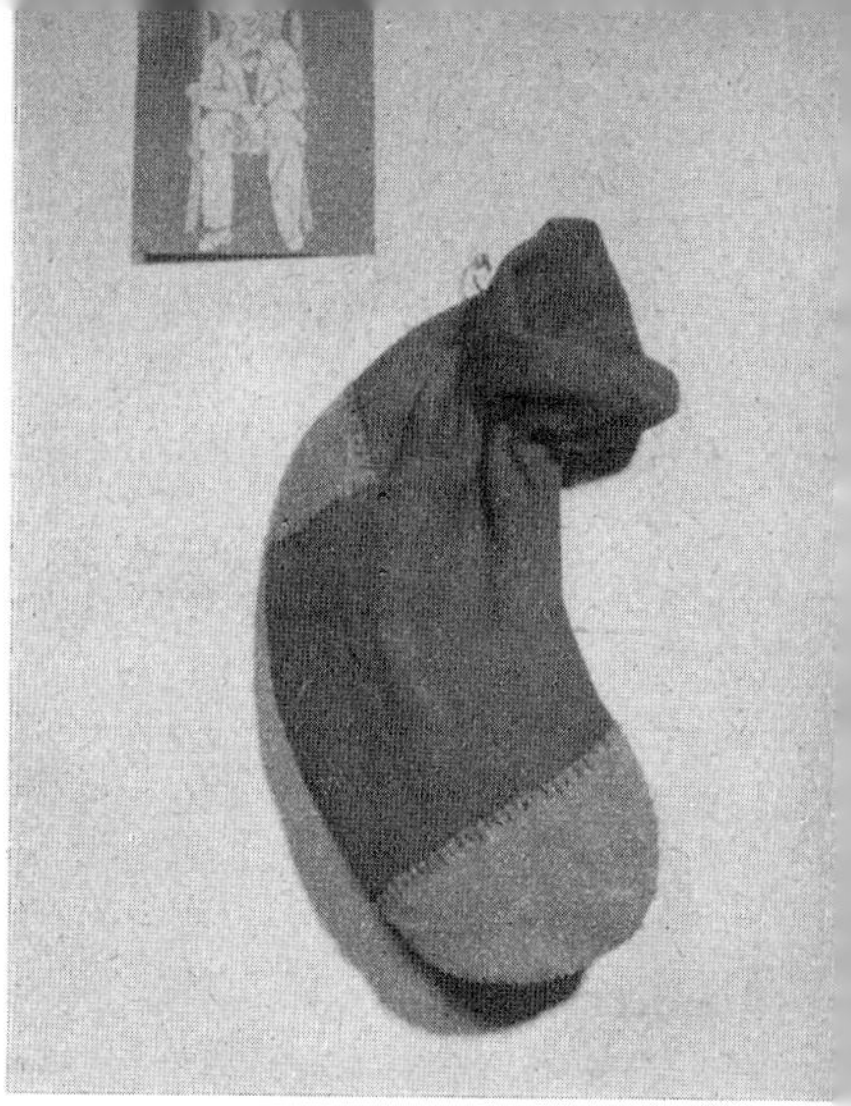

靴下の型をした靴下入れ

自分の持物は自分で整理する習慣をつけるためにこんな靴下入れを作つてやつたらどうだろう。壁にでも引つかけておいて洗つた靴下を渡して入れさせる。こんな事にでも子供は自分でする喜びを持つかもしれない。

ポケットをつけたテーブルクロス

勉強机は良く傷つけたり、汚したりするものだが、こうした丈夫な木綿縞で一巾のテーブル掛けを作つておいて汚れ易い前だけに敷いてやると良い。そうして両側へポケットをつけておいてやると失くし易い消ゴムや、鉛筆なども子供達は喜んで整理する様になる。

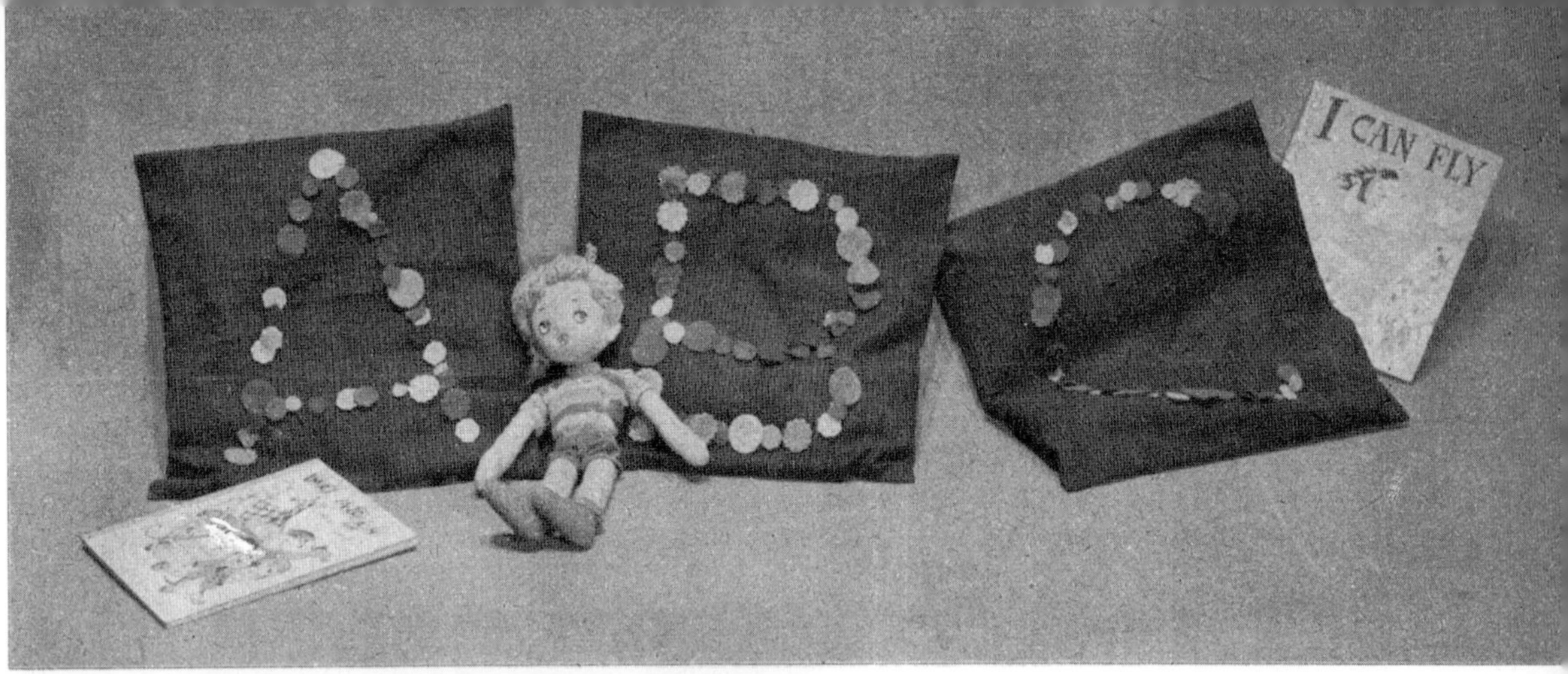

木綿縞で作つたクッション

布巾だけの正方型にして赤い木綿布と合せ、表側にウールで切つたいろいろの小花をA、B、Cの文字の型に並べてとめつけたもの。

これはクッションと花だけを子供に渡して後は子供達自身で花を写真の様にとめつけさせるのも子供達が喜ぶだろう。

紙で作つたおひなさま

障子紙や古はがき、紙紐など家に有り合せの紙などで作つたおひなさまで、これなら子供達にでも作れるもの。

包み紙の美しいものも利用したらもつと楽しいおひなさまが出来るかもしれない。

おひなさま・靴下入れ・テーブルクロス・クッション

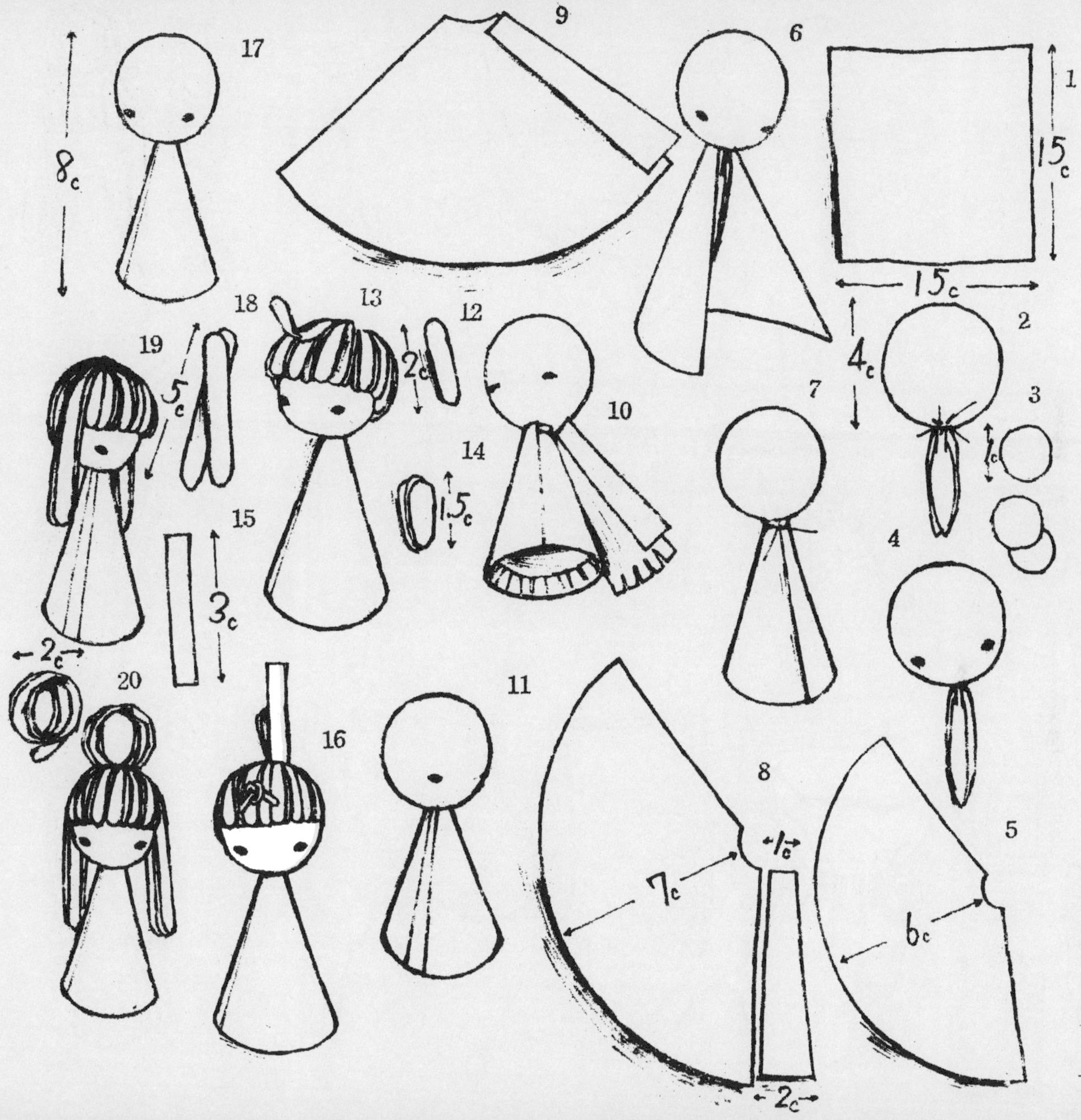

水野正夫

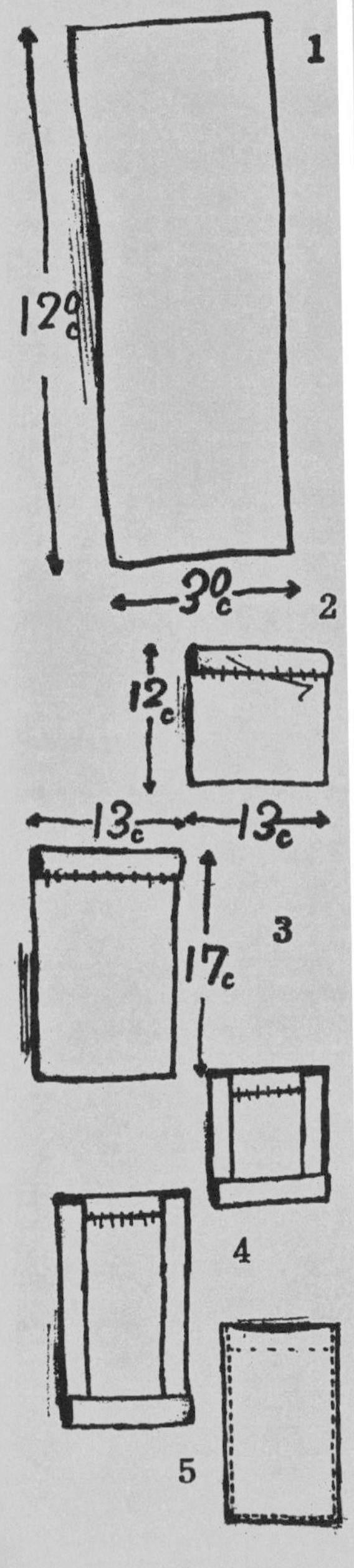
1
120c
30c
2
12c
13c
13c
3
17c
4
5

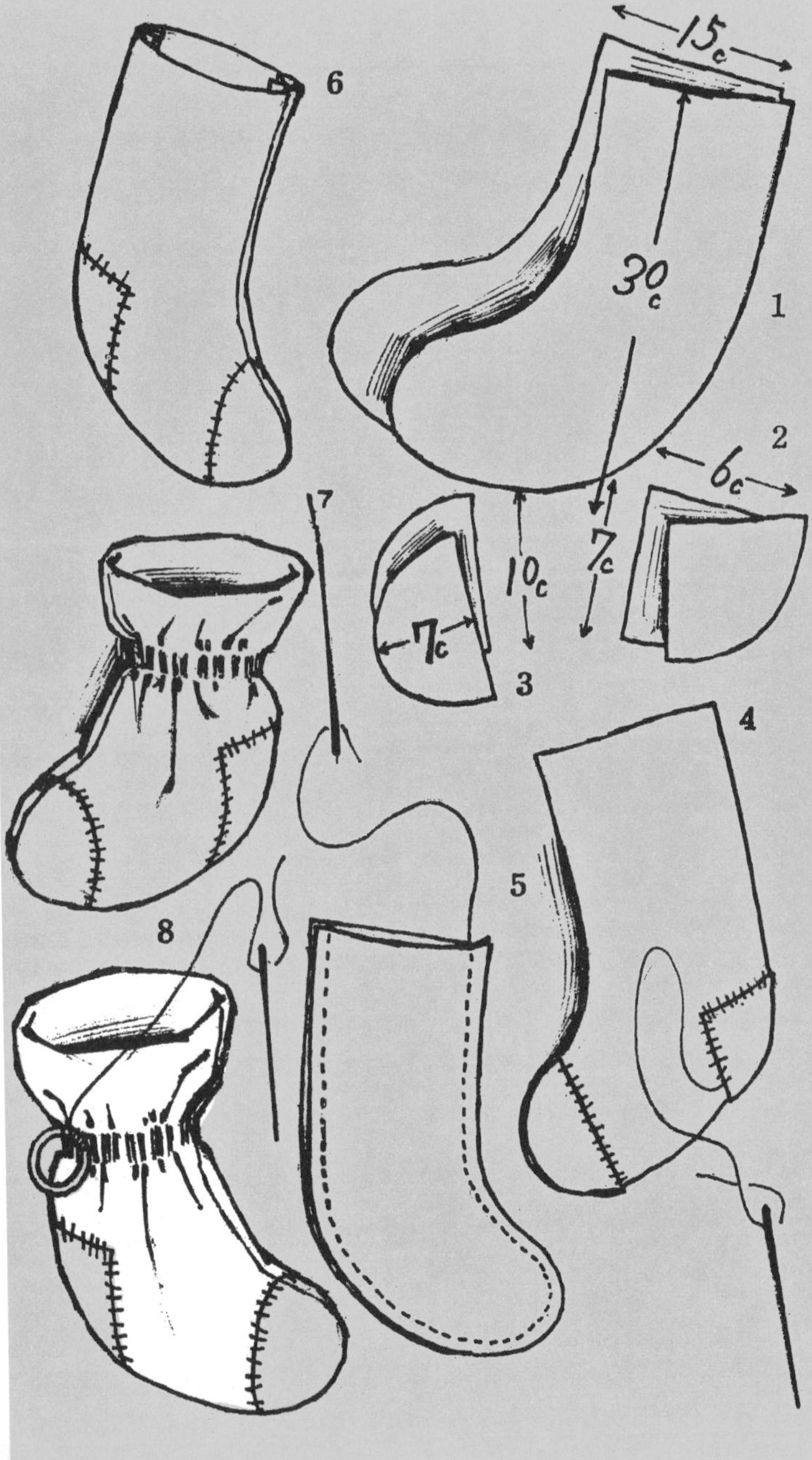
6
15c
30c
1
2
6c
7
10c
7c
7c
3
4
5
8

21
35c
23
1c
22
24
2c
25

おひなさまの作り方

①白い障子紙を四角に裁ちます。
②薄いちり紙を3枚程手で丸めて包みてるてる坊主の様な型に作り、糸でしばります
③障子紙を手で細かく千切つてしわの見えない様に全体を貼ります
④水彩絵具で顔を可愛らしく画きます
⑤古葉書で図の様な物を1枚裁ちます
⑥顔を図の様に古葉書で裁つた紙で巻きます
⑦端を糊でとめ首元を糸でしばります
⑧黄色か水色の和紙で（なるべく男雛らしい色で）図の寸法に裁ち細い型の方は白の和紙で各々1枚ずつ裁ちます
⑨白い紙を半襟の様にちよつとずらして裏側から貼りつけます
⑩和紙をきものの様にきせて貼りつけます
⑪きものを合せた様に白い襟を少し出しておきます
⑫紺紙を手で良くもんで細く千切り、図の様な長さに揃えます
⑬おかつぱの様なかんじに紺紙を貼りつけます
⑭まげとして図の様に細く千切つたものを3、4枚重ねて頭の真中へ立て、貼りつけます
⑮リボンの様な紙紐を図の様な長さに切ります
⑯紙紐をまげの前側に立てゝ貼りつけ丸い紙紐を結んだ飾りを図の様に額につけて男びなの出来上りです

赤い色の和紙をきせて

⑰女びなは男びなより全体に少しずつ小さく作り作り方は同じ様にします
⑱紺紙で少し長目の髪を7、8枚細く千切つて裁ちます
⑲男びなと同じ様に髪を貼りつけ、両横の髪だけを長くします
⑳細く千切つたものを指にくるくると巻きつけたものを抜いて女びなの頭の中央へ糊でとめつけて飾ります
㉑マッチの軸に赤い紙を巻きつけて糊で貼ります
㉒まげの前へ糊でとめつけます
㉓いろいろの色の紙紐で一つずつ結んだ飾りを作ります
㉔リボンの様な紙紐を同じ長さに切つて扇の様に一ヶ所を糊でとめます
㉕まげの前へ扇の様な飾りを貼りつけその前へろ色々の色の飾りを図の様にとめつけて女びなの出来上りです

靴下入れ

①赤か緑の何かはつきりした色のウールで図の様な型の布を二枚裁ちます
②反対色の布でかゝとの布を同じく二枚裁ちます
③つま先もかゝとと同じ色の布で二枚裁ちます
④かゝととつま先の布を図の様に黒の糸で刺してアップリケします
⑤二枚を中表に合せて囲りをぐるつと縫います
⑥縫代に切り込みを入れ表へ返します

⑦端を裏側へ折り込んでその端を（約七センチ位）二本縫つてゴムテープを通し、ちゞめます
⑧カーテンの鐶をゴムの入つている所の表側へ縫いつけて出来上りです

テーブルクロス

①小布の木綿の反物か広巾のものを細く切つて、両端を細く縫うかまつつておきます
②共布でも配色の良い別布でも、ポケットの布を二枚図の様な寸法で裁ちておきます
③反対側のポケットも図の様に少し大き目に二枚裁つて、口の所をまつゝておきます
④各々のポケット布の三方の囲りを一センチずつ折り込んで押さえます
⑤ポケット布は三方の端をなるべく一杯の所を縫つてつけます
⑥四色のポケットを縫いつけたもので下の布は木綿布を一巾そのまゝを使いました
⑦洋服地を使つたものでポケットも共布を使いました

ABCのクッション

①クッション布として正方型の布を2枚ずつ裁ちます
②色々のウールの残り布で図の様な型の花をなるべく沢山切り抜きます
③A・B・Cの字の型に切り抜いたいろいろの色の花を黄色の毛糸で結び玉を作つてはとめつけます
④一枚に一字ずつの字を花でアップリケしたら各々共布の裏布を中表に合せて囲りを縫い表へ返して綿を入れ返し口をとじ合せ出来上ります

残り木綿を接ぎ合せたクッション

いろいろの無地木綿の残り布を全部同じ大きさの正方型に裁ち揃え、好みの大きさに接ぎ合せて、その接ぎ目の上へ1センチ位の巾の黒いテープを縫いつけます。それを2枚作り、中表に合せて、その合せ目に黒い布を4センチ巾に切つたものを二つに折つてはさみ（その時折目が1センチ位出る様に）囲りをぐるつと縫い、表へ返して綿か細かい屑布を入れて返し口をとじ合せます。

正方型の1枚ずつ（A・B・C）のクッションの所で作つた残りのウールの花を一つずつとめつけても可愛らしいものが出来ます。

カーテンの作り方

残布からとれるだけの大きさの正方型をいろいろ裁つて、それをカーテンの大きさに接いで、接ぎ目に白い一センチ巾のテープを縫いつけます。

囲りへもぐるつと白いテープを縫いつけて裏側へ暗幕かシーツの古いものを黒く染めて合せて仕立てると良いでしよう

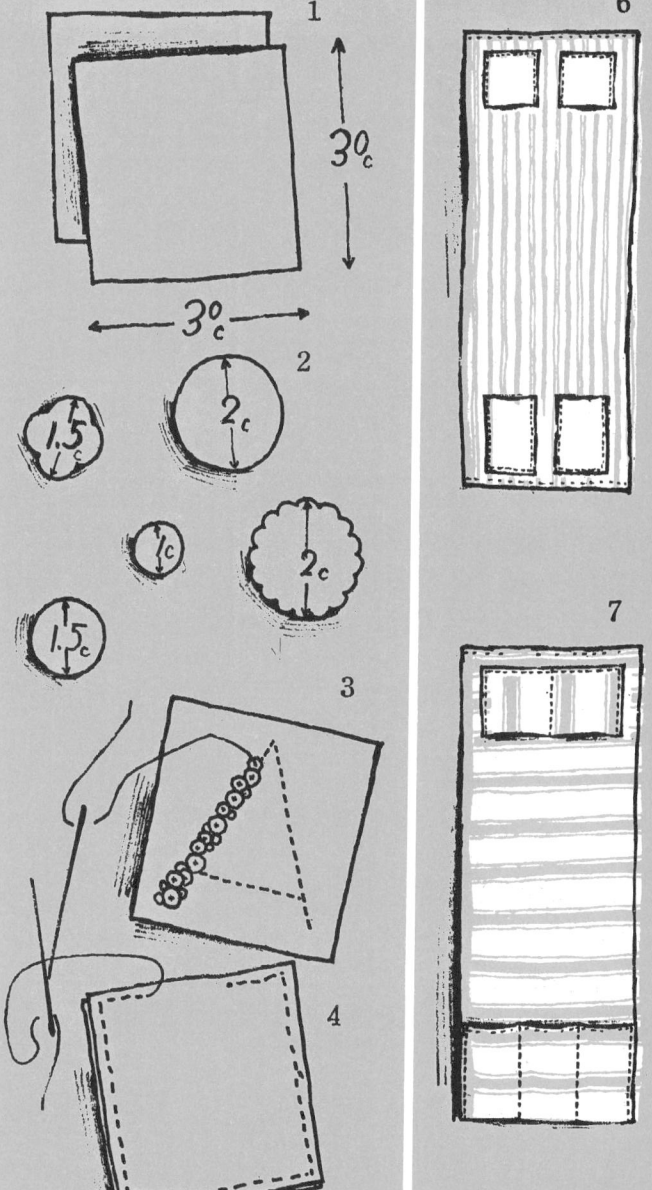

1

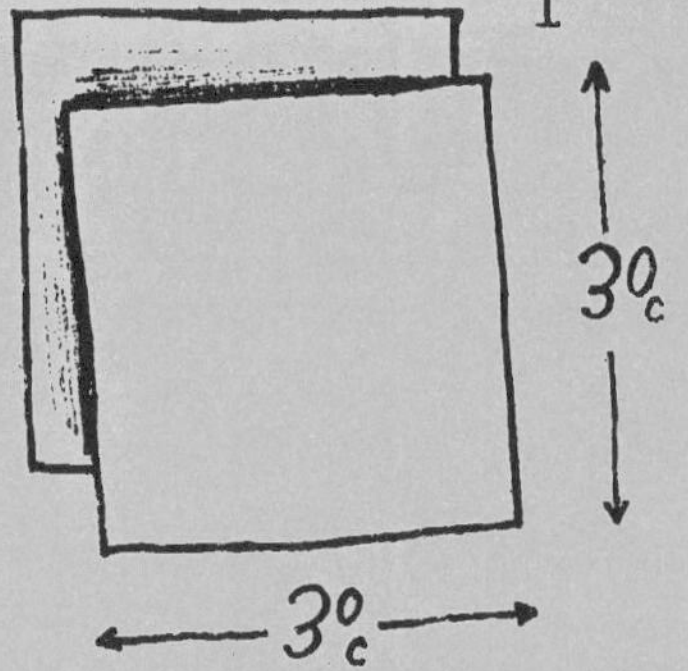

2

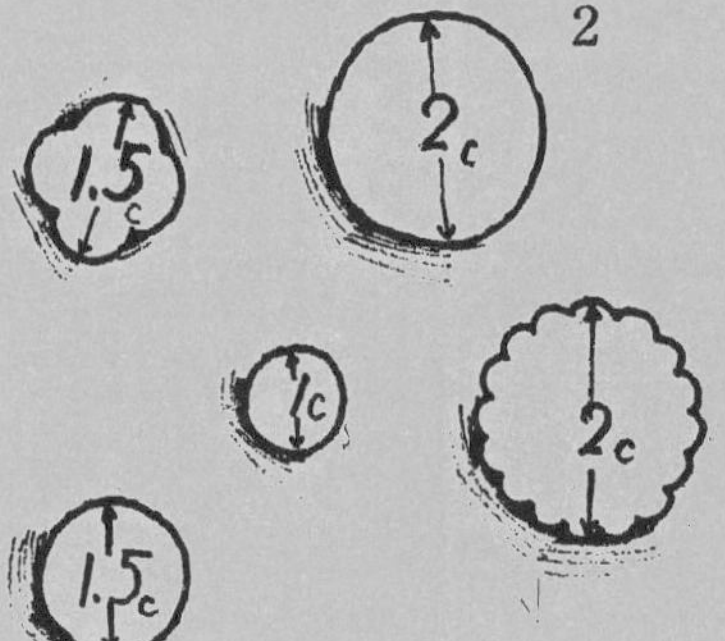

3

4

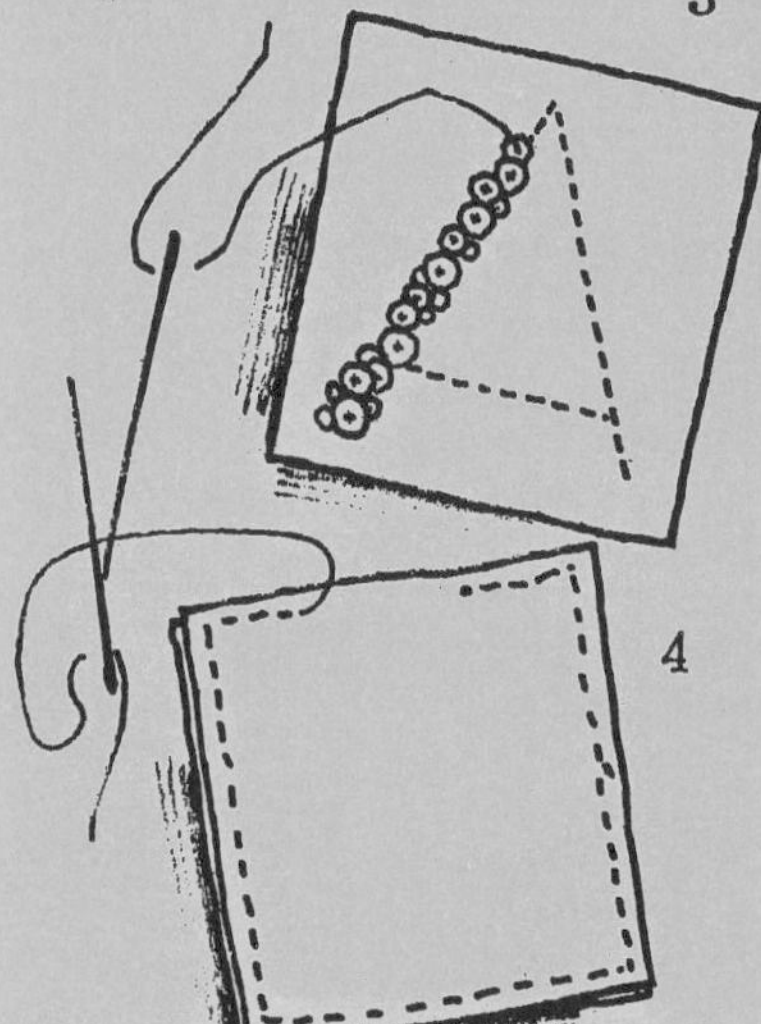

6

7

私の自慢スタイル

いろいろな方面に活躍されている方達の中には、服装に特に深い関心を持つた方や、個性的なスタイルを評判されている方達が沢山いらつしやいます。ここでは、そんな各方面の万々から、その自慢のスタイルをうかがつてみました。

人それぞれの美しさを創り出す秘密の鍵はどんなところに隠されているでしようか。

なるほど、と感心すること、是非自分も真似て見たいと思う事など、あなたの装いのために大へん面白いヒントも、この中にはきつと沢山かくされているでしよう。

短い袖と細い帯

西崎緑（舞踊家）

自分で似合うと思うものは、大巾を使つたきもので袖を舟底にし、帯は男物の様に巾を少し細めにして片花結びに結んだ姿です。普段家にいる時にも出掛ける時にも、此の姿が私にぴつたりしていると思います。

羽織も、いわゆるきもの地で作るのではなくふろしきとかのれんとか楽しい布地をつかいます。私が自慢にしているのに、ふろしき二枚を利用した羽織があります。茶色地に白い模様を美しくぬいた木綿のもので、茶羽織程の長さで、袖はやはり短かいもの。

普段着にも外出着にも愛用しているものに琉球絣があります。絣の持つ美しさは前々から愛して居りましたが、琉球で買いもとめたこの琉球絣の、しやきつとした布地の感じや色あいの美しさには、本当に心魅かれます。絣のような着物の時には、持ち物もそれにふさわしく、あまり目立たないように気を使つています。たとえば着物と同じ布地で作つた信玄袋のようなバッグという風に。

幾通りにも活用出来る服

ペギー葉山（歌手）

私が一番自慢としている事は一枚で幾通りにも活用出来る洋服を作る事で、これは実際に大いに得意がつて居ります。例えば衿ぐりを色々な形に、V字形でも円くても、もつと他に変つた形でも何でも、肩まで大きくカットしてスカートはたつぷりとしたドレスを一枚作つておき、そのまゝで下に何も着ない時は強いアクセサリーを使つてカクテルドレスとして、パーティやステージにも着られ、下に王朝時代を思わせる様に袖が丸くふわつとふくらんだ華やかなナイロンのブラウスなどを着るとアフタヌーンドレスにもなり、又セーターを着るとスポーティな感じになつてゴルフ等にも行かれる、という風に。又私はアクセサリーにこるのが好きで、スポーティなドレスに、ベルトをぐつと太くして金や銀の金属製の金具をつけ、その金具が金の時は金、銀の時は銀という風にネックレスを揃えますその他お金さえあれば寝巻（パジャマ）を作るのが趣味で、一日の中で一番幸福な自分一人の睡眠の時間を楽しんで居ります。

自分の体に馴染んだもの

宇野重吉（俳優）

どういうものか僕は新調の服というのが苦手で、一度人が着たものとか、帽子でも誰かが一度かぶつたものの方が楽な気持で着ていられる。そして着ているうちに自分の体に馴染んで了つた服が一番大切な洋服になつているのです。帽子は、頭が大き過ぎるので特別にサイズに合わせて注文するのですが、出来上つたものは一ぺん水に浸してから型を直してかぶつています。勿論ハンチング以外は絶対にかぶりませんが。

僕の自慢したいスタイルと云えば、なるべく平凡な服を僕なりに楽に着こなしている時。色は濃いグリンと茶に限つています。ちぐはぐな色というのは着ていて気分まで悪くして了うような気がします。楽な服の中でも上下違うもの、例えばズボンはフラノで上着は同色の濃淡で作つたもの、ノーネクタイでセーター、でなければ真中に首の出るだけの穴があいていて、隙間だらけの楽なチョッキ．などが一番自分らしいものでしよう。

羽織の裏を木綿の帯や更紗で

松本幸四郎（歌舞伎俳優）

僕の自慢と云えば和服でしよう。若い頃から和服の事はいろ〳〵と考え又、こつた事をしたもので、結城のきものを手織で作らせて父に叱られたりした事もあつた。結城、唐山、薩摩絣、久留米絣のような日本の昔（徳川時代）の町人が着ていた、木綿に見えてお金の掛つた着物、そしていきのあつたものといつた様なものを愛用しています。五十才を越えた人の様な趣味なのかもしれません。配色と云う様なものを考えているうちに大変に高い裏をつけたりしてしまうのです。その代表的なものとして、藍無地平結城の羽織の裏をつけるときに木綿でも羽二重でも駄目で、更紗を思いついたのです。それは昔で一坪何百円もする上等のものでしたが、朱の色が大変に良くどうしてもそれがつけてみたくて堪らず、仕立てて見たら大変な値段になつたのでしたが、自分が楽しく、それが又大層自慢出来るものになりました。又、裏に木綿の帯をつけたりしますが、それ等は別に見せる為にではなく、自分自身で楽しんでいる訳です

ブルー系統に揃える

トニー・谷（ボードビリアン）

仕事がらと云うばかりでなく僕は洋服を大切にします。色は、ミッドナイトブルーでそろえています。色々な色を使わずに同系色で美しい配色を考える事です。シングルの背広にやはり同色のネクタイ、帽子、靴、ハンカチと、全部ブルー系統です。ネクタイは、自家製のもので、1.5糎ほどの巾で毛糸でやわらかく長く編んで作り、ちようど衿もとでリボンの様に蝶々に結んで長くたらします。

色々な色を使うより自分の色をきめて、その色の濃淡で揃え、いつも新しい気分にするのが良いですね。それに僕は、下着、ワイシャツ、靴下、靴などいつも最上に綺麗にすると云う事、これは世の男性諸君にも是非守つて頂きたい事、古いものでも清潔でありたい。オーバーコートはラグラン袖で、和服洋服共に兼用、袖口にボタンをつけてそれで調節します。裏地は赤と黄・紺のチェックで、季節によつて取り外し出来るようにしてあります。又もつている服を最大限に美しく利用する事です。

地味なものを派手に着る

笈田敏夫（歌手）

ちよつと見ると地味で目立たないものを派手に着るというのが私の狙いです。従つて派手な色彩のチェックなどは一枚もなく、みな無地かせいぜい目立たないストライプ程度の地味な生地で作つたもの許りです。中でも好きな色は黒系統で、グレーと黒の上下という取り合わせが一番多く次に濃紺とグレーでしようか。この二色の組み合わせはどれが上でどれが下でもいいのですが、先ず、グレーの上衣に黒のズボン、ワイシャツは清潔な純白で、黒のシングルトーンか黒と白の縞のネクタイ、いとうところでしようか。ネクタイ等アクセサリーの色も全部地味に統一しています。そして生地に凝つて見るのが好きで、例えば男物の生地を使わずに女ものの柔いグレーのジャージーで上着を作るのが好きです。一見少しも目立たないがよく見るとあつという風に凝つている、という事がやりたい。外からは見えないワイシャツのカフスなどに何か凝つた事をやるという風に。服装には人一倍関心を持つている事だけは確かです。

ぐつと細い木綿のズボン

水野正夫（デザイナー）

職業柄着るものには大いに興味があるのだが、自分が着る物に就いては案外行き当りばつたりに作つたり、着たりしているのかもしれない。普段着の中に好きなものが多く、それが自慢スタイルと云えるのかどうか知らないが、うんと細いズボンをコーデュロイや厚地のポプリン等の木綿で作つて、その上へがばつとした大きいとつくり襟のスウエーターや、厚手の上着を何となく羽織つているのが好きだ。

冬中着て居たもの丶中では、短かくてたつぷりした黒のオーバーに黒と白の細かい格子のズボン。巾の広い赤と黒の横縞のマフラーをくるくると首に巻きつけた様なかんじにして、短かい長靴の様なスウエードの靴をぴつちりと履いたかんじが好きで、殆んどをこんな風なものばかり着て居たと思う。

考えて見ると自慢出来ないはともかくとして、矢張り一番好きなものとしてはうんと細い木綿のズボンと云う事になり相だ。

木綿の美しさ

山田五十鈴（女優）

殆んどの着物を、私は木綿で作つて居ります。木綿の着物と申しますと、何んだか女中さんの着物の皺になつたようなものを思い出しますが、それは木綿の本当の美しさが忘れられた時のことだと思います。木綿の布地の感じ、しぶい色の美しさを、私は大切に考えて居ります。百貨店等のふとん布地売場で、思いがけない美しい模様を見つけて手にした時は、本当に愉しくなつてしまいます。

れんが色に紺、黄、赤、白の細い縞の木綿の着物を、しぶい黄色に白の水玉のデシンを裏にして作つてみましたら、表と裏の配色が美しく愉しい着物になりました。この裏地のデシンとお揃いに帯を作り、私の自慢スタイルとしています。こんな和洋折衷の和服には、普通の和服地のものには見られぬ美しさがあります。又、唐草模様のふろしきを二枚使い、模様を面白くはぎ合わせて作つた茶羽織は、外出の時など愛用しておりますが、大層自慢のものでお作り方などをお友達にお教えしたりしています。

組み合せの愉しさを

中林洋子（デザイナー）

若草色のオーバーコートに、黒いアストラカンで作つた衿と帽子と、大きなマフの組み合わせが今の私の自慢スタイルと申せましよう。このアストラカンは前に買つてあつた端布を利用したもので、まずこれで帽子、マフ、衿を作ることを考えて、それに配色の良い若草色をオーバーとして選んだのです。オーバーの背中のぐつと下つた切り替えの所がふつくらとしていて、横からみた所面白いスタイルです。これに黒の衿をとりつけ、帽子をかぶりマフを手にすると大層立派な感じで喜んでおります。この様に少しのものを利用して細工して身につけることが私の愉しみで、そんなものの一つに白のナイロンサテンと古代支那のアップリケの様な感じの布地を組み合わせて作つたストールとハンドバッグがあります。この古代支那の布地のしぶい色とエキゾチックな模様がサテンの光沢と美しい調和を見せていて、紺のパアティドレスのアクセサリーとしていつも愛用しています。

スポーテイなスタイルを

久慈あさみ（女優）

自慢スタイルをと云われ、さてと困つて了いました。これと云つたものがなく、これが自慢の中に入るかどうか判りませんが――宝塚時代の男役の名残りか、スラックスなど御召しになるでしようと良く云われますが、スラックスは全然と云つて良い位身につけた事がないのですが、やはりスポーテイなもの、たとえば極くシンプルなツーピースなどを着た時にはホットするのです。やつぱり私はスポーテイな洋服が好きで似合つているのでしようか、好きだと云う事を、自称自慢スタイルにしておきましよう。したがつて――ワインカラーのジャージのワンピースが軽く楽で大変好きなもの丶一つ。又真黒なスカートにやはりワインカラーのジャージのブラウスを着ると云うごくくだけたスタイルも好きと云うわけです。又、アクセサリーに一つ、それは三本のねじり飴の様になつた金が2糎程さがつた可愛いイヤリングです。それをつけると動くたびにくるくると廻つて金の光が美しく輝くのが気に入つて大切にしています。

明るく颯爽と濶歩する

内海突破（コメディアン）

僕は背が低くてやせている（五尺一寸、十二貫）足は九半から九・七だが頭は七吋四分の一である。ところが幸い三枚目のコメディアンだからこの小足の大頭のヤセのチビが大いに得をしている。一時は洋服もオーバーも派手づくりで帽子は専らベレーチング（ベレーとハンチングの合の子）を用いていたが最近は何うした心境の変化か全体に落付いた地味なものを選ぶようになつた。もうこの二月廿五日が来れば満三十九才だからこの位で丁度いゝのかも知れない洋服は黒つぽいのと茶の変つた柄のダブル、オーバーは杉織りのホームスパン、帽子は黒の変型、靴は黒と茶のバックスキンを交互にはいている。但しネクタイとマフラと靴下だけは常に派手な柄を選んでせめてものかすかな青春を支えている。ところで僕の自慢のスタイルと云えば何と云つても明るさであり活気であり颯爽さである中身はたとえ小足の頭でつかちであろうが、肩を張り胸を張り大股で、何時も銀座・有楽街・NHKの廊下を元気よく活歩している。

藍の大島の和服

岡本太郎（洋画家）

藍の大島に角帯、という和服姿が自分に大変よく似合うと思つています。私は和服は好きで、気軽に外出する時はなるべく和服にしたいと思うのです。ところで男の和服と云うものはどうも胸のはつた立派な体格を持つた人の方が立派で見よい場合が多いようです。私はよく人に肉体自慢だと云われるのですが、こんな事を云うとまるでそれを裏づける様なものですが、私の和服姿は胸が張つて堂々としていて中々立派だと自慢しています。夏になると体裁も何もなく裸で色のパンツ一枚（白いのは絵具等の汚れが目立つので）で絵を画いています。背広は極く地味な平凡なものを着ますが、ネクタイとかマフラーとかに真赤等の派手な色彩を使います。そして尚私が今自分の服装について抱いている夢のようなものと云えば、体の自由になる中世紀的な服装で、表は地味で裏に燃えたつような色を使い、膝の間から赤、青、緑などの原色の裏がチラ〳〵のぞくという様なものでしようか。

体を束縛しないもの

水の江滝子（元歌劇スター）

昨年の夏舞台を退いてからもテレビや放送などに相変らず忙しく出歩いて居りますので、男装のステージを退めたらもう少し女らしい身づくろいをしようと思つていましたのに、なかなかそれが出来ず、何となく着馴れたズボン姿で飛び歩いて居ります。生来暢気者の私は、みなりも余り構わない方ですから、自慢スタイルなどと云うものはさつぱり思い当りませんけれど、常に思つているのは体を束縛しないもので人に失礼にならないもの、そんな服装が私の理想です。お判りになりますかしら？　一番好きで着ていますのはやはり無地のジャケット、それに配色のよいズボンという事になりましようか。家庭では楽なチェックのウールのシャツなど。今後は黒のタイトスカート等着こなしてみたいと思います。それから日本風の和服は私には似合わないのですが、ウールの無地で作つた様な和服なら私にも似合いそうなので今、濃紺のカシミヤのようなウールでそんな和服を是非作りたいと思つているのです。

ショートパンツの楽しさ

京マチ子

自慢と云うのには当てはまりませんが、好きで愛用しているものにショートパンツがあります。真白な厚地のオックスフォードの様な布地で作つたものに、真白なスポーティなブラウスを着て、自由にのびのびと過せるときはほんとうに楽しいのです。これが私の一番好きなスタイルなのです。この白という色は、私は大変に好きで真白なタフタの様な生地で作つた支那服なども、好きで愛用して居ります。

又、極くさつぱりとした型の煉瓦色のスーツがありますが、そのこくのある色調がきりつとしたこのスタイルとよくマッチしているようでこれも私の大好きなものです。この他に真黒なスーツとか、グレーのワンピースといつたような、地味な色調のものが好きで明るい色のものはあまり身につけません。私のような仕事をして居ますと、大層派手な様に思われがちですが、忙しさに追われているせいもありますが、なかなか思うようなお洒落は出来ません。

スエーターとシャツスタイル

高英男（歌手）

黒を基調として、それに赤、青、黄、緑、白なんでもいいから配色のよい色の太い線を何処かに入れた毛糸編のスエーターを得意としています。例えばドルマンスリーブの袖付の位置に肩から裾へ一本太い線を入れるとか、袖山から肩山を通つてとつくり衿の端までずつと肩に一本入れたものや、胸に一本の横縞をおいたものなど、縞の入れ方はいろいろですが。そして体をたつぷりと見せる為に袖の形は必ずドルマンスリーブにします。

又色々な縞や格子のワイシャツを、好きな生地をみつけたらやたらに買つては作るのが趣味で、これだけは誰にもひけを取らないと自慢していいと思つています。一寸したステージにはこんなシャツをもつぱら愛用して居ます。

スエーターやこんなシャツスタイルは、僕の歌う歌の味ともぴつたりするので、自分が好きで楽しんで着ているというだけでなく、商売上も大へん役に立つているわけです。

くだけた楽な感じ

下八川圭祐（声楽家）

自慢スタイルと云うのは、自分にぴつたりとした服装と云う事でしよう。僕の自慢スタイルというのは、スウェーターにマフラーという様なくだけた姿かもしれません。青磁色のスウェーターに、黒地にローケツ染めの様な感じを面白く染めたマフラーをちよつとまくという姿が、歌うにも楽でいゝと思つています。けれどもオーバーは上等な布地のものを作ります。七分程の長さで、これも楽な感じに。また英国製のホームスパンの背広、これは本当に上等なもので、これを着る事が私の楽しみの一つになつています。

僕は、これが好きだと思つたら、ちよつと派手だと思つても堂々と身につけるのです。その人によつて明るく、個性にあつたものを誇らしく身につける事が大切だと思います。が、どんな場合も清潔ということを忘れないようにしたい。それから男のみだしなみとして、正式の場所に出る場合には必らずネクタイピンを忘れないで貰いたいと思います。(男性に一言)

ゆつたりとした感じのもの

貝谷八百子（バレリーナ）

私の毎日はタイツに明け暮れする生活で、まつたく目がさめれば練習、そして寝るまでと云うわけなので、あまりきるもののことを考えたりする時間もありません。それにどちらかと云えばかまわない方なので洋装店まかせで、その洋装店では私が丸や四角や三角と説明するのをのみ込んで、私の思つた様に仕立ててくれるのでまつたく有難いと思います。どのスタイルと云つて説明するのではなく変つた依頼のもとに出来上つたもので大変に気にいつているものに、真白のジャージのツーピースがあります。それは、ゆつたりとしたスカートにやはりゆつたりとした上衣で胸の所に黒で肩まで切替えがあり、衿はハイネックと云うごく簡単なスタイルですが、それが現在では一番好きで、自慢スタイルと云うわけです。大体あまりぴつたりとしたスタイルは嫌いで、稽古着の上にふわつと羽織る上衣で、英国製のタータンチェックのがありますが、その赤が美しく愛用して居り家庭着の自慢の品の一つです。

黒のラプラウンド・スカート

マダム・マサコ（デザイナー）

仕事では流行のスタイルのドレスを作つていても自分のものは作つている暇もありませんので、いつも毛糸編のセーター、それも特に変つたデザインの無いとつくりシャツの様なものか、何でもない形のジャージーのブラウス等体の楽なものを着て居ります。色は黒とか白とかが主ですが忙しく仕事をしていますので汚れの目立たない黒いセーターなどが一番多いようです。スカートは夏冬通じて一年中、黒のオコシ・スカート、正しくはラ・プラウンド・スカートと呼ぶ日本のオコシか又はジャワのサロンの様に前で重ねて巻いた形のスカートを愛用しています。フレヤーやギャザーの可愛い形のものが自分には似合わないものですから仕方なくタイトスカートをはく事になりますが、普通のタイトスカートは裾が細いために生地がさけたりして、忙しく働いている時は大変不自由なのでこうした着易いスカートを着ています。自慢という言葉とは正反対のようですが自分らしいスタイルとでも申しましようか。

全体にすつきりとした調和を

久我美子（女優）

私は引込み思案なせいでしようか、色彩でもデザインでも何でも中間的なものを好んで身につけて居ります。ですから自慢スタイルなどという言葉には本当に気がひけるくらいで、何でも目立たないように控え目にと工夫して居ります。ドレスのデザインは極くシンプルなものばかりで、何処か一ケ所にポイントを置いて強調するというようなものよりも、全体にすつきりとした調和をもつたものをえらびます。

色もしたがつて中間的なグレーを主としたバリエーションが一番好きなのです。アクセサリーというようなものは、そのために殆どつけません。

全体が同じ調子で自分に溶け込んでいるということ、そして上品な感じを持ちたいということが私の装いへの希望です。

たゞ私はやせていますので、それをカバーするように、色にしてもスタイルにしても、凡てのことを考慮して居ります。

仕事着兼外套のうわつぱり

鈴木信太郎（洋画家）

毎日和服で生活している私の自慢スタイルと云えば、一番上に着るもの、つまり洋服の場合のオーバーのようなもので、仕事着兼外套として、他家訪問の時もぬがない事にしている。シャキッとしたウーステッドの様な洋服布地を丁度三つ揃の分量で少し余る位使用して、ブルーズの様に仕立てた、女性の七分コートの感じである。袖はたつぷりと仕立て、袖口にはゴムテープを入れて仕事し易い様にしてある。この袖口のゴムテープは、カフスのように仕事の邪魔にならず、大変便利だと思つている。このオーバーは、ちよつと戦争中婦人が着ていたうわつぱりのような感じで、見た所は余り良くないのだが、楽な感じが仲々捨て難いものです。

又、家庭着として、軽い真綿を入れた腰まである長めのちやんちやんこのようなものを愛用しているが、別にこれと言つて珍しいものではないが大層温かく、冬の家庭着としていゝものだとよく人にもすゝめている。

和服が似合うのですが

遠山一行（音楽評論家）

自慢のスタイルと云つて別にないのですが、自分に似合うものを身につけた時が、一番自慢スタイルと云うわけです。家のものは、和服が一番似合つていると云いますし、自分も結城の様なしやりつとしたきものを着た時は気持もさつぱりとしてくつろげるので、こんな服装が一番自慢スタイルの中に入るかもしれませんが、しかし仕事がら、やはりきものは家庭でのものです。

外出はやはり洋服でしよう。それもかたくるしくなくスポーティな感じのものが好きで、出来るだけゆつたりと作らせます。グレーのフラノの背広などは僕の好きなものです。背広に合せ、青磁色の英国製のネクタイなどと云うスタイルが一番似合いそうです。男だからといつて、服装の事を全然気にしないと云う事は感心出来ないことで、男は男なりに自分の美しさを考え、目立たぬおしやれが必要だと思つています。洋服のポイントのネクタイなどを自分の持物に合わせて集めるのも楽しい事でしよう。

和服に持つノスタルジア

佐田啓二（俳優）

それいゆの夏の装い号だつたと思いますが、僕の家庭着の写真を取つてもらいました。それが僕の自慢スタイルなのです。その家庭着と云うのは和服でその上に茶羽織を着たものです。毎日のほとんどを洋服ですごす僕は和服には一種のノスタルジアの様なものを感じるのです。黒の紋附に仙台平の袴の様なもの、本当に素晴らしいではないかと思うのですが、映画の場面ぐらいしか出来ない姿です。やはり洋服ですごす毎日を思い、揃えるものは洋服になるわけで楽に羽織るツーイードの背広の様な感じが好きです。それが自慢になるかどうか分りませんが、とにかく、あまりきちんと着るのは嫌で楽な感じに羽織るといつたものが好きです。無雑作な中に自分の物を持つと云う事、全然気にしてない様で細部に渉つて神経を使うこと、そんなおしやれ気質を僕は持つています。贅沢は必要ないのです。自分の色や型を良く研究して、しつくりと合つたものを作り出し、それを大いばりで着る事です。

生活を楽しくするコンビネーション・キャビネット

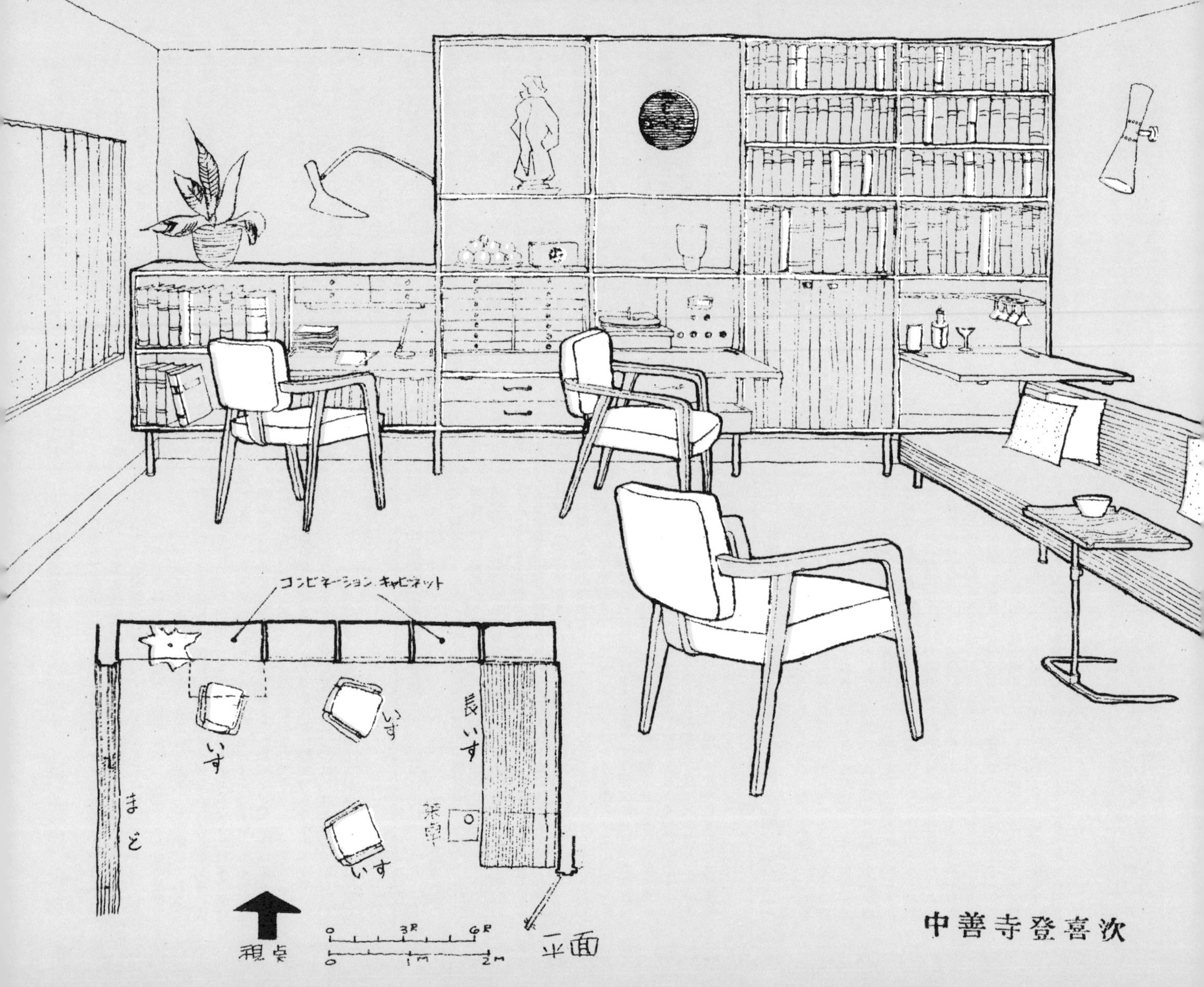

中善寺登喜次

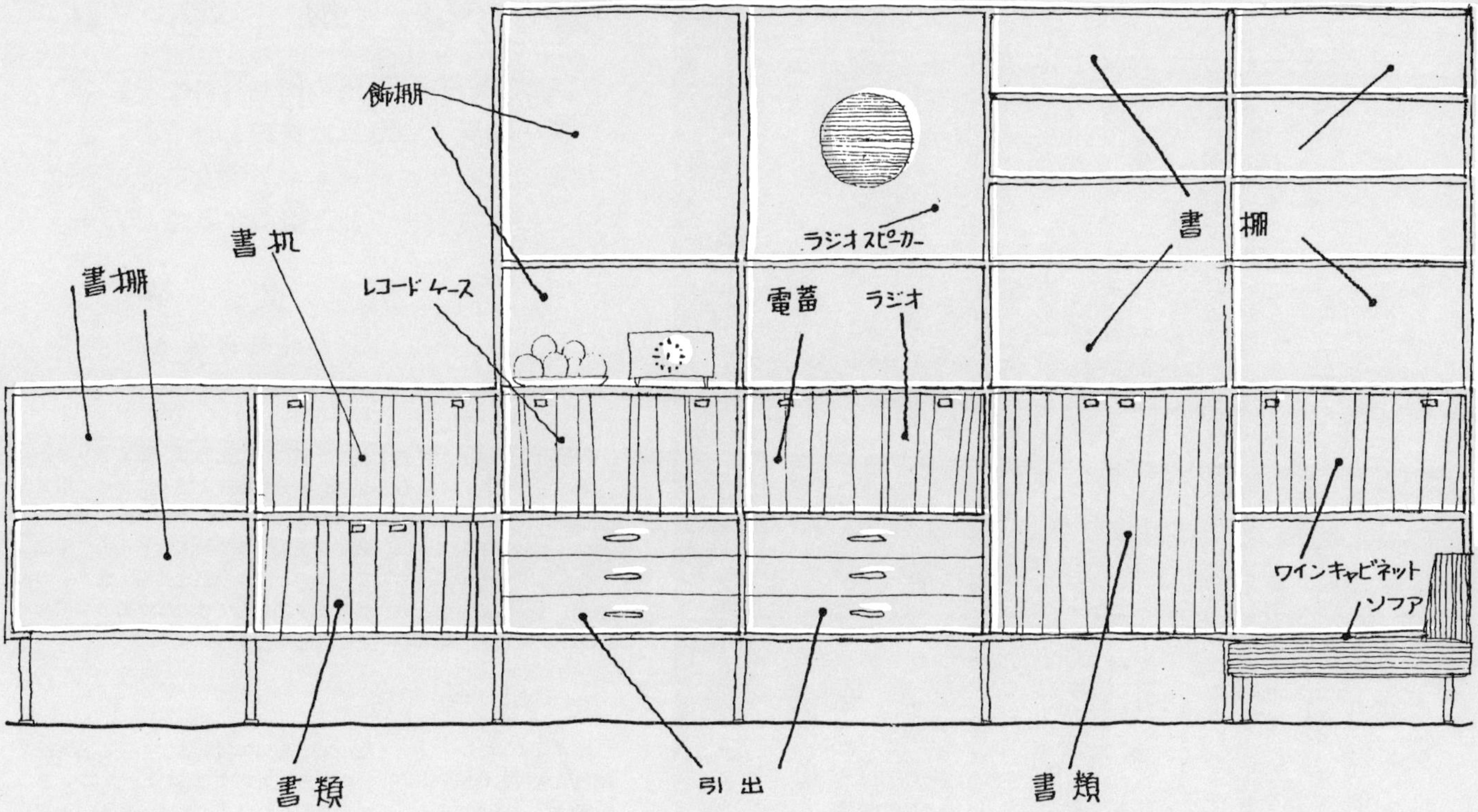

リビイング・ルーム（居間）は、私達の生活のすべて、団欒、休息、娯楽、食事、読書などが、自然に、気易くできるような雰囲気をもたせることが必要です。そこでは、音楽も楽しめれば、時には読書も気軽にできる。疲れれば横にもなれる。そういつたすべてのものを満足させようとして作つたのが、このコンビネーション・キヤビネットです。

上部に書棚と飾棚、ラジオのスピーカー、或はテレビのスクリーン。中段の返り扉は、左から、書机、レコードケース、ラジオ、電蓄の作りつけ。右側はワインキヤビネット、或はお茶のセット。下段は、棚、引出し等を一つに組み合わせて構成したものです。

私達が考える夢のような生活も、充分楽しめることゝ思います。図面をたどりながら、美しい音を感じ、読書を想像出来れば充分です。

春の食卓に

一人前 20円～40 円の同じ材料をそれぞれ洋風・和風・中華風に料理したもの。こんな三つのバリエーションが貴女の春の食卓のたのしさをきつと三倍にするでしよう。

吉沢久子
（料理研究家）

料理のコツ

料理は、和食とか洋食とかいう形にこだわらず、味や香りの合うものを、自由にくみ合わせて、自分や家族の好みに合せ応用することが、何よりも大切なことだと思います。たとえば、香ばしく焼いたバタトーストに、新海苔を焼いてのせて食べると、実においしいものですが、こんなちよつと変つた組合せも、食べものを愛して、味をたのしみ、香りをよろこんで食べているうちに思いついた日本人の創作料理といえるでしよう。

肉や魚は

肉や魚は、たいてい店で切つてもらつて買いますが、これでは調理法を限られます。肉は、なるべく丸のまま 50 メとか 30 メとか買い、自分で切るところから調理したいものです。魚も、小ぶりのものは、一尾をそのまま買つて、自分の好みの形に切り、魚屋では捨ててしまうアラでだしをとるとか、アラ煮をつくりましよう。店で切つてもらう場合は、料理に合う形を、こちらで註文するようにしなければなりません。

料理のちがい

食通といわれる人たちが「日本料理は目でたべ、中華料理は舌でたべ、西洋料理は鼻でたべるものだ」といいますが、たしかに日本料理は包丁の冴えと色どりの美しさに特色があります。中華料理の、盛りつけや包丁づかいを気にせず、実質的な味をたのしむところは、たしかに味を中心にした料理といえるでしよう。西洋料理は、いろいろの香料をとり合わせて、香りのハーモニーをたのしむところがあります。こうした、料理の本質的な違いを頭にいれておくことも必要でしよう。

ひらめを主にした料理

材料

一人前

ひらめ　一五メ
レモン　十三ケ
メリケン粉
バター少量ずつ

ひらめは時価によつて違いますが、大体三〇～三五円程度でできます

和風　レモンづくり

ひらめは新しいものを選んでうすいそぎ身をつくります。あまり大きく切らず、レモンの輪切りくらいの形。魚屋にたのんで切つてもらつてもいいでしよう。魚の切り方には、かなりの熟練を要しますから。

このひらめのそぎ身にサンドイッチのようにレモンのうすい輪切りをはさみ、わさびを添えて食卓に。普通のおさしみよりは、気がきいていて、手をかけずに、家庭の料理の感じがします。ひらめは早春の魚、ちよつと高くても、たまにはこんなのもいかがでしよう。

洋風　ムニエル

したびらめなら一尾のまま、切身なら、背ごしに切つたものより、なるべく、三枚におろしたものを使います。或は大きなそぎ身を、はしから巻いて使つても趣きがあります。

まず、塩とコショーをふり、洋酒があればふりかけておき、十分ほどおいてからメリケン粉をまぶしつけます。フライパンにバターをとかしとろ火で焼き上げ、さやえんどうのバタいためでも添えてお皿に盛り、ホワイトソースをかけます。ソースを使わず、塩とレモンのしぼり汁をかけて食べても上々です。

中華風　炸《ツァー》目《モ》魚《ユイ》

ひらめは、お刺身程度の大きさの、そぎ身につくります。卵を黄味と白味に分け、黄味はひらめにぬり、白身は泡立てて塩味をつけ、メリケン粉をふり入れて、さつくりと箸でまぜ、これを衣にしてひらめを包んで揚げます。このままでも味はついていますが、御飯のお菜には醤油で味をおぎないます。

或はまた、卵を使わず、メリケン粉をたつぷりまぶして空揚げにし、砂糖醤油で味つけした葛あんをかけてもいいでしよう中華風揚物としては、この方法がよく使われます。

筍を主にした料理

一人前

筍　三〇〆

他にいりごま、マヨネーズ、ケチャップ等

出盛りの頃は一貫メ一五〇円程度ですから、皮をむくとその半分の目方になります。つまり一人前二〇円程度でできます

しぎ焼き

筍は、新しいものを薄味の砂糖醤油で煮つけたものが、何といつても簡単でおいしいのですが、しぎ焼きもなかなか味なもの。皮つきのままゆでてから、二センチ程の輪切りにし、串ざしにします。

鍋に味噌三、砂糖三、醤油一の割合にまぜたものを火にかけ、あり合せのお酒があれば少量を入れ、てりの出るまで煉りあげておきます。筍は火であぶつて、両面にほんのりとこげ目のついたところで、煉り味噌をぬり、熱いところを食卓に出しましよう。

コンビネーション

台所には筍しかないし、今日のお昼はパンの予定というとき突然のお客さまがあつたら、ぜひおためし下さい。

筍をうすい塩味でやわらかくゆで、たてに、二、三ミリの厚さに切つて水気をとつておきます

マヨネーズとトマトケチャップを同量ずつまぜ合せ、このソースで筍を和えます。

さわやかなガラス皿にでも盛り分けて、トーストと紅茶でも添えると、なかなかしやれた食事です。

マヨネーズだけで和えても結構です。

中華風炒り煮

中華料理に筍はつきものですが、だいたいは何かといつしよに使うもの。ここでは筍だけを材料にしたものを御紹介します

筍は皮つきのままゆでるか、天火にいれて焼き、皮をむいて乱切りに大きめに切ります。別に白ゴマでも黒ゴマでも結構ですから、香ばしくいつてよくすりつぶしておきます。分量は、乱切りの筍十匁に大さじ一杯の割。支那鍋にたつぷり油をしいて筍をいため、材料がかぶる程度のお湯をそそぎ、砂糖醤油で味つけして煮汁がなくなるまで煮つめ、最後にすりゴマをまぶして器に盛ります。

鳥を主にした料理

一人前

鳥肉　二〇〆

他に、しいたけ、おろしわさび、生姜、キャベツ、メリケン粉　片栗粉

じぶ煮、サラダは四〇円程度かゝりますが、ハトのたたきは三〇円程度

じぶ煮

まず鳥をそぎ身にして片栗粉を、軽くまぶしておき、鍋にカツオ節でとつた、だし汁を煮立てて、片栗がすきとおるまで煮ます。別の鍋にやはりカツオのだしにお酒、ミリン、醤油で、やや濃い味つけした汁を用意して煮立て、この中で一度白煮にした鳥を、かきまぜながら、こげないように火を通します。お皿をあたためておいて、とろつとした煮汁といつしよに盛りつけ、おろしわさびの一つまみを上にのせて食卓に出します。これは金沢市の名物料理で本式には鴨を使います。

鳥サラダ

鳥肉に塩とコショーと、洋酒があれば香りつけに少しふりかけてしばらくおき、お皿にのせたまま、むしておきます。むし器からとりだして、さめたところで手で割くか、或はそぎ切りにしてマヨネーズで和え、レタスがあればお皿にしいて、その上に盛りつけます。

レタスがなければ、庭の草花の葉でもよく、とにかく青いものを添えたい料理です。

予算が許せば、セロリの筋をとつてななめに切つたものを鳥といつしよに和えてください。

ハトのたゝき

鳥肉のほかに、玉ねぎ半ケと椎茸二つほど、キャベツの葉二三枚、メリケン粉三十匁ほどが必要です。鳥肉は庖丁でたたき玉ねぎ、椎茸のみじん切りといつしよに油でいため、塩、砂糖醤油で味付けをし、片栗粉で、こころもちとろみをつけます。

メリケン粉は水でねつてシューマイの皮をつくる要領でうすくのばし、せん切りにしてからつと油で揚げておきます。キャベツはせん切りにします。大皿に鳥、キャベツ、メリケン粉をねつて揚げたものを盛り合せ、たべるときは、めいめい、小皿にとつて三品をまぜ合せます。

一人前

蛤むき身
　二〇～三〇メ
ねぎ、さやえんど
うなど一〇メずつ
メリケン粉、片栗
粉、パン粉少量、
費用二〇～三〇円

蛤のむき身百匁もあれば、五人前までは十分です。庭に菜の花があれば摘んであしらいにします。なければ、ねぎでも、からし菜や小松菜でもいいでしよう。

　蛤は目ざるに入れてふり洗いにし、水をきつておきます。野菜はゆでて三センチ程の長さに切りそろえ、かたくしぼります次に蛤をお皿に入れてむし器でむします。すりばちで味噌をすり、砂糖と酢で調味して、蛤をむした時に出た汁でゆるめ、あさりと野菜をいつしよに和えて小鉢に盛ります。

まず蛤のむき身を目ざるで洗い、塩とブドー酒をふつて器に入れてむし器で十分ほどむし、蛤から出た汁を利用して、かたいホワイトソースをつくります

　このホワイトソースで蛤を包み、小判型にまるめてパン粉をまぶし、フライパンにたつぷりバターかサラダオイルをしいて、両面を焼きます。油で揚げても結構です。つけ合せにさやえんどうの青ゆでか生の野菜を添えれば、りつぱな一品洋食ができ上ります。ソースは好みのもの何でも。ホワイトソースが一番合います。

名前はかりにつけたもの。

　つまり蛤のむき身とさやえんどうねぎなどを油でいため、スープをそそぎ、砂糖、塩、醤油で味つけをして、片栗粉の水ときを加えて、とろつとさせる料理です。

　予算が許せば筍、しいたけなどを加えてつくると、来客をもてなすときの主料理にしてもりつぱなものです。

　この種の中華風料理は、何と何を入れなければならないと、あまりこだわらず巾ひろく利用します。

一人前

豚
　二〇メ
もやし　一〇メ
他に白ゴマ、生姜
つけ合せ野菜少々

豚肉はやわらかいのでモモ肉で結構ですが、今は豚が高価なので一人前四〇円前後になります。

豚の生姜焼きともやしの酢のもの

豚は本来の日本料理にはあまり使われません。むしろ、あつさりしたものの好きな人に、あり合せの豚を使つて、日本料理風につくろうという場合の御参考に。肉はかたまりのまま生姜醤油に二十分ほどつけておき、とりだして、植物油をしいたフライパンか厚鍋で、こがさないように、こんがりと火を通します。火が通つたら、うすく小口からそぎ切りにして皿に盛り、おろし生姜と醤油を添えます。

もやしは軽くゆでて三杯酢で和え、小鉢に。

ウインナ・カツレツ

油で揚げたカツレツとちがつて、舌ざわりのやわらかいことが喜ばれる料理です。

　つくり方は、普通のフライと全く同じです。まず、肉を二口か三口で食べられる程度の大きさに、あまり厚くしないで切り分け、塩とコショーをふり、あればブドー酒をぱらつとふりかけます。メリケン粉をまぶし、卵でしめりをつけ、パン粉をつけて、フライパンにたつぷり油をしいて両面を焼きます。

　もやしはあつさりゆでて、フレンチソースで和えてつけ合せに。

豚もや又は白片肉

ごく手軽には、豚をせん切りにしてもやしといつしよに油でいため、お湯をさして塩味をつけ、片栗粉の水ときを入れてとろつとさせた豚もやが中華風でおいしいものです。

　これではあまり腕のみせどころがないと思えば、豚を丸ごと熱湯でゆで、細く糸切りにし、もやしの少量をやはり、さつとゆでて、白ごまをいつて塩、砂糖、醤油で味つけしたもので和え、大きな鉢に盛りましよう。予算か許せば卵の薄焼の糸切り青くゆでたさやえんどうの糸切りを上にかざると、華やかな色どりと共に味も一層ひきたちます。豚のゆで汁はスープに使えます。

一人前

いか 一ぱい～一ぱい半

野菜、玉ねぎ、他にあり合せの屑野菜、片栗粉、メリケン粉 サラダオイル

費用二〇～三〇円

いかずし

いかの足を抜いて胴をよく洗い、表のうす皮をむきます。ごく新しいものなら生でもいいのですが、扱いにくいので、ちよつと塩を入れた熱湯で丸のままゆがきます。別にかためにたいた御飯を用意し、酢に砂糖と塩で好みの味をつけた合せ酢をまぜます。少し濃目の味がいいでしよう。足はこまかく切つて砂糖醤油でうす味に煮つけ、御飯にまぜてもよく、別の料理に使つても随意。いかの胴にすし米をきつちりつめて二センチ程の厚さに切り、お皿に盛つてもみのりでも添えましよう。

マリネ

いかは、わたを出し、ひらいて皮をむいてから塩コショーをしておき、ふきんに包んで水気を切ります。一口でたべられる程度に切り分けて、メリケン粉をまぶし、油で揚げますが、よく水を切つておかないと、やけどをする心配があります。揚げたいかは、紙の上にのせて油をきります。別にボールに酢二、サラダオイル二、醤油一の割合で合せたものをつくり、このなかへ揚げたいかと、玉ねぎの薄切りを漬け、二三十分してから取りだして食べますと風味があります。

いかの丸子《ワンツ》

この料理は、いかの足だけを使つても結構です。まず、いかを庖丁でたたき、台所にのこつている野菜のくずを何でもかまいませんから、みじんに切つてまぜ合せ、片栗粉かメリケン粉をつなぎにして淡い塩味をつけたお団子をつくります。これを、きつね色にからりと油で揚げ、むし器に入れて五六分むします。

別にだし汁を用意し、塩、砂糖、醤油で味をつけ、片栗粉の水ときを加えてとろつとした汁をつくり、むし上げたお団子をお皿に盛つた上からかけます。この汁に酢か生姜のしぼり汁を落しても結構。

三・四人前

メリケン粉 二〇～四〇メ

卵二ケ、

砂糖二〇～四〇メ

費用百円以内で、三・四人分は十分です。

緑かりんとう

卵二ケをボールに割り、泡立器でよくたたいてカップ二杯のメリケン粉をふり入れます。よくこねて耳たぶほどのかたさにしますが、水気がたりなければ、水をふつてください。こねてしばらくおいてから、手粉をつけて平にのし、細く切るか型でぬいて油で揚げます。

別に砂糖四十匁と水五勺の割で鍋に煮立て、煮つめて糸をひく程度にしておき、揚げたての熱い前記のものを入れて、砂糖が白くもどるまで箸でかきまぜます。

これをひろげて乾かしますが、このとき抹茶をぱらぱらとまぶすと、美しい緑のかりんとうができ上ります。

中華風むし菓子

中華風のカステラです。まず卵の黄味二ケと砂糖二十匁をよくすりまぜ、お酒と油大さじ一杯ずつ、塩少々を加えます。次に白味をかたく泡立て黄味とまぜ合せ、メリケン粉を十五匁ふりいれ、乾し柿とか、オレンジの皮の砂糖づけなどがあれば、きざんだものを入れます。

全部をまんべんなくまぜたらお辨当箱か木のわくにぬれぶきんをしき、そこへ流しこんで、上に乾いたふきんをのせて十五分か二十分むします。火が通つたら、なるべくあたたかいうちに食べるとおいしいものです。

フィンガー・ビスケット

ボールに卵の白身二ケを泡立て、黄味を加え、更に砂糖二十匁を加えてよくまぜ合せておきます。メリケン粉四十匁とベーキングパウダー小さじ半杯を一しよにボールにふり入れて、あつさりとこね、小指くらいの形にまとめます。やわらかくて扱いにくければメリケン粉を増しても結構です。

天火があれば天火で中火で焼き、なければフライパンで、ごくとろ火で焼き上げます。焼く前に、タネにピーナツのきざんだものをまぶすと味や香りが一層よくなります。

はなし

香水も化粧料の一つとは云つても一般の女の人が日常親しんでいる云わゆる化粧品程にはまだ身近ではないようですが、それらの化粧品についてもその香りには深い関心を持つ

ファツシヨンデザイナーとフランスの香水界

香水はその人の好みによつて、一つの匂いを定めて使用するのが常識とされていましたが、此頃では必ずしも〝自分の好きな匂い〟ということにこだわらないで〝香水も衣裳の一部である〟と考える様になつて来たようです。つまり毎日の生活の中で、家庭内の起居、外出、訪問や物見遊山、ピクニック、又観劇、パーティ等にその時々にしたがつて衣裳や持物が変るように、使用する香水も当然周囲の条件にしたがつて変つて行くというのです。家庭内にいる時は余り強い匂いのするものより清楚な気分のするものを使い、パーティ等の夜会には多少濃艶な匂いのものを、又郊外に出掛けたりする時は若々しくスポーティな感じの匂い、例えばローズとかバイオレツトを主とする多少刺戟の強いものが溌溂としてよろしいという風に。

この様な考え方が当然一つの傾向を香水界にもたらす様になり、今迄の単なる香水製造家に飽きて、衣裳の理論の実践的な唱導者である有名なファッションデザイナーに依つて創業されるものが出て来ました。そして彼等は彼等独自の見解によつて、今迄非常に難しいこととされていた香りの分類をスポーツ用、夜会用、家庭用と決めて明快に具体的に説明しています。然しこれ等の見解も、誰もかれもが自分の好みや個性を捨ててまで従わねばならないということはありません。それは丁度ファッションデザイナーの発表したデザインのドレスを誰でもがそのまゝ着てみることがないのと同じ意味なのです。このように衣裳と香水とはフランスに於て同じような見方をされていると云えるでしよう。

こういつた意味で、人々がフリーな立場から思うまゝに香りを使用出来るようにと作られたものにフランスの有名なジャンパトウ社のカクテル香水というのがあります。がこれは大変贅沢な香水の使い方のようです。この香りを分類するということについて、次に述べてみましよう。

香りを分類した三つの型

香りを分類するという事は、色々な見地から出来るので前述の様に大変難しい事ですが、フランスで香りを一つの風格として分類したA・B・C　三つの型を参考までに挙げて見ましよう。

A型

古典、神秘、荘重、高貴、静寂、困難を現わすもので温和な重厚な感じのもので、その上品な香りは幾分焚香（オコー）に似ています。万人向きとは云えませんが年配の人に向くものの様です。

主として動物性の香料が多いのです。例えばアンバーグリス（抹香鯨からとれるもの）ムスク（麝香《ジャコウ》鹿）、カストール（海狸香）、シベット（霊猫香）等で、非常に高価な原料です。

B型

これは新鮮、快活、明朗、溌溂、スピードを意味するもので、若い女性にふさわしく、現代的なスポーツ愛好者の方に向く香りです。ローズ、バイオレット系のもの。

C型

これは、嬌艶、陶酔、甘味、和楽を思わせるものと訳され、又コケテイツシユなものとも云われます。一般婦人用として、この中清楚な感じのものは家庭用に、濃艶なものは夜会用どして適当とされています。

この香風はごく一般的でヘリオトロープの種のものが多いようです。

香水を最も多く使用すると云われるフランスではこの理解が使い方に判然と区別されています。一瓶の香水をもつて凡ゆる用途をつくす事は不便で無駄も多く、用途に応じてそれぞれの香料を理想的に、そして経済的に使用するように奨励されているようです。

ています。春風に乗つて流れる仄かな良い匂いは人の心を柔げるもの。香水の本場フランスでは今どんな名前の香水がどんな風に使われているかのぞいてみましよう。

香水の

香水の名前のあたらしい傾向

前述のように香水も周囲の条件や雰囲気にしたがつて変るようになつたため、香水の名前も必然的に何か余韻のある暗示的な名称を附してあるものが多いようです。例えば、最高の神境を表徴する、というものにはアヴェマリアと云う名をつけ、妖気みなぎる夕べの森を画いてBOIS DORMANTとか、高貴なる喜悦と平和を表現するとしてJOY等があります。その他次のような名称のものが見られます。

追憶、恍惚、黄金、古代の琥珀、たそがれのしだの森打ち明け、出発、狐火、たより、ナデール（女性の名前）、ルードラペー（パリの通りの名）、ミツコ、夜間飛行、飛行機、私だけを、象牙、ナンバー5、アヴエマリア、A・B・C・J・L・N（これはフランスのルシアンルロンのもので附号によつて使用す可き場所を説明しています）、夜のまどわし、何時迄も、貴女へ、計画、パリの夜、いつか、常に私と、約束、クリスマスベル、練習曲、音楽会、海賊、冒険、黄金の夢、等々……

以上のように何かしら暗示的な名称が多くなりましたが、まだ〳〵数えれば沢山ありそうです。この点昔のように単にローズ、とかジャスミン、ライラック、バイオレットと云う風な単純な名前から、香りが複雑になるにつれて名前も変つて来たわけです。この事は香りというものがだん〳〵人々の身近になつて生活の中に親しんで来たことではないでしょうか。

ついでに香水は瓶の口から衣裳等に多量につける事は贅沢な下手な使い方で、強すぎるばかりでなく無駄な浪費とも云えましよう。せいぜい衣裳の一部、ハンカチーフの一隅に少量つける可きです。肌衣や常に洗うものにはオーデトワレ、オーデコロン、ローションパルファム等を使うのが常識となつて居ります。

香水にまつわる昔の逸話

太古の人類が宗教上の儀式に香料を使用したのがそもそも香水の始めであると云われ、その後支那、エジプト、ギリシヤ、ローマ等の諸国の昔の歴史を繙いて見ても、香水に関する様々な逸話が伝えられています。

歴史上有名なクレオパトラは最も華美で多量の香料を用いた女性の一人で、その一回の使用量は現在の価格にしたら十数万円程であろうと云われ、又ローマ帝国時代にも盛に用いられ寝室は勿論の事浴槽にも香水を充たし、香りに明け香りに暮れた。そして劇場の円天井の日除布に香水を充分に含ませておいて、舞台と客席へ雨の様に降り注ぐという贅沢な使い方も伝えられています。又戦場に出る時は軍旗に香りを注ぐ礼が行われた、暴君と云われたネロ皇帝が愛妃ポツペの葬儀の時使用した量はアラビアに於ける一年間の消費量より多くその香りは一里四方に漂つたと云われ、又先に三頭政治執政官に遂れたプランチウス・プランカスが亡命中に彼の残す香りによつて所在を突き止められて追跡する兵士達に捕つたとも伝えられています。

英国のエリザベス一世の治世第十五年目にオックスフオード伯エドワード卿がイタリーから帰る時、香袋、香料を塗り込めた手袋、胴衣等を持ち帰つて宮廷に広めた、此の時の手袋は四つのリボンと絹の色糸でバラの花の刺繍がしてあつたが、それを女皇が大変喜ばれて直ちに皇室御用の像画家に手袋を用いられた所を画かせられたと云う事です。この事から香入りの手袋が流行し、香りを用いるという事は即ち手袋を用いるという事でもありました。又ナポレオンも香水の愛好者で特にオーデコロンで毎朝全身を拭いて居たと云われ皇后ジョセフインも同様後の悲境時代迄も愛好者だつたと云われています。

香水の日本への渡来は応神天皇の十六年（西暦二一六）に百済の王仁加経典なる人が沈香を携えて来朝したのが始まりと伝えられています。その後時代と共に使用法も洗煉され今日に至つて居ます。

香料研究家　岡本　具

ワンピース

中原淳一

1 前のうち合せがダブルになつていて、それが頸をめぐつてハイネツクになつている。チエツクで作るならば、ちようどこの部分がななめになる事になる。

2 美しいチエツクや縞や、また無地のものでもよいが、カラーとカフスは白でありたい。カラーとカフスのリボンは、グログランのリボンで、色は黒や紺や濃茶など。

3 カラーのカツトがちよつと印象的。スカートのタイトの中から、身頃が重なり合つている様に見えるテクニツクがつかつてある。このカラーとカフスだけ白にしてもいい。

4 あまり若い人には不向きであるが、縞の美しさを生かしたドレス。衿の感じに前でクロスした布がスカートでポケツトになつている

イルブツクより

—ひまわり社発行・只今発
年の愉しい衣裳計画のために

働くひとの

5　ラグラン風な袖が小さなカラーをつくつているのがたのしい。又そのカラーは身頃が折返つている感じで、ホタンは小さなもの、上半身をゆたかに、スカートは細く。

6　プレンなデザインであるが、細い毛皮のテープをあしらつてあるシツクなデザイン、働くひとのよそゆきのドレスで、グレーの布地に黒やこげ茶の毛皮など。

7　後でセーラーカラーの様に四角になつている、ドレスの下には毛糸のものでもよいが、この下に着るものとドレスの色との調和の美しさをねらつてほしい。

8　衿あきの中から出た帯が、ネツクラインをぐつとしぼつてボタンで止めた感じで、このボタンは大きめのものがいい，袖はゆたかなものにして七分袖。

子供のための犬のバッグ

水野正夫

子供達は大人のしている事に一応興味を持つてそれを真似したがるものだが，特に女の子は大人が着たり，持つたりする物に大変なあこがれを持つている様である。

ハンドバッグもその一つで，大人が持つているものをそのまゝ持つ事は出来ないが，それより一まわり位小さくした子供用のハンドバッグを喜んで持つているのは良く見かける。

そうしたものも子供に似合えば良いのだが，大低の場合，そのハンドバッグを持つた事が全体にこまちやくれたかんじになつて子供自体にもあどけない可愛らしさと云うものがちつともかんじられない。

子供の持ち物にしても着るものにしても，その子供の可愛らしさ，あどけなさをより良く引き出すようなものでありたい。

この犬のバッグはそう云つた意味で子供のハンドバッグとしては一応相応しいものではないだろうか。

そしてこんな縫いぐるみの様なものだつたら親の手で簡単に作る事も出来るものでもあるのだから。

1
2
3
4
5
6
7
8
9
10
11
12
13
14
E
A
B
H

〔材　料〕

表の布地はなるべくウールかコール天，別珍ジール，ビロードなどの厚みのあるものを選ぶか，木綿布の様な場合には綿をはさんで格子にキルティングしても面白いものが出来る。

ポケット布として木綿布，15センチのジッパー1本，舌のウール布，木釦2ケ，毛糸，綿，時計のバンドの古いもの，などを用意する。

〔作り方〕

① Aの布を2枚型紙に1センチずつつけて、表布で裁つ。
② 同じ様にしてBの布を表布で1枚裁つ。
③ 2枚の頭布にマチ布を図の様にはさみ縫う
④ 表へ返して固く綿をつめ、返し口をとじ合わせる。
⑤ Eの布を2枚、同じ様に表布で裁つ。
⑥ Dの布を同じく2枚裁つ、
⑦ Eの布とDの布を1枚ずつ中表に合わせて図の様に縫う。
⑧ DとEの布を縫い合わせたものを2枚、各各表へ返したものを合わせ、Dの布の端を内側から図の様にして縫う。
⑨ 4本の足へ綿を各々固くつめこむ。
⑩ Fの袋布を別の木綿布で2枚、1糎の縫代を囲りへつけて裁ち、図の様にして縫う。
⑪ 首の所もとじ合わせ、背中の開いている所へジッパーを縫いつける。
⑫ ジッパーを表側へ縫いつけたら袋布を内側から当て、ジッパーの囲りをまつりつける
⑬ Cの布を2枚ずつ合わせて4枚、1センチの縫代をつけて裁つ。
⑭ 2枚ずつの耳を合わせて囲りを縫い、表へ返して、返し口をまつる。
⑮ 綿を固くつめた首に頭を当て、しつかりした木綿糸でぐらぐらしない様にとじつける
⑯ 両方の耳を図の様なかんじにとじつける。Hの型紙通りにピンクか赤の布で舌の先を裁ち図の位置へとじつける。
⑰ 表布でGの型紙に1センチの縫代を付けたものを2枚裁ち、囲りを縫つて表へ返し、綿を固くつめる。
⑱ しつぽを図の様にしつかりととじつけ木釦を2ケ目の位置を決めて両側へ縫いつける
⑲ 時計のバンドの古いものからバックルだけ外し、そのバックルへ別の明るいかんじの布でバンドを作つてつける。
⑳ 黒い毛糸で鼻の先を刺し、バンドを首に巻いて出来上り。
バンドの代りにリボンを巻いて結んでも可愛らしい。

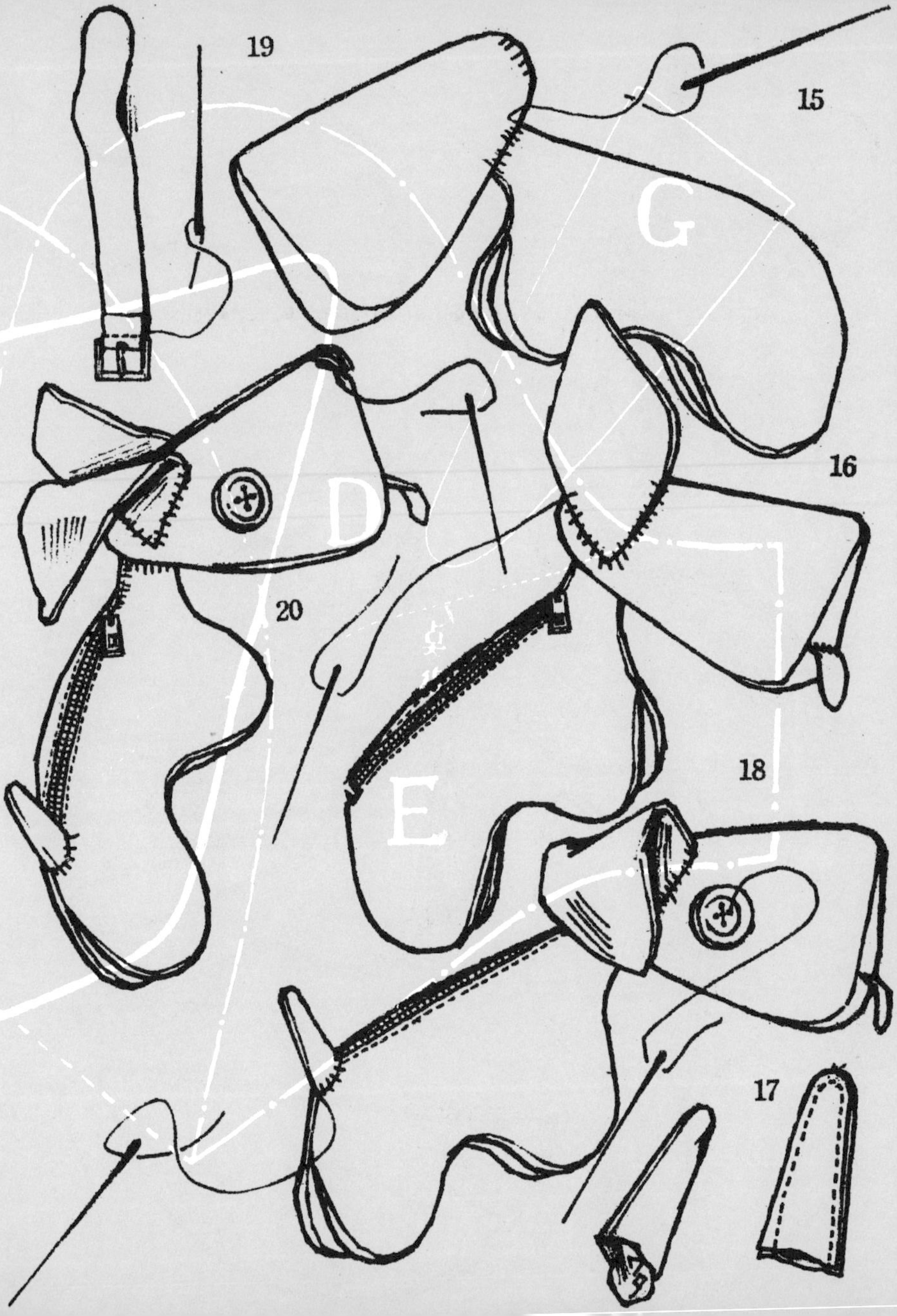

オードリー・ヘップバーン
Audrey Hepburn

ハリウッドには毎年、新しい星があらわれる。そのなかには、夜空の星そのまゝに明るく光つたかと思うと、たちまち消え去るものもある。栄枯盛衰がはげしいのはハリウッドのスタアに限つたことではないが、新しい女優がスタアとしての地位を確保するまでにはひと知れぬ苦労をしているのであるその生存競争のはげしいハリウッドで無名のまゝ主演映画をとり、たつた一作で業界をはじめ、全米の批評家から「一等星」の地位を保証された女優がいる。その名はオードリー・ヘップパーン。パラマウントのウィリアム・ワイラー作品「ローマの休日」にグレゴリー・ベックと共演している女優である

オードリー・ヘップバーンの魅力はいまゝでのハリウッドの歴史になかつた新鮮な美貌とからだぜんたいからほとばしる個性の鋭さにある。肉体のヴォリュームというものがほとんどないのに、はげしい情熱を感じさせるところから、批評家のなかには、彼女の出演によつてこゝ数年来のグラマーと性的魅力の時代に終止符が打たれるであろうと云つている批評家さえいる。またべつの批評家は、一九五三年はマリリン・モンローの年であつたが一九五四年は疑いもなくオードリー・ヘップバーンの年である。と云つている。ハリウッドの歴史あつて以来、これほどはなやかな登場をした女優はいない、オードリー・ヘップバーンこそ現在もつとも期待していい女優であろう。

一九三〇年五月四日、ベルギーのブラッセルの生れ。アイルランドとベルギーとの血をひいている。第二次大戦中に少女時代をすごし、ベルギー、オランダ、英国を転々、バレーを学んだが、演劇に憧れて舞台に立ち、そのかたわら英国映画の端役に出演しているときにフランス作家コレット女史に認められ、ブロードウエイでコレット女史の「ジジ」に主演した。映画界にはワイラー監督の推薦ではいり、「ローマの休日」につゞいて、ビリー・ワイルダーの「サブリナ・フェア」に主演、いまやパラマウントのトップ女優の地位を約束されている。身長五フィート七インチ。「ローマの休日」撮影中に青年実業家との婚約を解消、独身である。

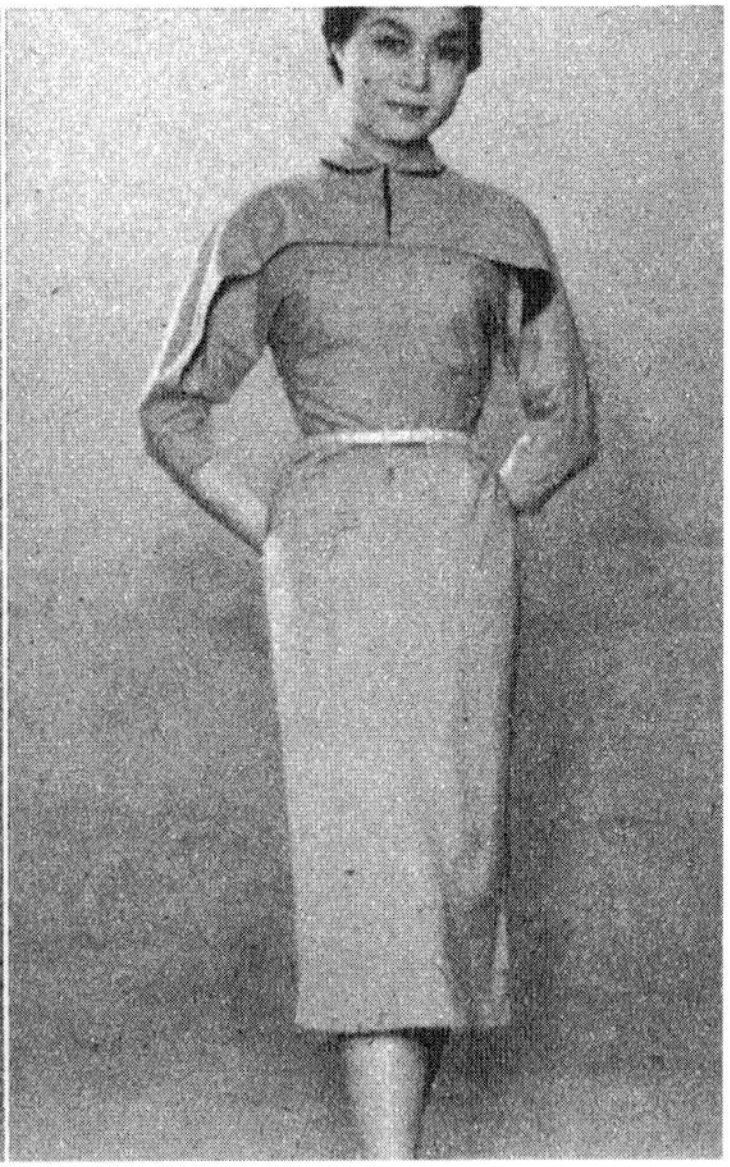

渥美延さんの春の支度

着古した服を仕立直す

中原淳一

次から次に流行の変る洋装であるのに、それが其のまま着られないと云う事になると余程上手な計画を立てて作らなければ洋装は無駄が多い事になる。だからと云つて一着作る度に、先の先迄考えていたら頭が痛くなる様なものだけれど、それも工夫一つで二度三度と新しいスタイルに甦らせる事が出来たら、経済的な面からだけではなくてもどんなに楽しい事であろう。ところで、オーバーを抜ぐ季節になるとその下に着ているものが急に目立つて来る。そこで早速春着の支度をしなければならない訳だが、此の号ではファッションモデルの渥美延さんの、もう今年は着られないというドレス許りを出して貰つて、それを新しい春着に甦らせて見た。

先ず最初はからし色のワンピースとコートとのアンサンブルだつたもの。これは、さんざん着て着飽きて了つたし気に入らない所も色々あるので、もう今年はとても着る気持はなかつたものだそうだけれど、コートと両方揃つていたので、これでブラウスとスカートを作つた。これはブラウスとスカートとして別々にも着られるし、この写真の様にワンピースとしても着られる。

1

着古したからし色のワンピースとコートのアンサンブルをブラウスとスカートに

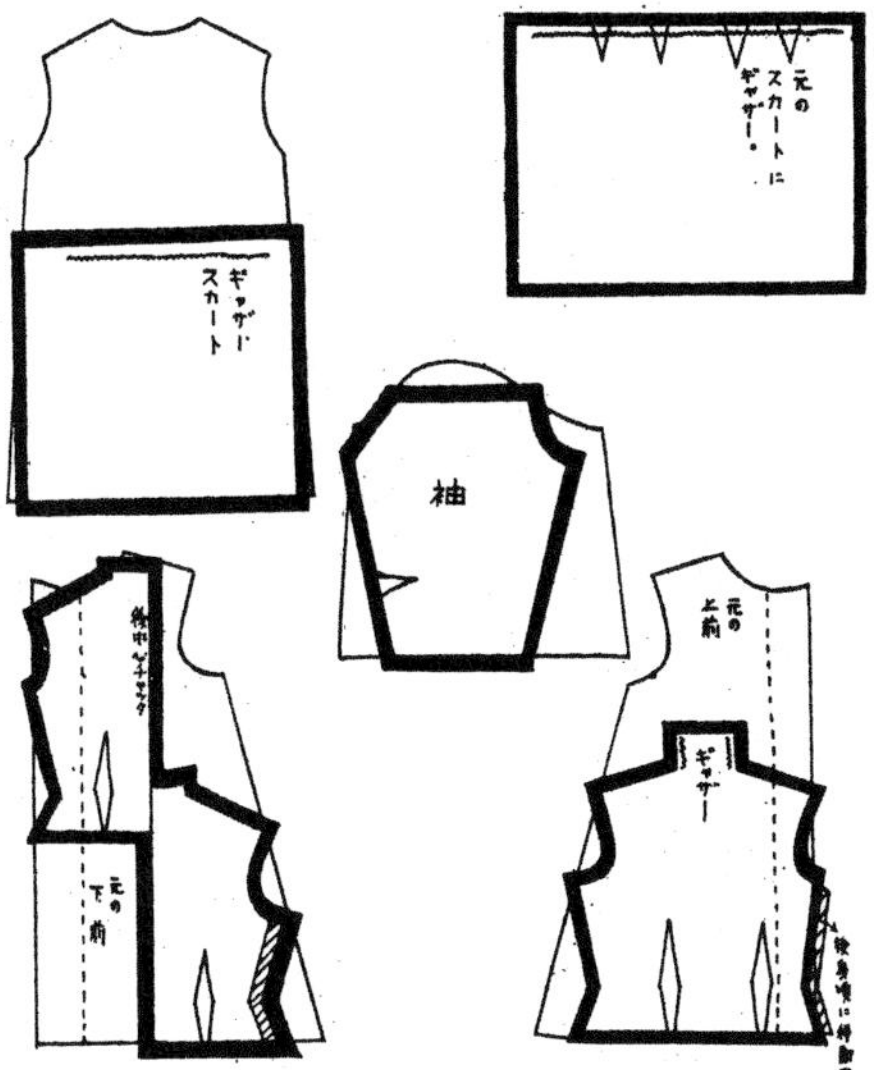

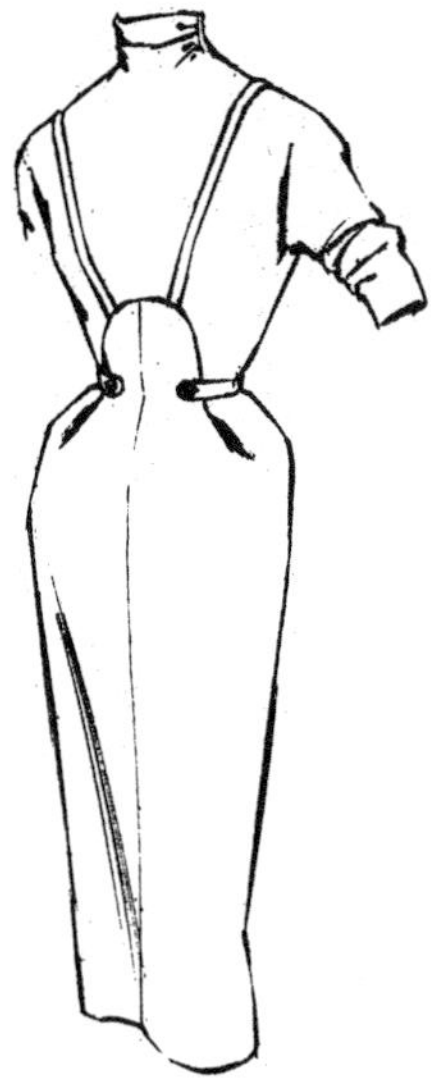

2

グレイのギャバジンのズボンを吊りスカートに

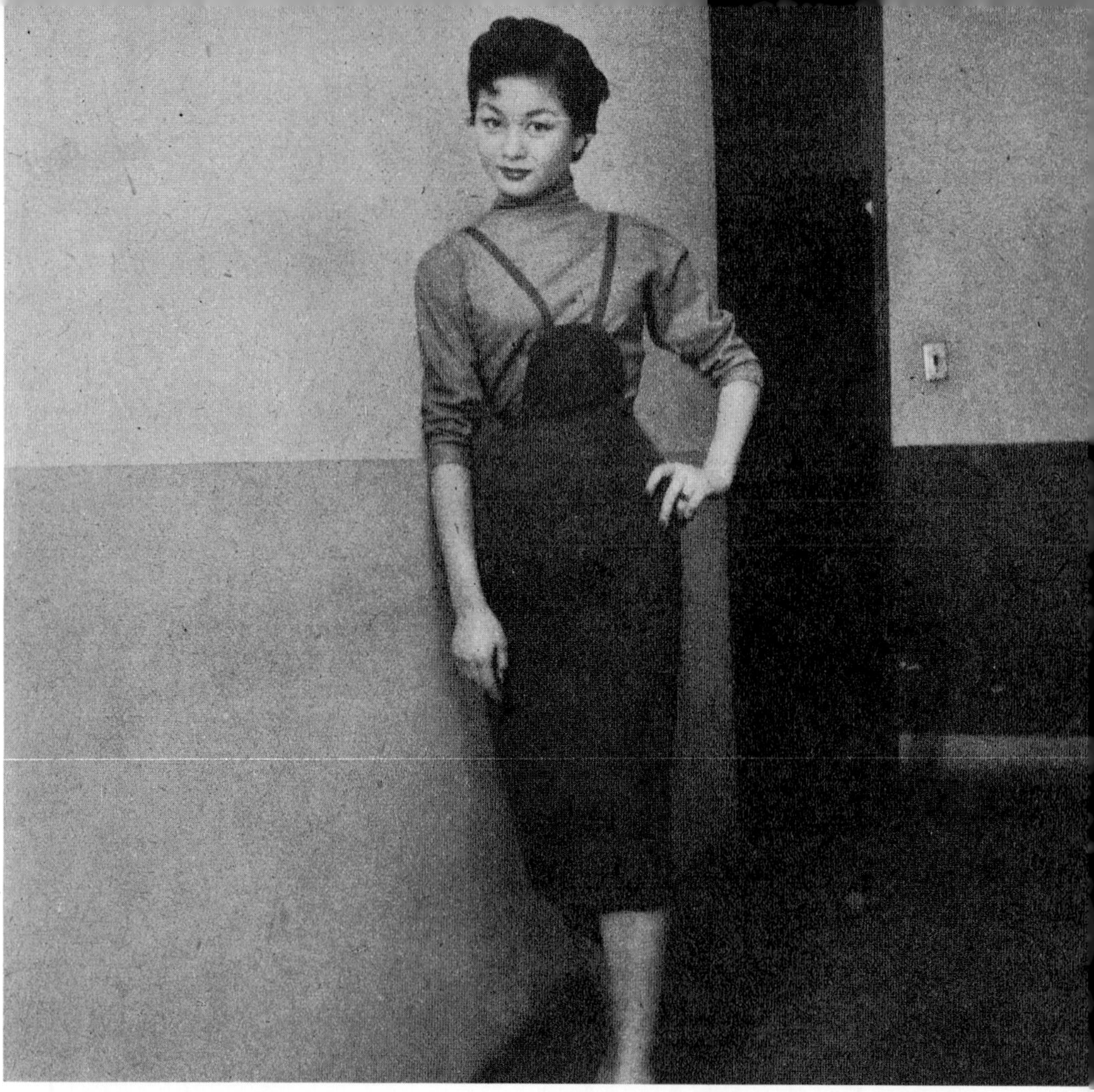

何年か前に作つたグレーのギャバジンのズボン。特にはけないと云うのではないけれど普段にさんざんはいていたので所々に汚みが出来たりしてもう裏返しでもしなければ着られないと思つていたものだそうだ。それを、どうせ解いて了つたのなら、スカートに作り替えて見たいという希望だつたので、こんな吊りスカートを作つて見た。この下に着ているのは前頁のブラウス。

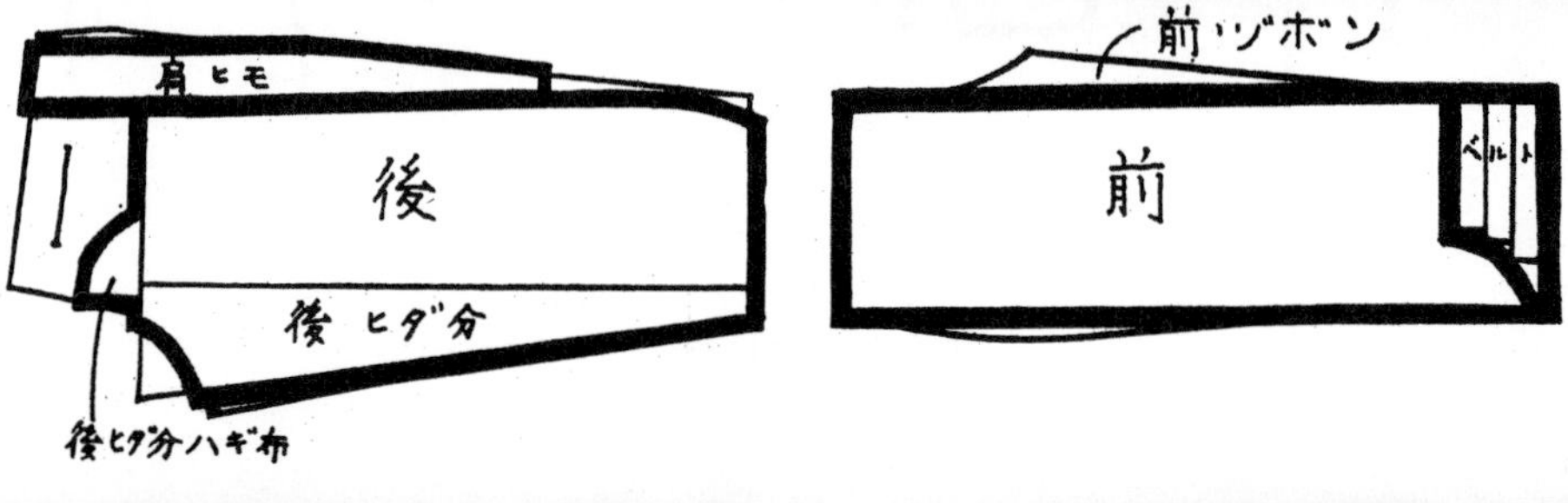

3 焦茶のツウピースの上着を可愛らしいヴエストに

これは焦茶色の、大分以前に作つたツウピースだそうで、スカートはもう何か他のものに潰して了い、上着だけは残つていたものだそうだけれど、細かい切替等が多かつた為に、解いて見るとかなり無理があつたが、広い前立と大きな釦で生かしたこんな可愛い上衣を拵えて見た。

4

通学服だつたチエックのツーピースを ゆるやかな衿元のワンピースドレスに

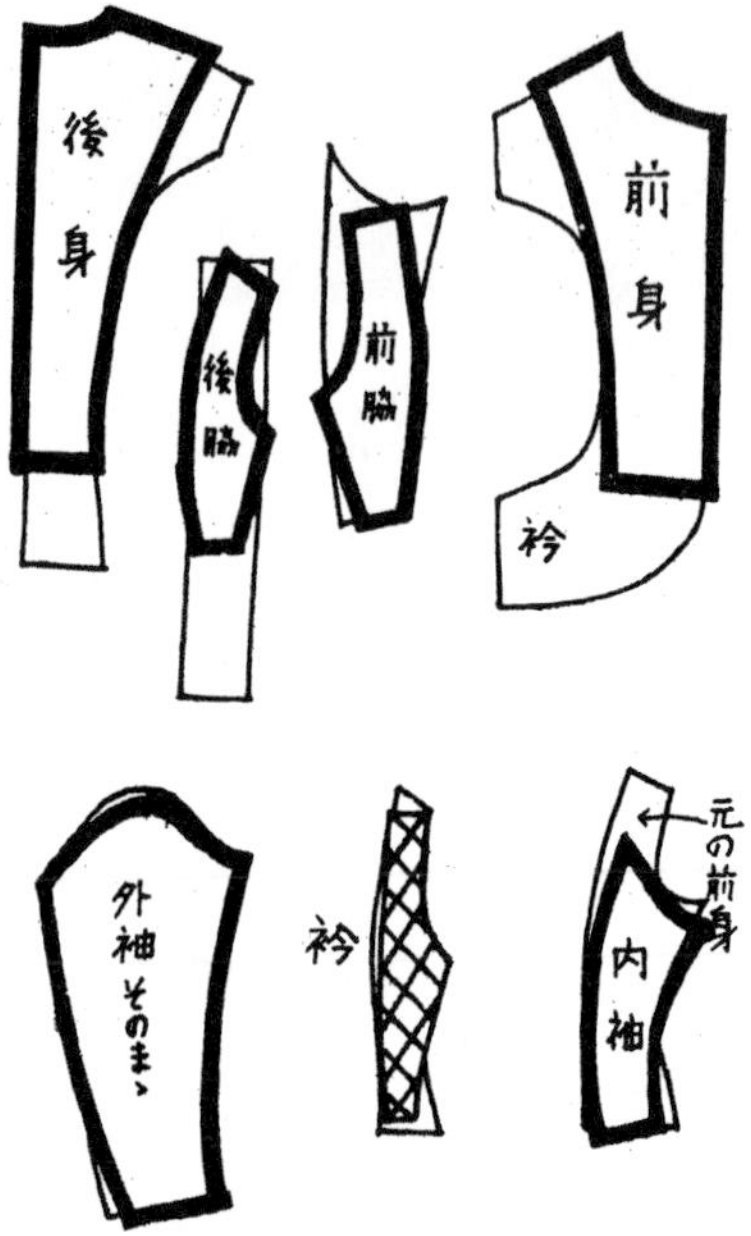

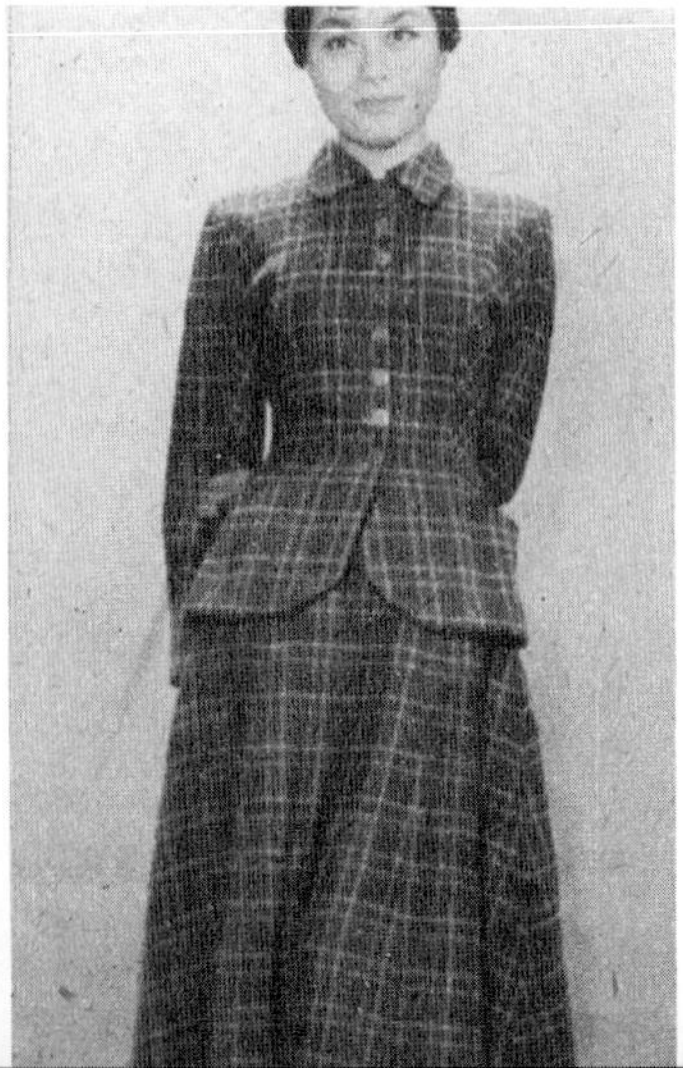

くすんだグリーンの地に黄色の格子を織り出したツウピースで、これはまだ学校に通つていた頃に作つたものだそうだが、それをゆつたりとした衿ぐりのこんなワンピースに仕立直した。そして最初の頁のドレスの残り布のからし色のジャージイでハイネックのジレーを作つてその下に着て見たが、ゆるやかな衿元からのぞいたそのからし色が、このドレスのチエックの中のからし色とよく合つて、このチエックがくつきりと美しく映えている。

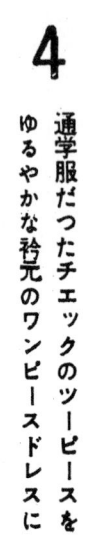

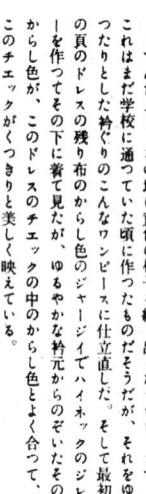

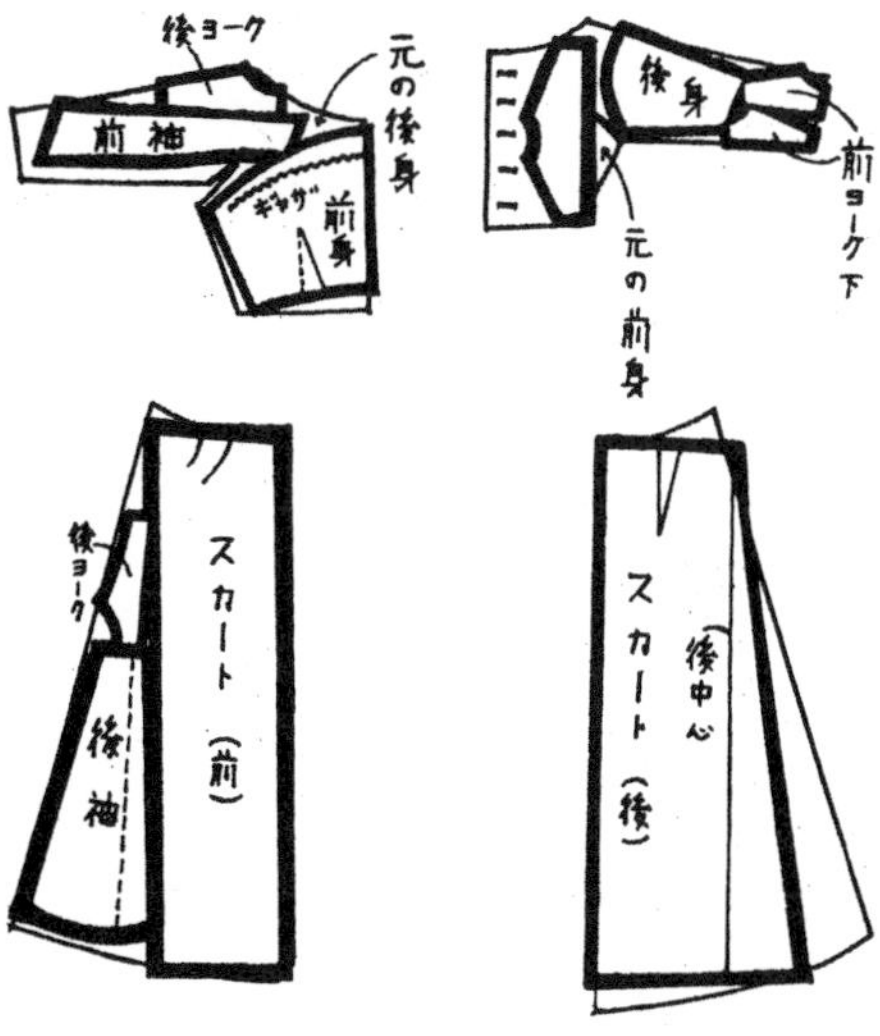

5 ローネックのワンピースから ハイネックのドレスを

グリーンの柔いウールで拵えたローネックのワンピースで、これはセーターやブラウス等の上に着てゐたもので、極端に大きなドルマンスリーブだつたりして今は一寸着る気になれないというものだつた。スカートはゆつたりとしたフレヤースカートだつたのでこんなワンピースが出来た。このローネックになつた胸元をふさぐ為に胸にヨークの切り替をおき、その上に更に袖から続いた浮上つたヨークを重ねて、そのヨークには黒のビロードで縁取りをして、この切替線を生かそうとした。

6 プリンセススタイルのオーバーコートをシックなプリンセスラインのワンピースに

薄手の黒いウールで拵えたオーバーコートだつた。元々プリンセススタイルであつたが、これを作つた時は左程気にもしなかつたのだけれど最近では、ウエストも体にぴつたりついていないし、肩にも大きなパッドが入つているし袖巾もゆるくて、どうもこのままではオーバーとして着る気がしないということだつた。それで、このプリンセスラインをそのまま生かして、この生地がそれ程厚くないのを幸いこんなワンピースを作つて見た。そして元のボタンホールがどうしても邪魔になつたので、そこに巾広い前立を置いて、オーバーの大きな釦をそのままつけた。袖をすつきりと細くし衿と肩には同じ黒のシールでアクセントをつけた。このシールは幼稚園の頃着ていたオーバーの衿についていた捨ててあつた様な古いものだが、それをハイネックにあしらつて見ると非常に引き立つたので、胸元のオーバーだつた時の切り替線が眼立ちすぎるので袖付からその切り替線に添つて、そこにもシールの残りを張りつけて見た。

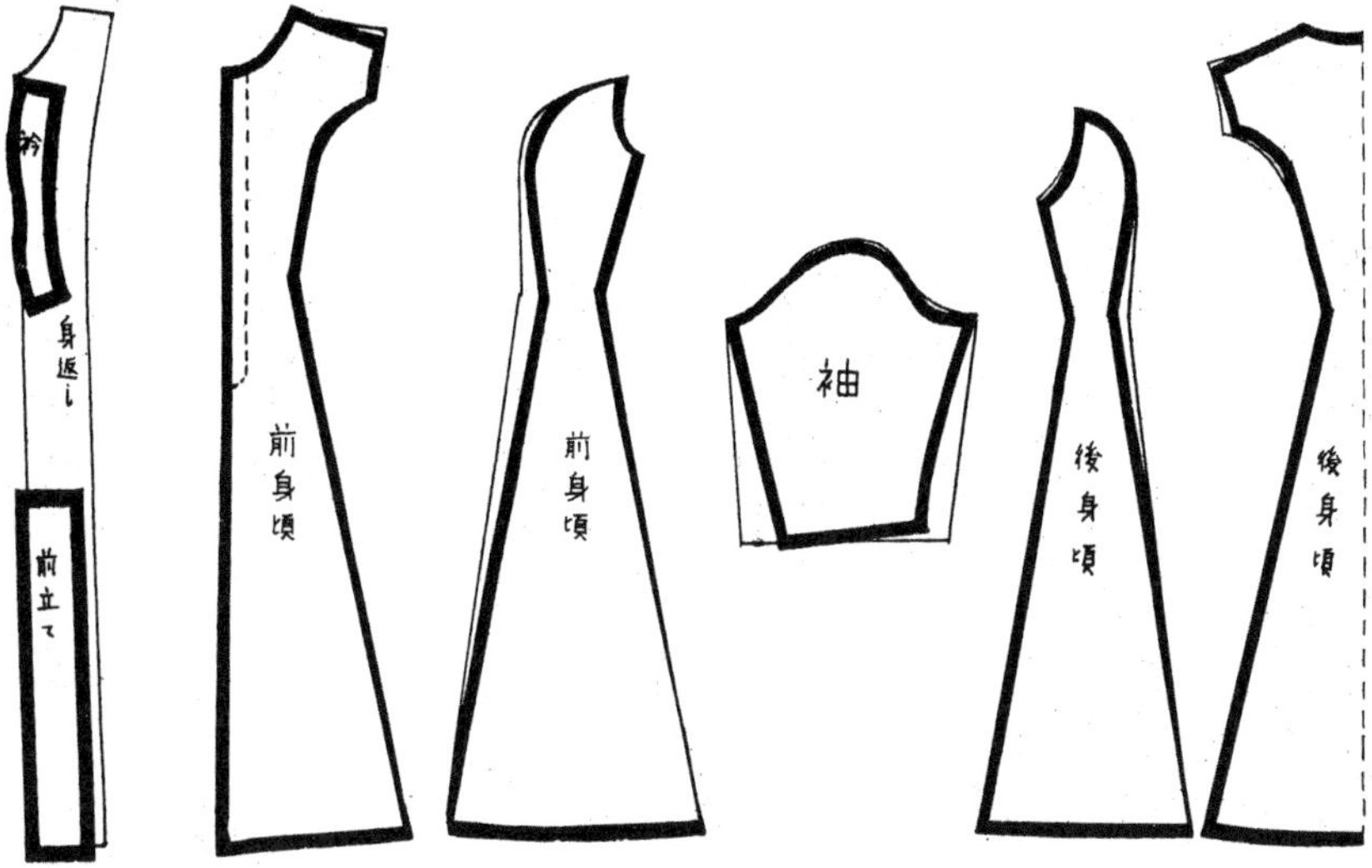

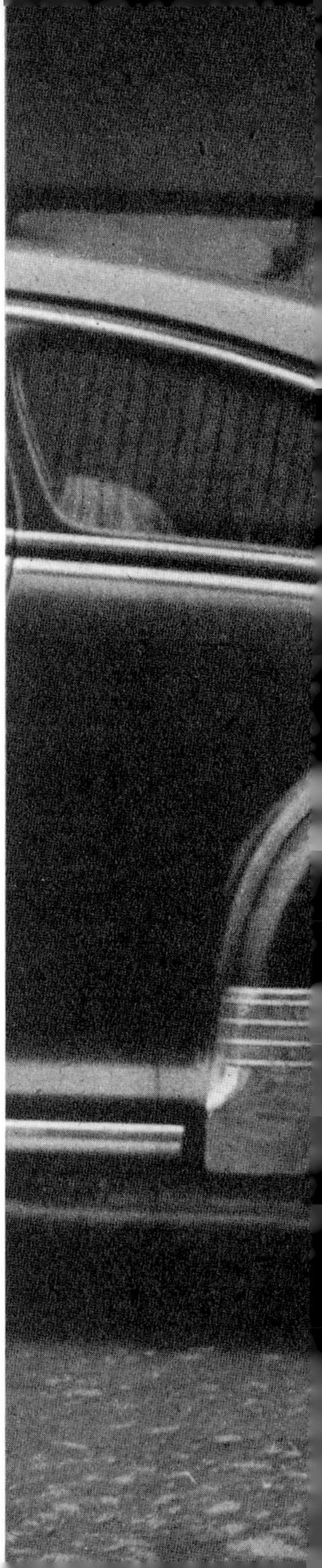

7 ジャンパースカートと上着のアンサンブルを若々しいワンピースに

黒と白と細かいチエックのナイロン混紡のウールで、ジャンパースカートと、シヨールの様に大きな衿が折れ返つている上着と組み合わせたものだつた。これは比較的最近作つたもので昨年一杯はさんざん着ていたのだがこういう一寸目立つ様なデザインのものは又今年も出して着ると云うのは何となく気がひけるので、すつかり感じを変えたものに作り直し度いという事だつたので、スカートはそのまま使つてワンピースに仕立て替えて見たピケで大きなカラーをつけ、そのカラーも釦でとめる。この、ドレスの釦とカラーの釦と

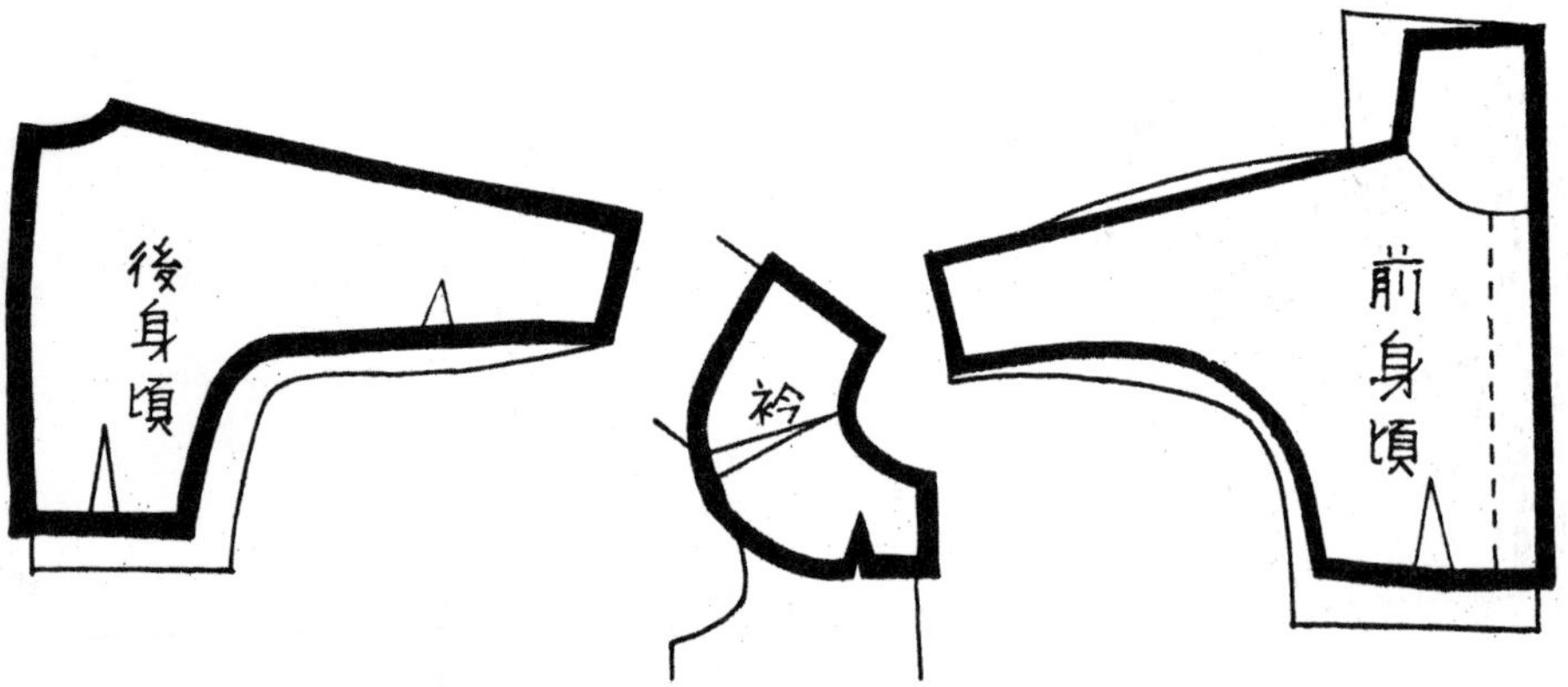

渥美さんは満十九才である。お父様がアメリカで数年洋裁の研究をされ、現在も鵠沼でやはりそのお仕事を続けて居られる。渥美さんが生れたのはアメリカなのだけれど、小さい時日本に来て了つたのでアメリカの事は余り御存じないそうだ。又小さい時から松尾明美さんに就てバレエを習つていた。身長一六四糎(五尺四寸)、ウエスト五四糎、その上脚も非常に細いという素晴しい体をしているので、その個性的な容貌と共に、勿論バレリーナとしての絶対の条件に恵まれている訳だが、先年僕は渥美さんをフアッシヨンモデルに頼んだ。バレーをやつているだけにポーズも美しく、舞台馴れもしているので非常に好評で、その後いつの間にか〝フアッシヨンモデル〟としての立場を持つようになつて了つた、という人である。此頃はバレーの勉強の方は多少留守勝ちになつている様だが、バレーに対する憧れは決して捨てていないということである。

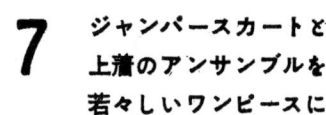

男のチョッキ・女のチョッキ

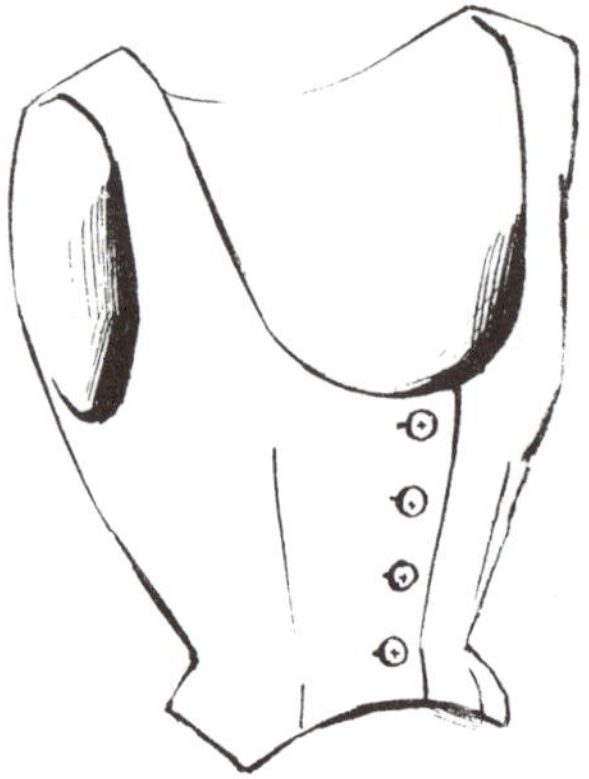

男の背広は『三つ揃』と云われていた。

それは云うまでもなく上着とズボンと、それにチヨッキを加えてその三つ揃いと云う事になつていたのであるが、最近はほとんどそのチヨッキを着なくなつたので、結局上下二つ揃いになつてしまつた様だ。

ところで、これはまだ一般にはあまり親しまれていない事だけれど、男がチヨッキを着るのが流行して来た――と云つても、それは上着やズボンとは色ちがいにして、しかも少し派手めなものを着ると云う傾向である。

男のおしやれ、と云つても色彩的なものはネクタイ位のものであつたのだが、それにチヨッキを加えてみると何となく楽しさがました様な気持である。

ところで、それと同じ様に女性側でもスーツやジヤケットの下などに美しい無地やチエック、それから縞のチヨッキをしのばせるのが流行しているのだが、これもなかなか新鮮でたのしいものである。

中原淳一

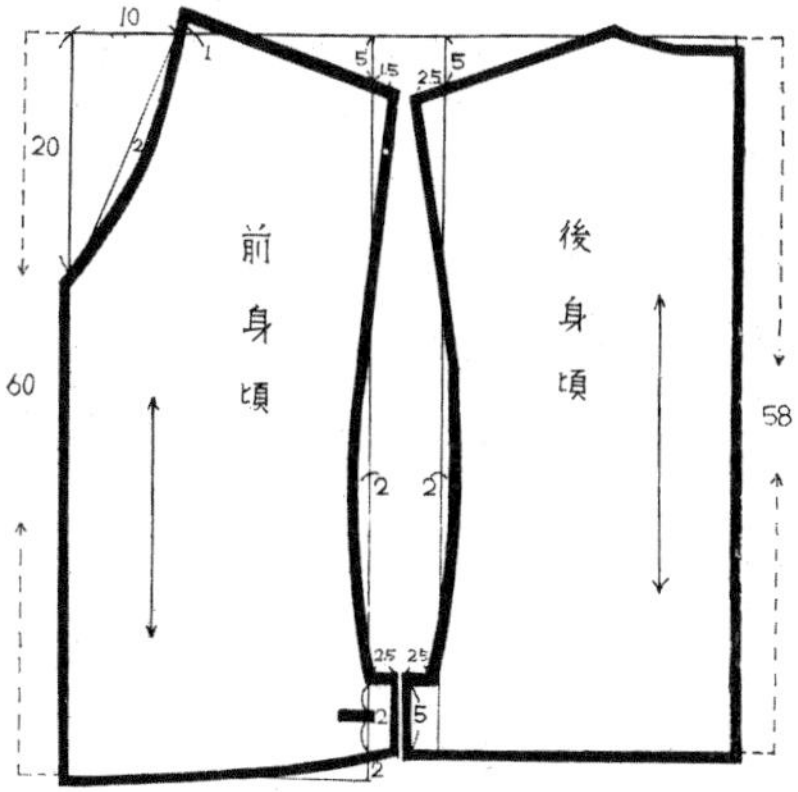

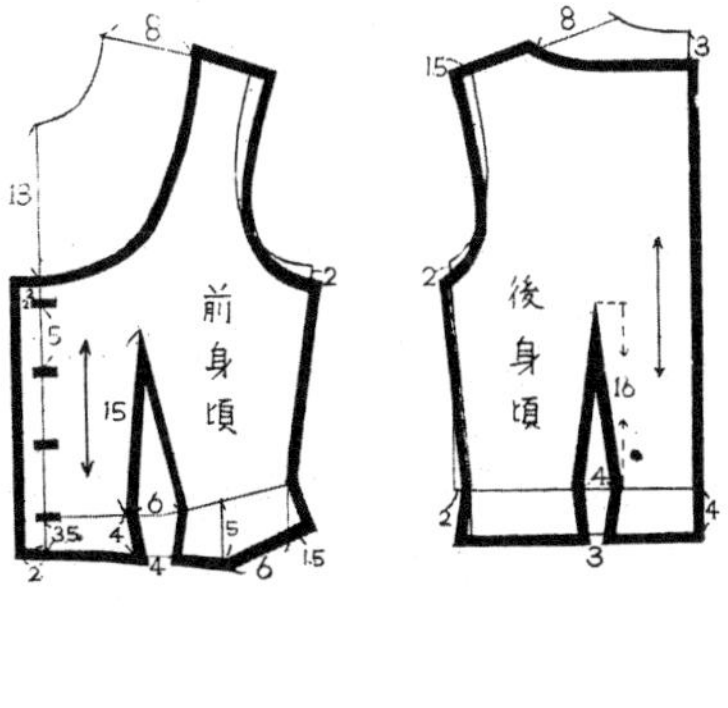

着る人　長谷部健
　　　　樋村三枝

女、焦茶色のスーツの下に、赤地に緑や黄それに白をまじえたチェックで作つたチョッキ、そのコントラストが美しい。その格子縞のひと縞を活かしてボタンの位置を工夫してみた。

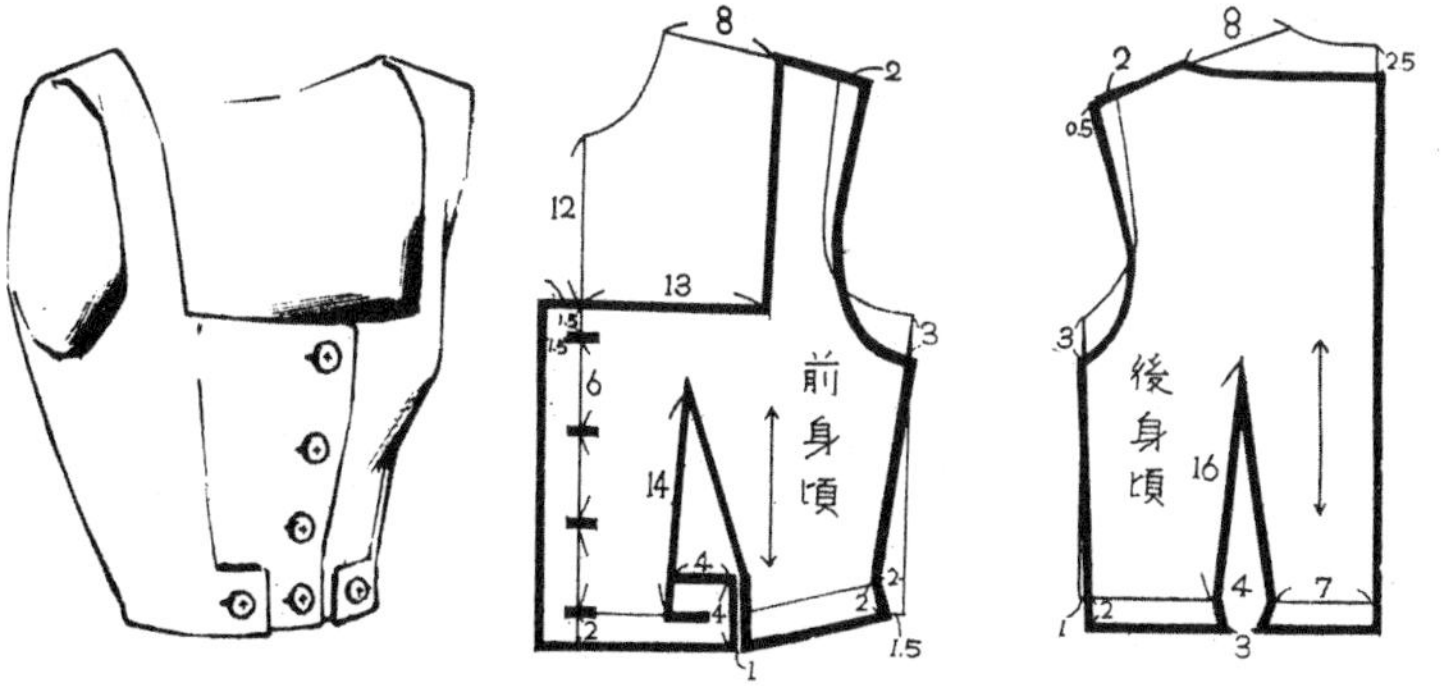

男、黒い上着にグレイのズボン。それにチョッキは黒と白との細かいチェック。全体にたつぷりとした感じに作つて、両脇が黒いボタンで止つている。この場合には、このチョッキに揃えたズボンがあつてもよい。

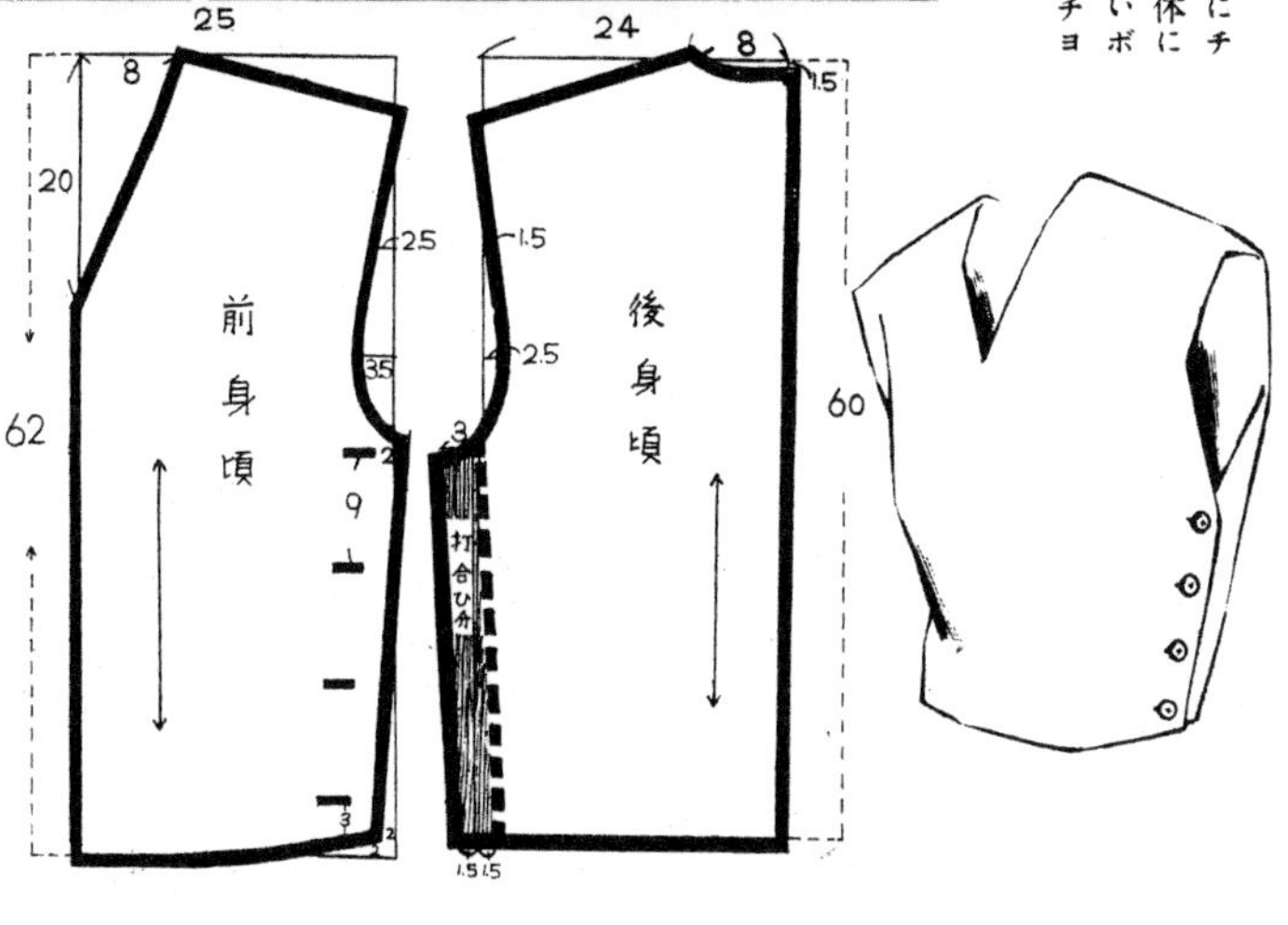

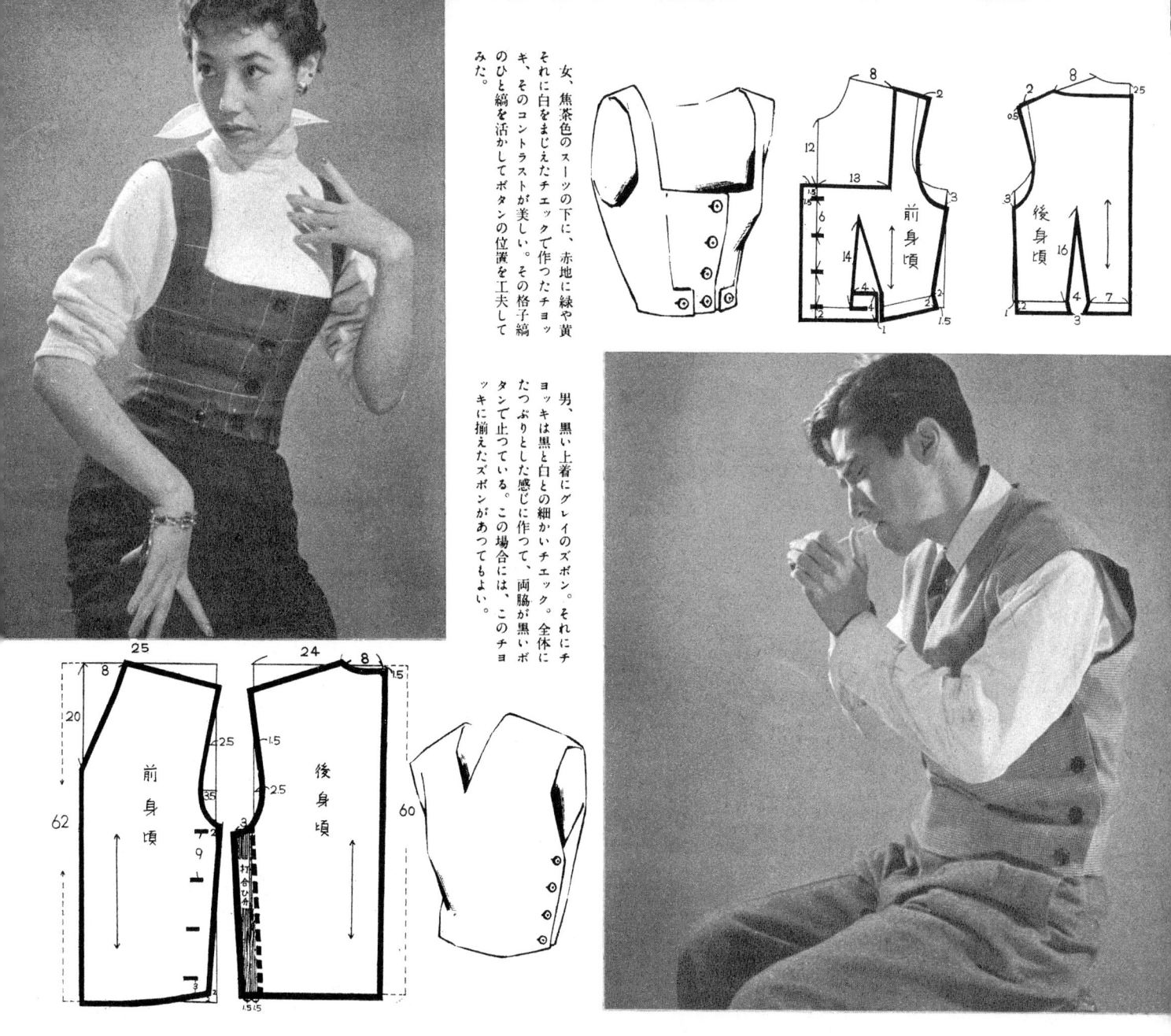

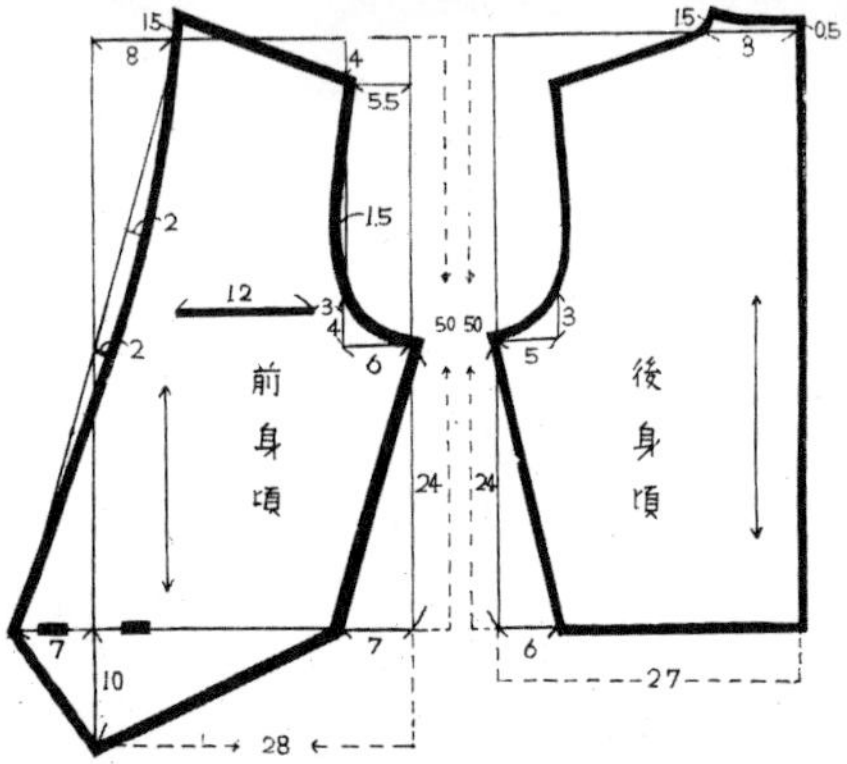
前身頃
後身頃
1.5
8
4
5.5
1.5
2
12
3
4
6
2
50
50
3
5
24
24
7
7
10
28
6
27
0.5

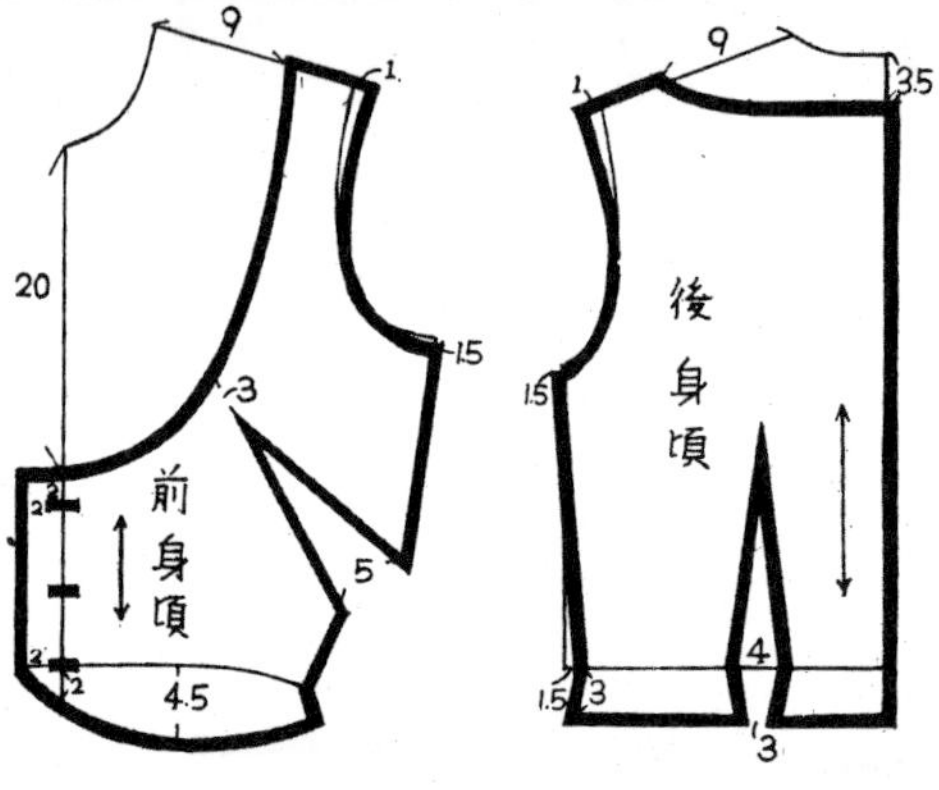
9
1
20
15
3
前身頃
5
2
4.5
9
3.5
1
後身頃
1.5
4
3

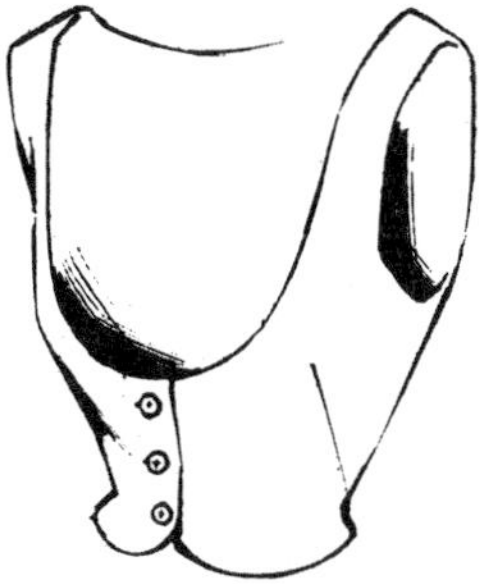

女、白いスウエターに黒いスカート。それに朱色のチョッキを着てみると、パッと華やかさをそえてたのしいものになる。それにスカートと揃つた黒い上着を着てみると朱色のチョッキはますます浮き立つて、ちよつとスペイン風な印象である。
男、カラシ色のコールテンの上着に、金茶色のツイードのズボン。それに黄色のチョッキが若々しく美しい。

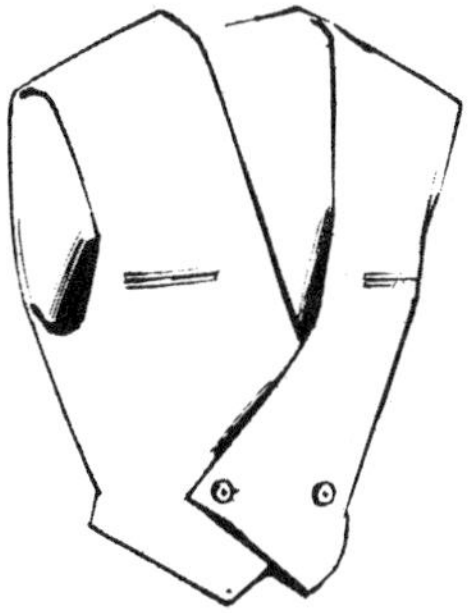

くず布で子供にスカートを作らせる

日曜日一日を使つて私は十二才になる長女に屑布でスカートを作ることを教えた。何となく篭一杯に溜つた、それもほんの子供の手のひら程の小布ばかりだが「これでスカートを作るのだ」と云つたら、子供は私が冗談でも云つているのだと思つてか本当にしなかつたが、最近ミシンがやつとかけられる様になつたその子供は、私の指導のままに動いていると自分のスカートが出来上つたので、一枚の新しいスカートが増えたという事以上に、自分で作り上げたと云う喜びに浸つているらしい。

中原淳一

1 始めに屑ぎれを調べて見ると、その中で小さいものは五糎四角位なものが多かつたので、先ずボール紙で五糎の正方形の型紙を作つていると、子供はそれがどうしてスカートになるのかと不思議がつた。

2 そうして次に屑布篭の中から木綿のものばかりを選び出して見たが、それも出来るだけ小さな布を選んで、なるべく大きな布を切りこまざいてしまわない様に気をつけた。それぞれの小布の一つ一つには皆な思い出がある

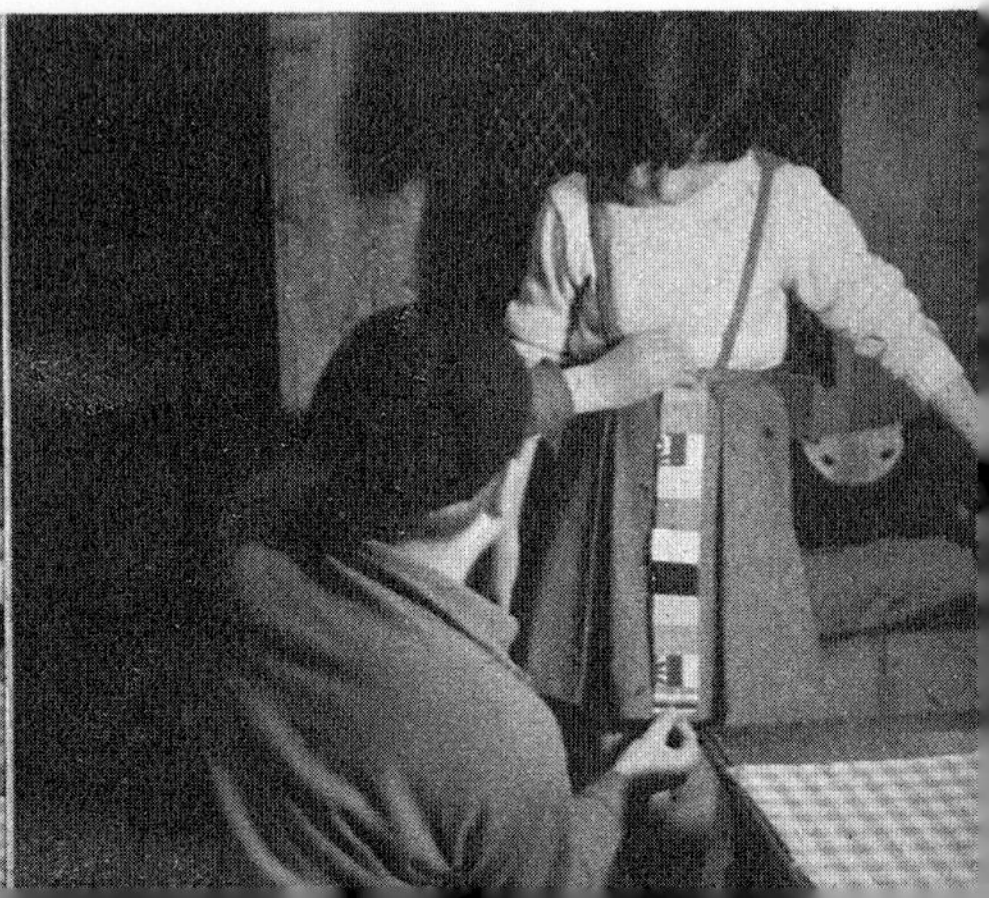

6 それでスカートの丈に合わせて見ると、十一枚接ぎ合わせたのが丁度スカート丈であつたので、上下の縫代分を含めて、もう一枚加え十二枚をスカート丈と決めた。この場合縫代の巾を余程きちんと決めないと丈が狂う。

7 今度はその接ぎ合せた縫代をそれぞれ割つてアイロンをぴつたりとかけて置く。ここ迄来るとこの小布がどういう風にスカートになるのかと云う事も大体判つたらしい。云い添えればアイロンは小型のものか焼き鏝がいい。

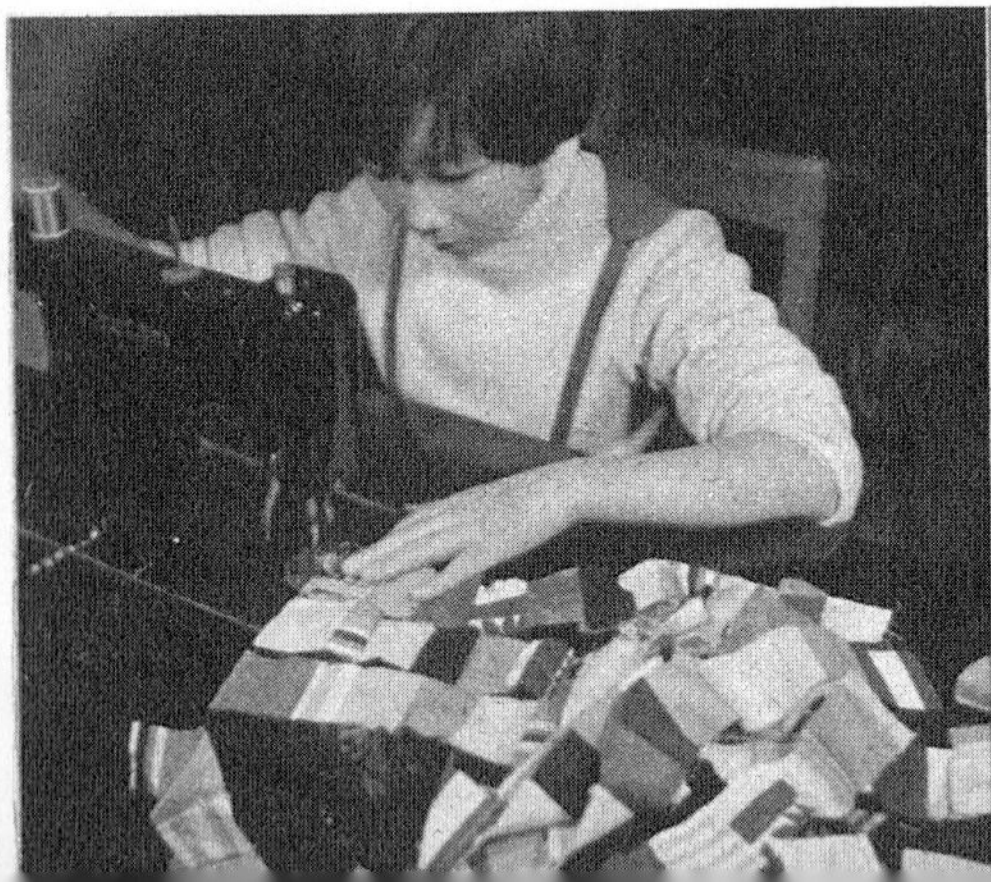

8 十二枚と決つたら、いま切つた四角い布をみんな十二枚ずつに接いでゆく。この場合、色や柄の取り合わせは考えなければならないが、それを横につないでゆく場合の柄の組み合わせ迄考える必要はない。

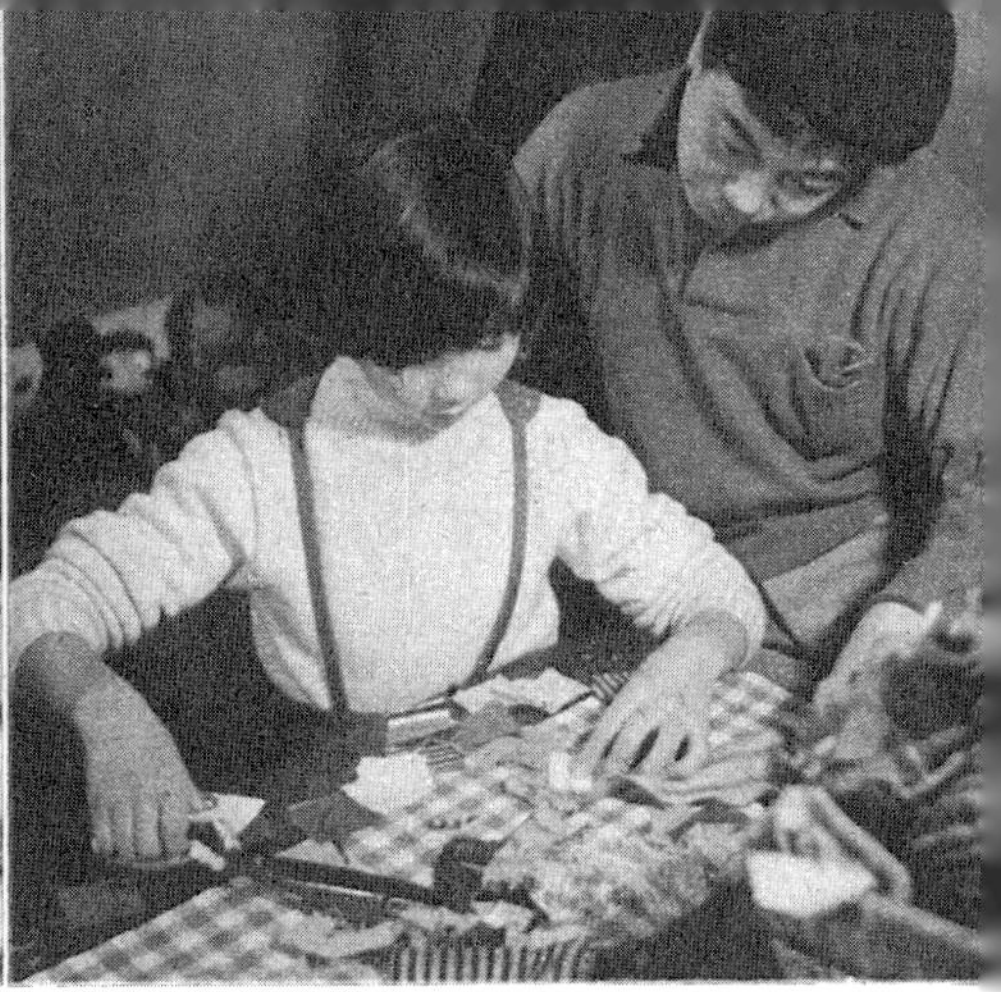

3 ボール紙を裁つた五種四角のその型紙に合わせて布を裁つて行く。縞や格子や無地、それから模様ものの丁度小型の千代紙の様なこの布がどうしてスカートになるのか子供はまだ判らないらしい。

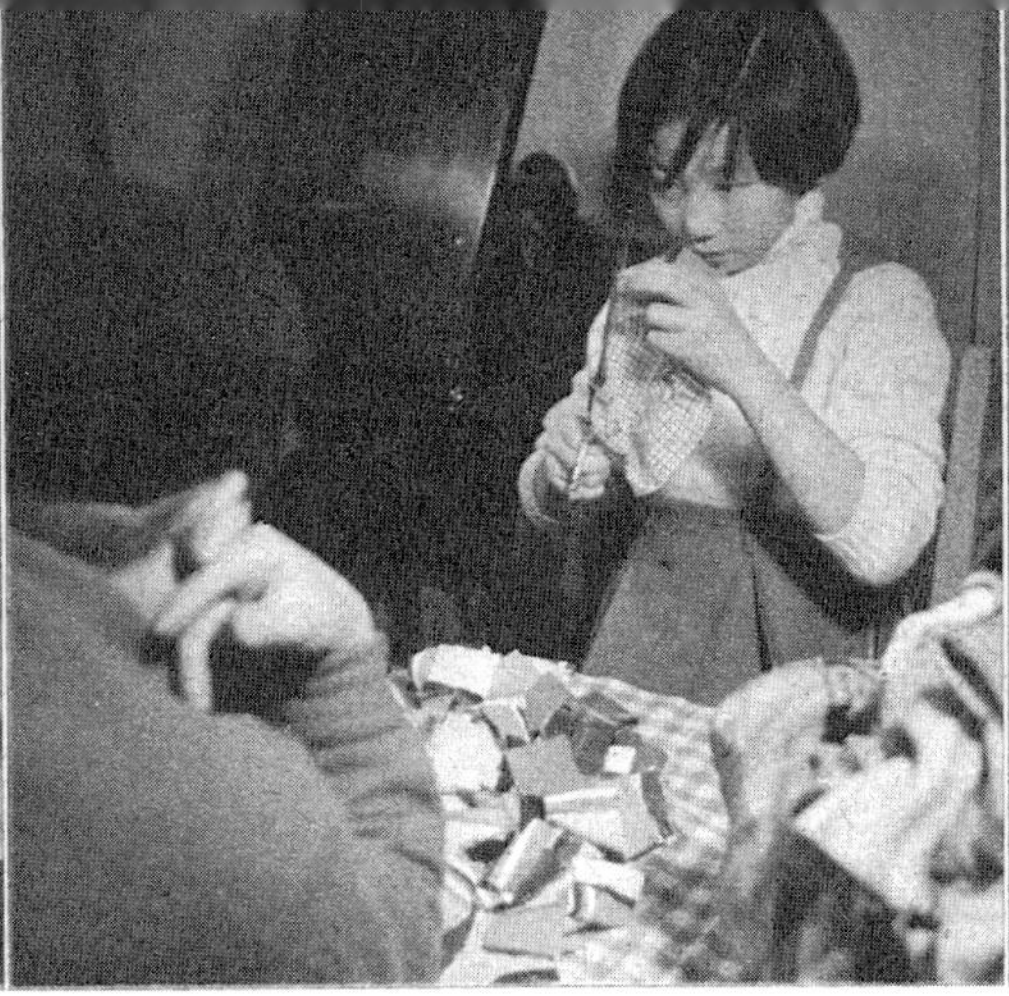

4 結局五百枚近くの布を裁つたのだが、五百枚と云えばかなりの数のようであるが、屑布篭の布は一向に減つたような様子もない。それ程この小布はわずかな布で済むらしいし、時間も大してかからない。

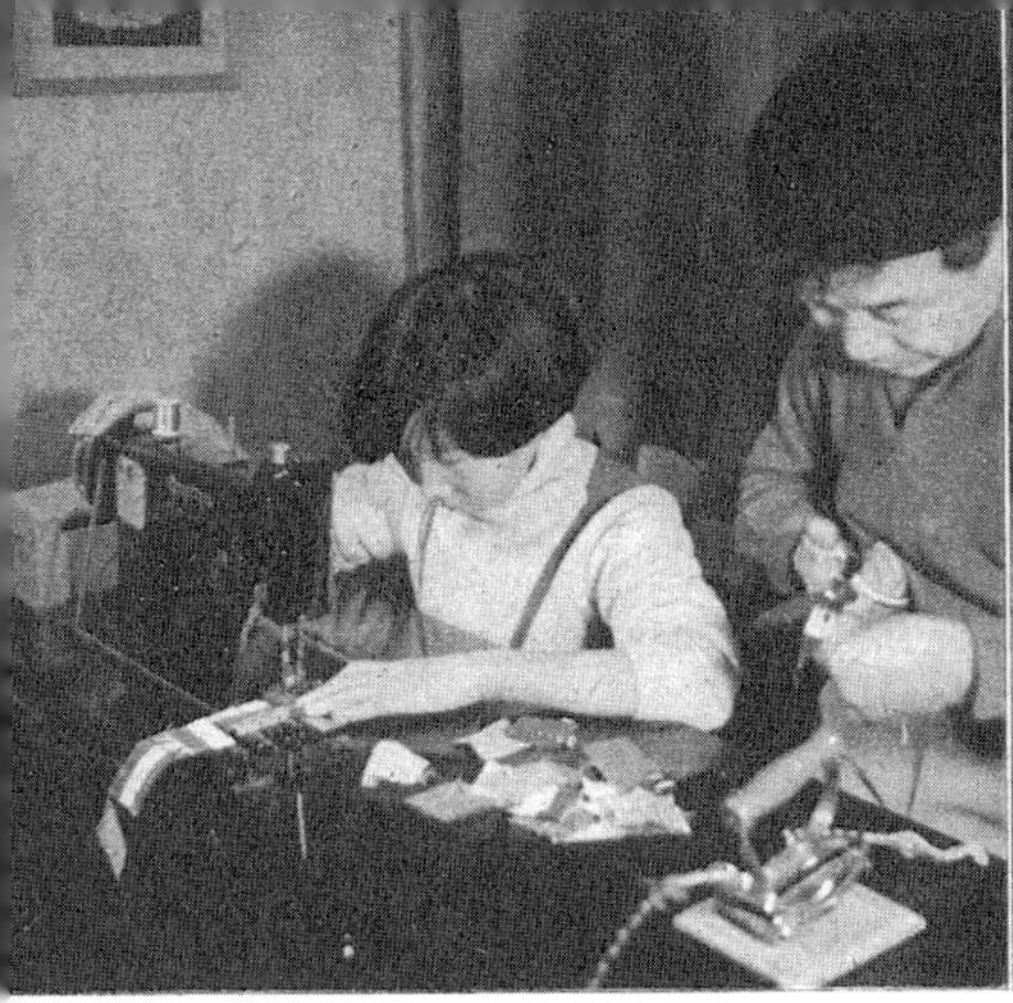

5 縫代を決めて色どりよくそれを次々に接いで行く。同じ様な色が続かない様に。縞と縞が続く場合には縦と縦とをつながないで、縦横に接ぎ合わせた方がいい。それで大体スカート丈位の長さになつたと思つたら止めて、

9 全部十二枚ずつつないでしまつたら、今度はそれを横につないでゆく訳だが、この場合は同じ様な色の布が横につながらない様に気をつけて、一応並べて見る。どうしてもそれがうまく行かない時はその分だけやり直す。

10 そうして順番が決つたら横に接いでゆくがこの場合に布が正確に裁てていて、縫代がきちんとしていたら美しいごばんの目の様に接げる訳だが、実際には多少の狂いがどうしても出て来るけれどそれは大して気にならない

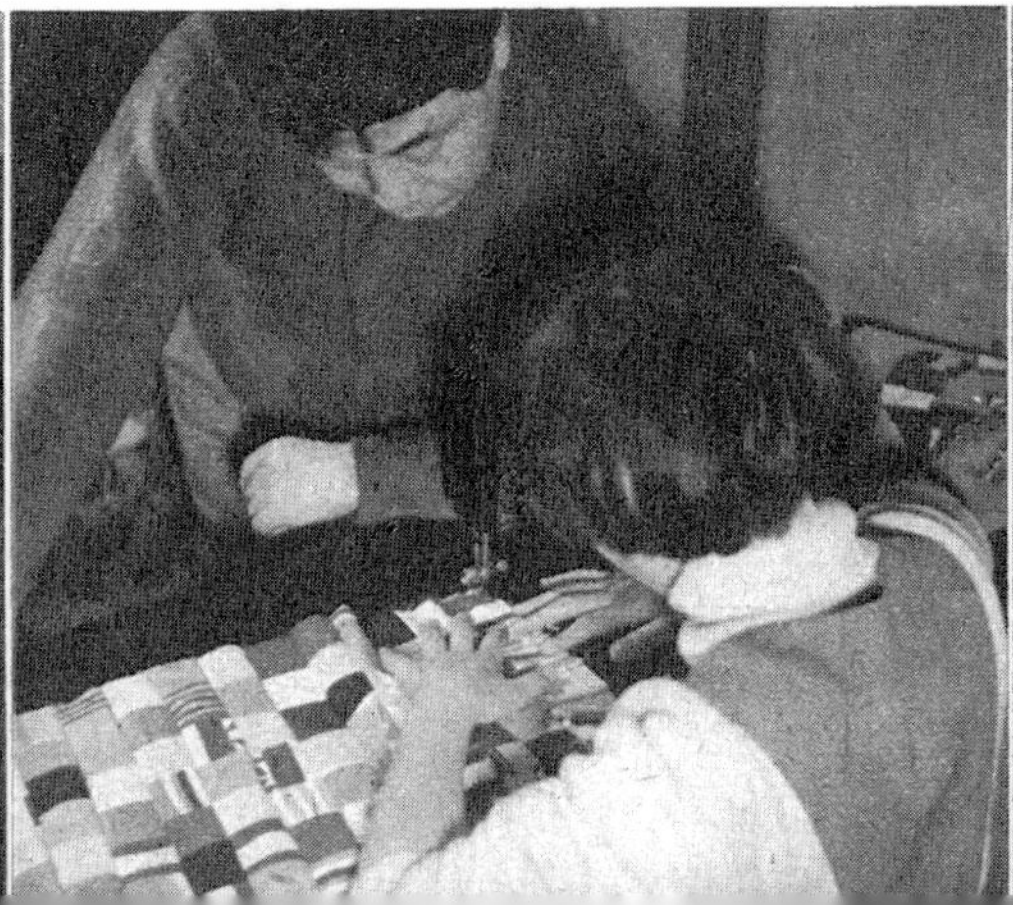

11 大体半分位接ぎ合わせた時に体につけてちよつと合わせて見る。余りギヤザア分が多いと重くなるし、ギヤザアが少過ぎるのも良く無い。それでこうして分量を決めるわけだが、この場合は縦二十本を前半分と決めた。

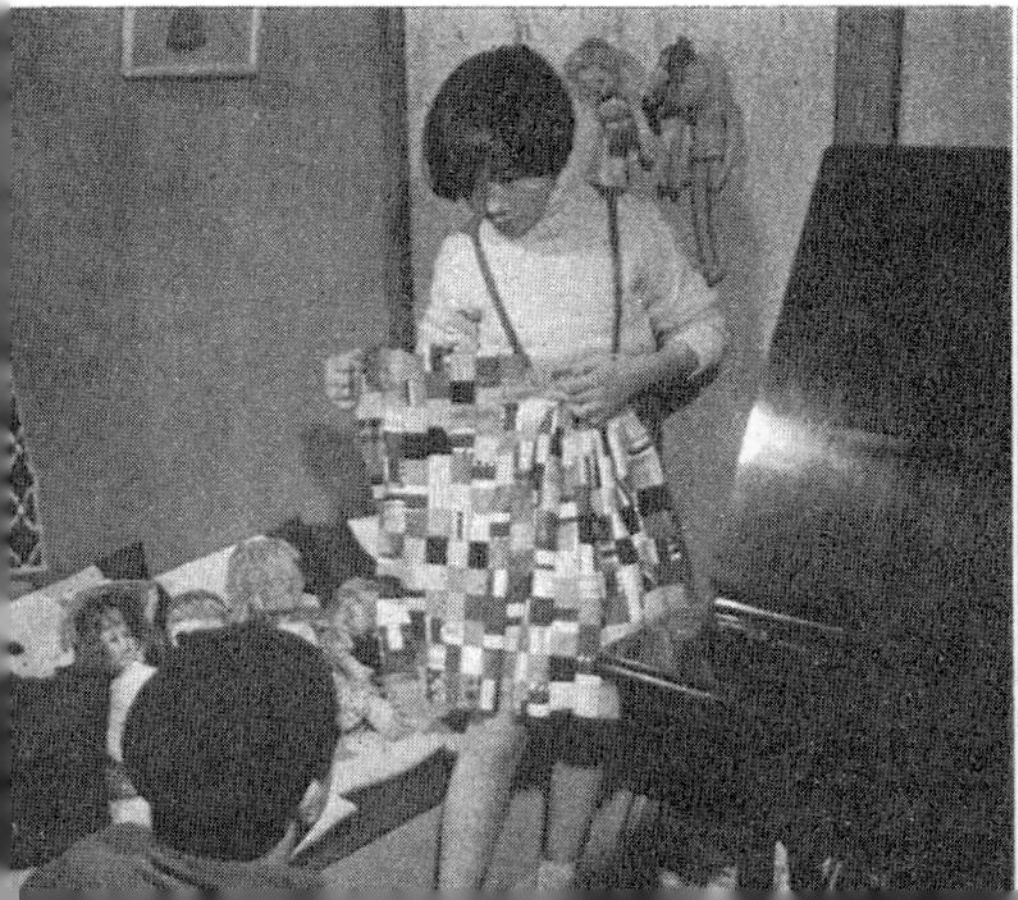

12 全部接ぎ合わせたら今度は裏に返して縦の縫代をアイロンで割る。前にも一度説明したがこの場合小型のアイロンが無ければ焼きごての方がずつと能率的で、大型のアイロンでは隣の縫代にまでかかつて了うので具合が悪い。

13 裾線がどうしてもでこぼこになつているので、それを平にする為に、一番短いところを基準にして物差を当ててへらでしるしをつけ、余分なところを鋏で切り落して裾線をまつすぐに揃える。

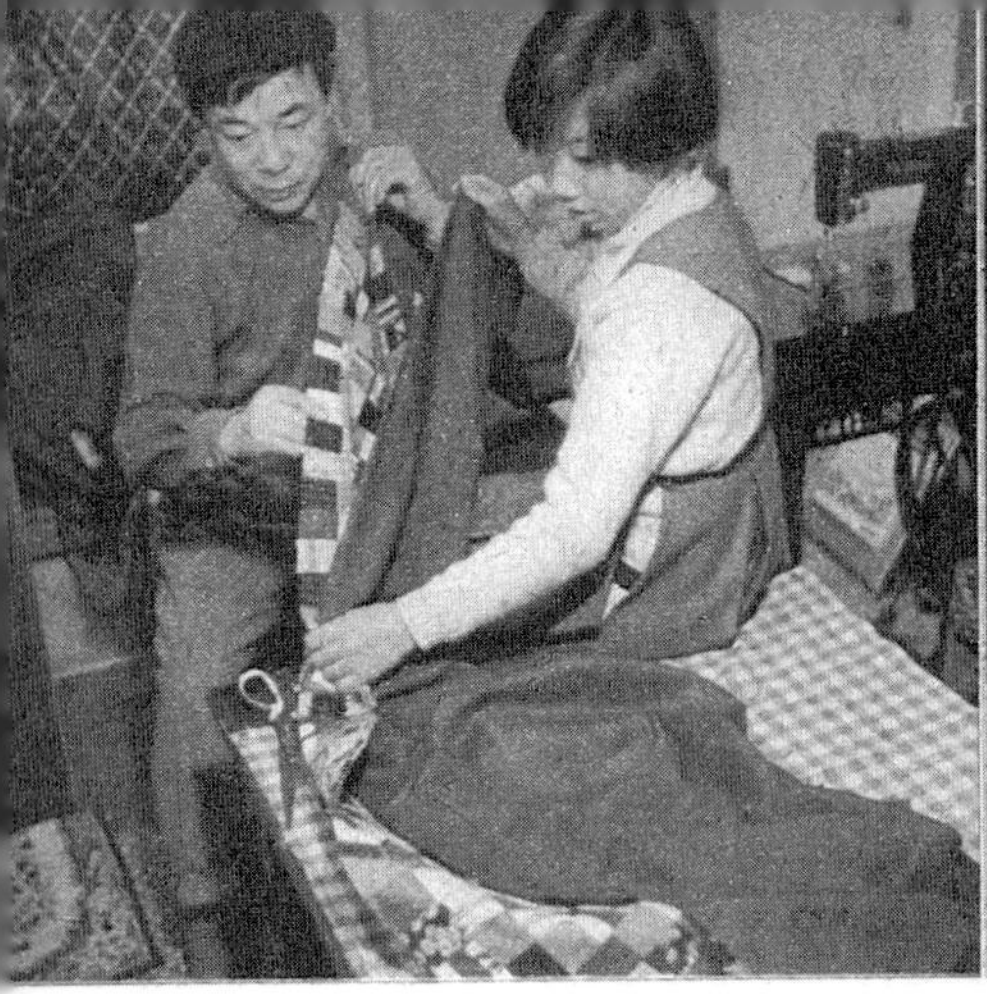

14 このままでは、もし一度洗濯でもしようものなら、縫代がめちゃゝちゃになつてアイロンをかけるのにも大変な事になつてしまうので、木綿のカーテンの古いので裏をつけることにした。こうするとウールの代用にもなる

18 上端を三糎残したというのは、ウエストをゴムで絞つたスカートにしたかつたからで、それで今度はその部分にゴムを通すところを作らなければならない。だから上端から一糎おきに三本のミシンをかけた。

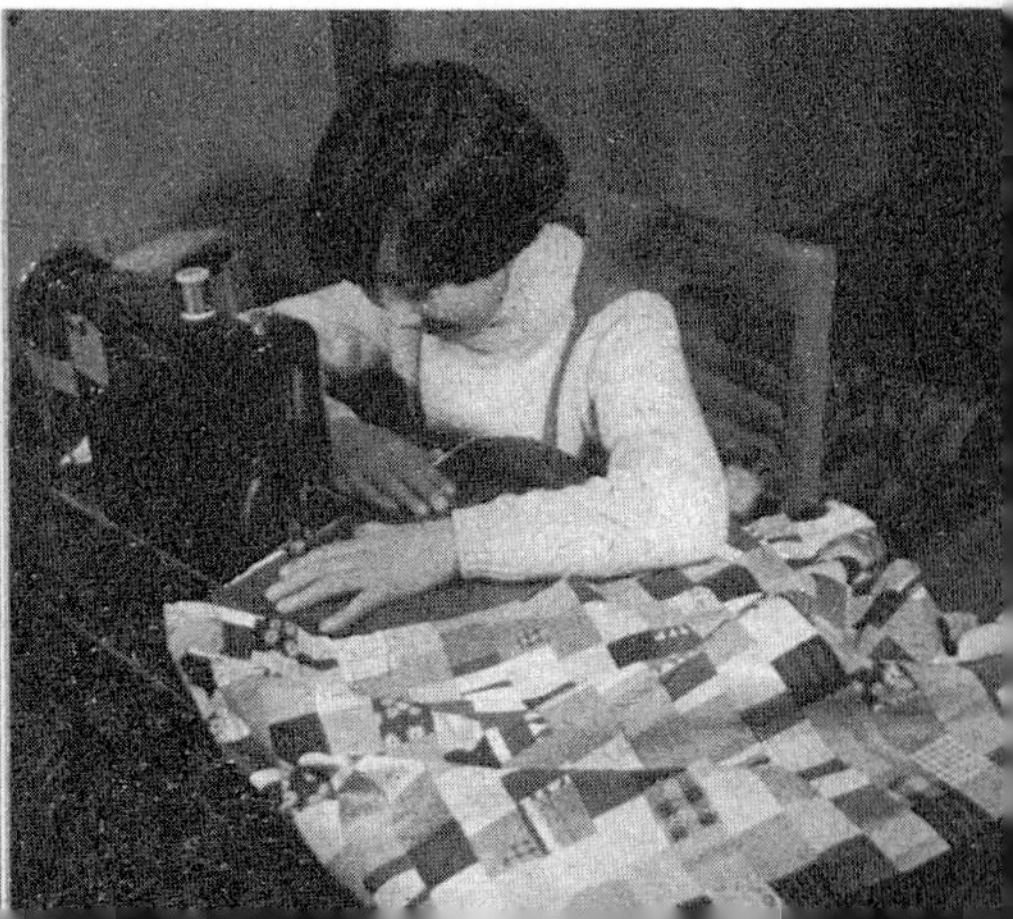

19 上端に三本のミシンをかけたら、三本のゴムテープを適当な長さに切つてその中に通す。こんなスカートはサスペンダーのようなものにしても良いのだけれど、子供が一番簡単に作れるものとしてはこの方が良いと思つた

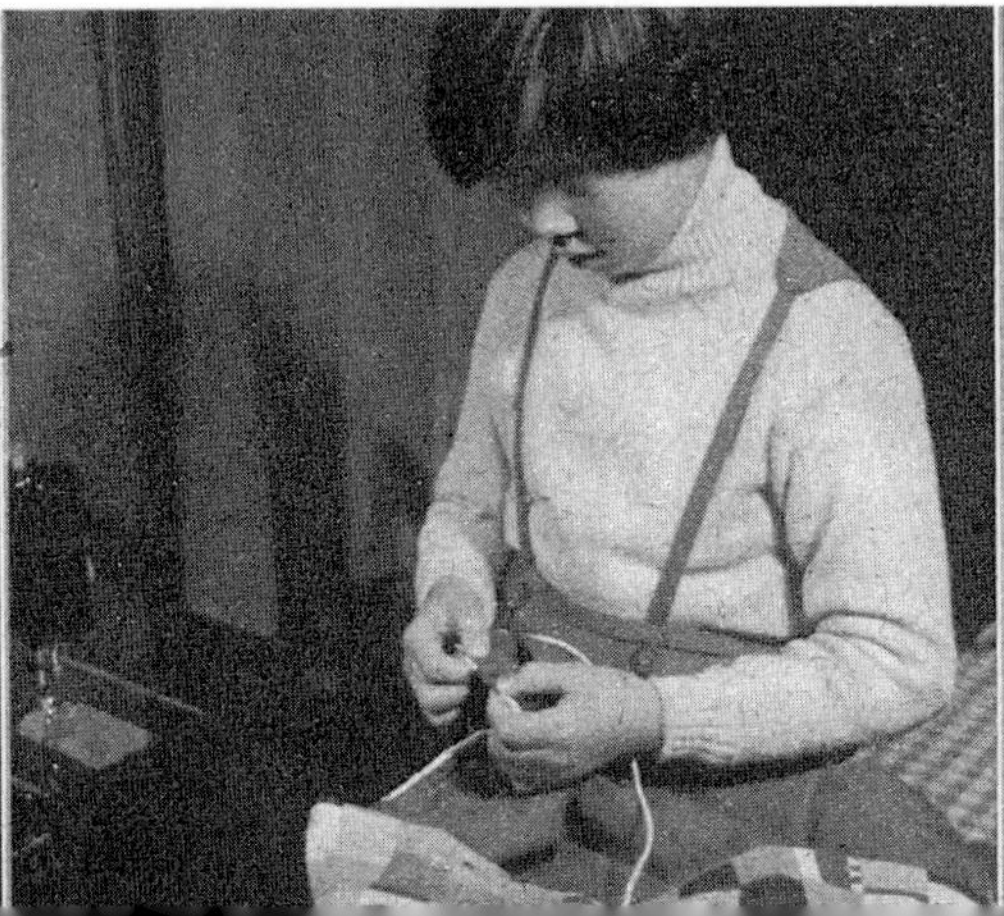

20 さあこれで出来上つたわけだ。日曜日の一日を使つてこうして作つたスカートは、きつと子供の一番大切なきものになるかも知れない。この日曜日の一日は「遊んでいるよりずつと面白かつた」と子供は云つた。

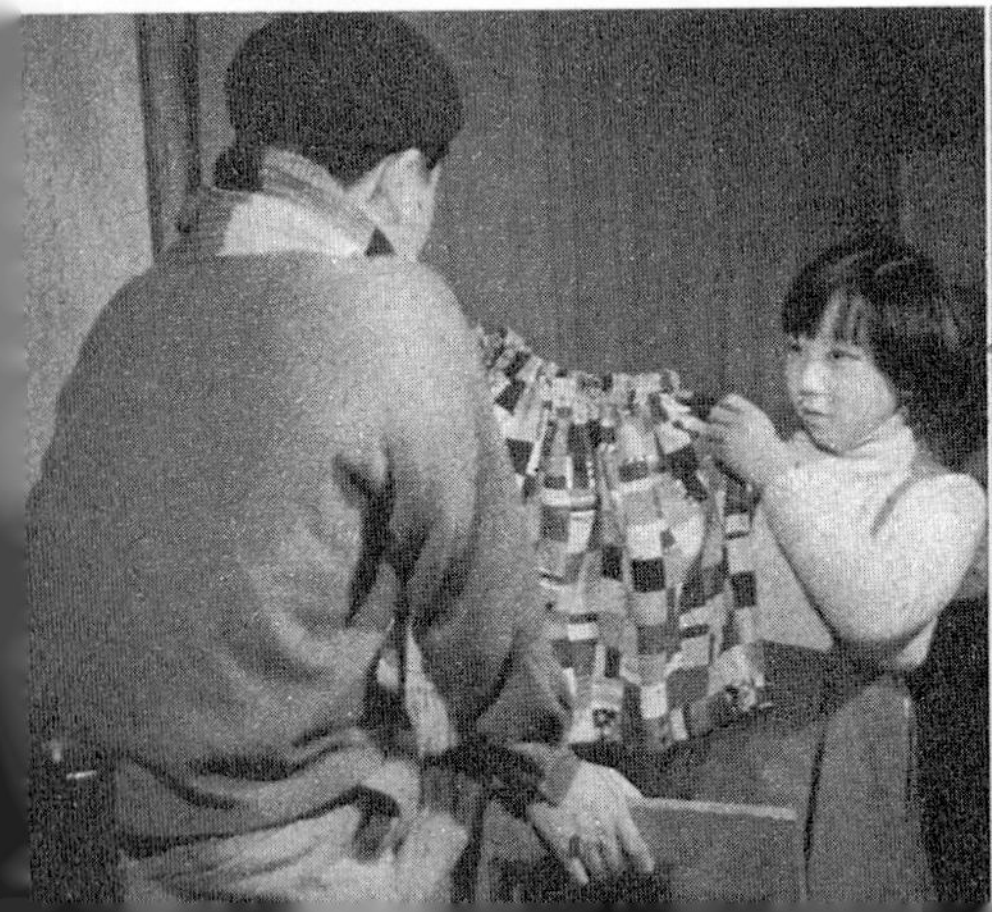

15 そうして表裏二枚の布を中表にして裾線を縫い合わせ表に返して、けぬき合せにきちんとアイロンをかけ、裾線を裁ち落した時と同じように今度は裏も一緒にまつすぐに裁ち直す。

16 そしてもう一度中表に返して上端を縫い、更にそれを輪にして（その時裏の一部を明けて）から表に返す。このままではやはり縫代が乱れるおそれがあるので、斜めに三糎角のごばんの目のようにへらを入れ、

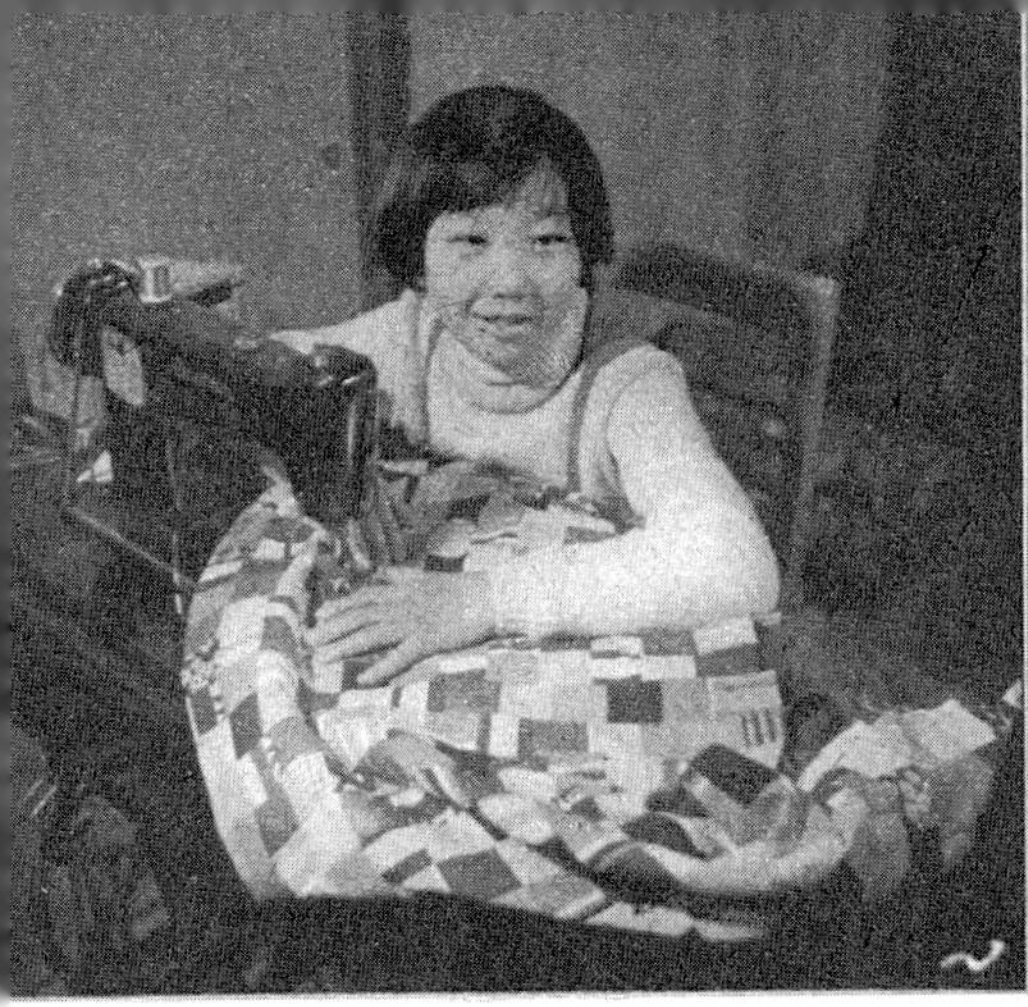

17 丁度柔道着のように、へらでしるしをした通りにミシンで全体を縫つてゆくが、この時上端から三糎だけは縫い残して置かないといけない。又、縫う前に全体に荒くしつけをしておかないと表と裏の布がねじれてしまう。

21 無から有を生ずる、という言葉があるけれど、これなどは本当に無から有を生じたのだろう。五糎四角の屑布などは、洋服を作つた時に出来る残り布の中でも捨き捨ててしまうようなものだが……。

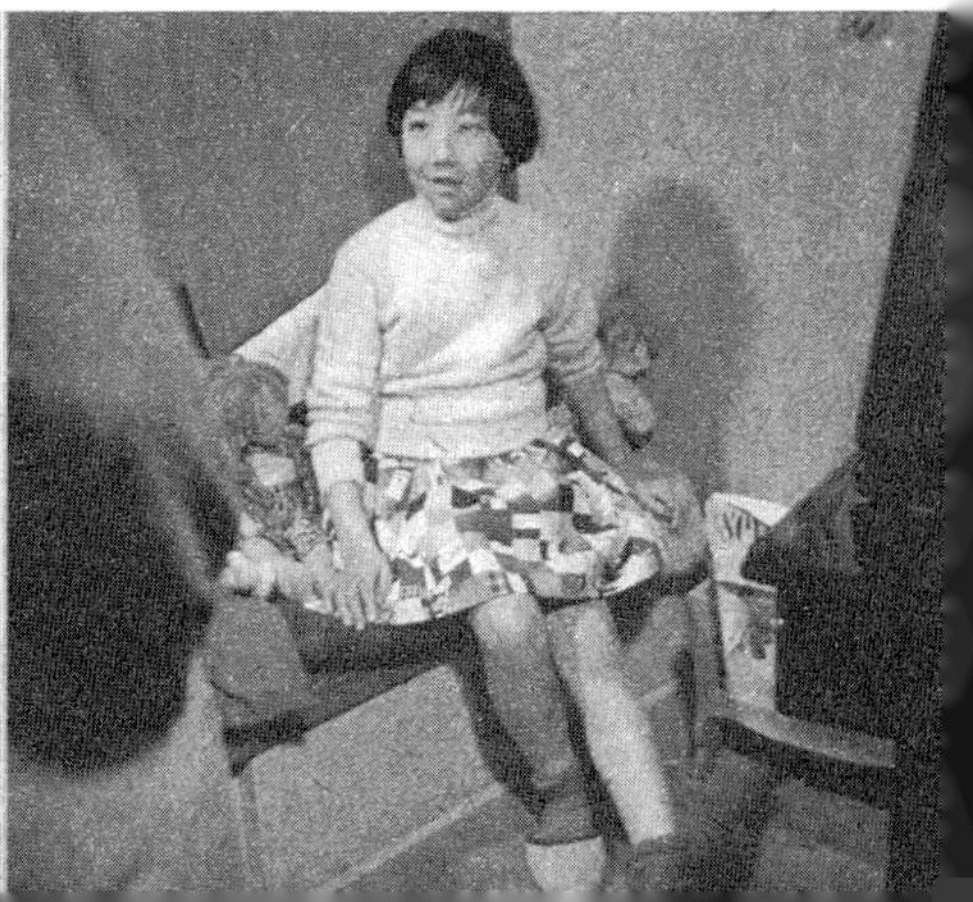

22 それを４８０枚つなぎ合せて見ると、このスカートは出来る。春の普段の遊び着としてこんな美しいスカートは買うと云つても買えないものだ。女の子が遊ぶという事は、ままごとやお人形遊びだけとはかぎらない

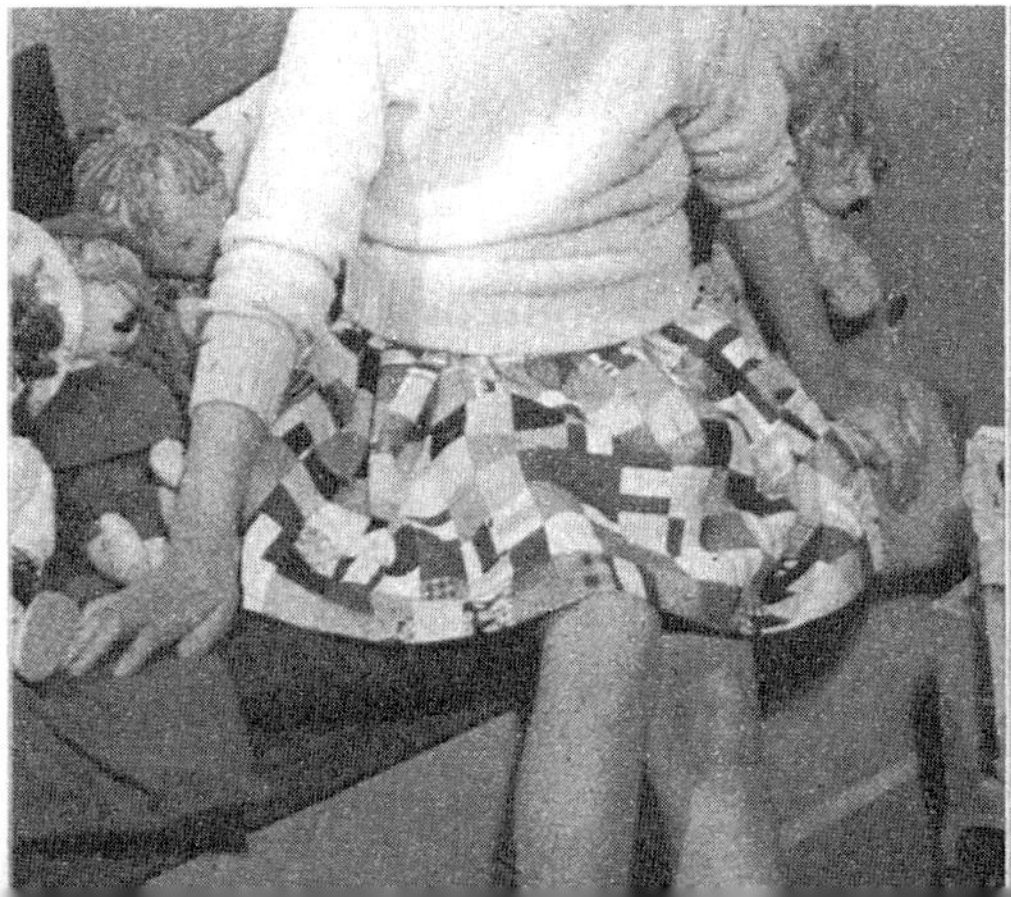

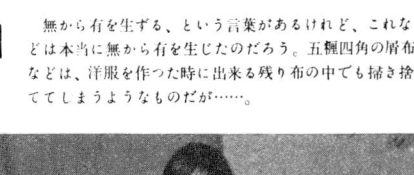

三菱デザインコンクール

第　二　回

入選作品発表

前号に続いて行いました三菱レイヨンのデザインコンクール第二回の入選作品をここに発表いたします。今回もまた御熱心な方々の応募作品をお寄せいただきましたので、その中から入賞作品三点と佳作三点が選ばれました。

今度の作品は全体的にみて前回よりも多少劣つているように見えましたが、洋装には最も必要な要素である流行のシルエットを忘れて、仕立ての技術にばかり心を奪われているのが多かつたのはどうしたわけでしようか。

中　原　淳　一

一等　内藤貞子（東京）

賞金10.000円・賞品コーラスミシン1台

特にこれというデザインではないが、仕立ての技術が比較的すぐれていたのと、これはこれなりに形よくまとめてあつたので第一位に選びました。コンクール作品というと、特にひねつたデザインが多い中で、素直に形よく、また手際よくまとめてあつたことを取り上げましよう。

三菱レイヨン株式会社

二等　阿部スミ（栃木）

賞金三、〇〇〇円・賞品三菱レイヨン生地一着分

からし色のブラウスに黒のスカート。通勤にも通学にもよい気軽に着られるデザインとして選びました。下にセーターを着たり、ネッカチーフをのぞかせたりするのもまたおもしろいでしょう　どこにでもありそうなスタイルですが、全体の調和が地味に手際よくまとまつていました。

うす茶のツーピースの衿元から白いジレーの衿がのぞいている春向きのスタイル。下に着るものをいろいろに変えて巾広く着られるものとして喜ばれるデザインでしょう。モデルによく合わなかつたせいか、衿ぐりの感じが少しだぶついていたようです。

賞金一、〇〇〇円・賞品三菱レイヨン生地一着分

三等　谷　和子（北海道）

佳作　稲葉　緑（東京）

ほんのチョットしたところであるが、カラーの形などにもう少し新鮮さが欲しかつた。それに最近の傾向としては、スーツといえど肩のパッドが多く入りすぎて古めかしい印象をうけてしまう。無難な形であり、手際よくまとめてある。

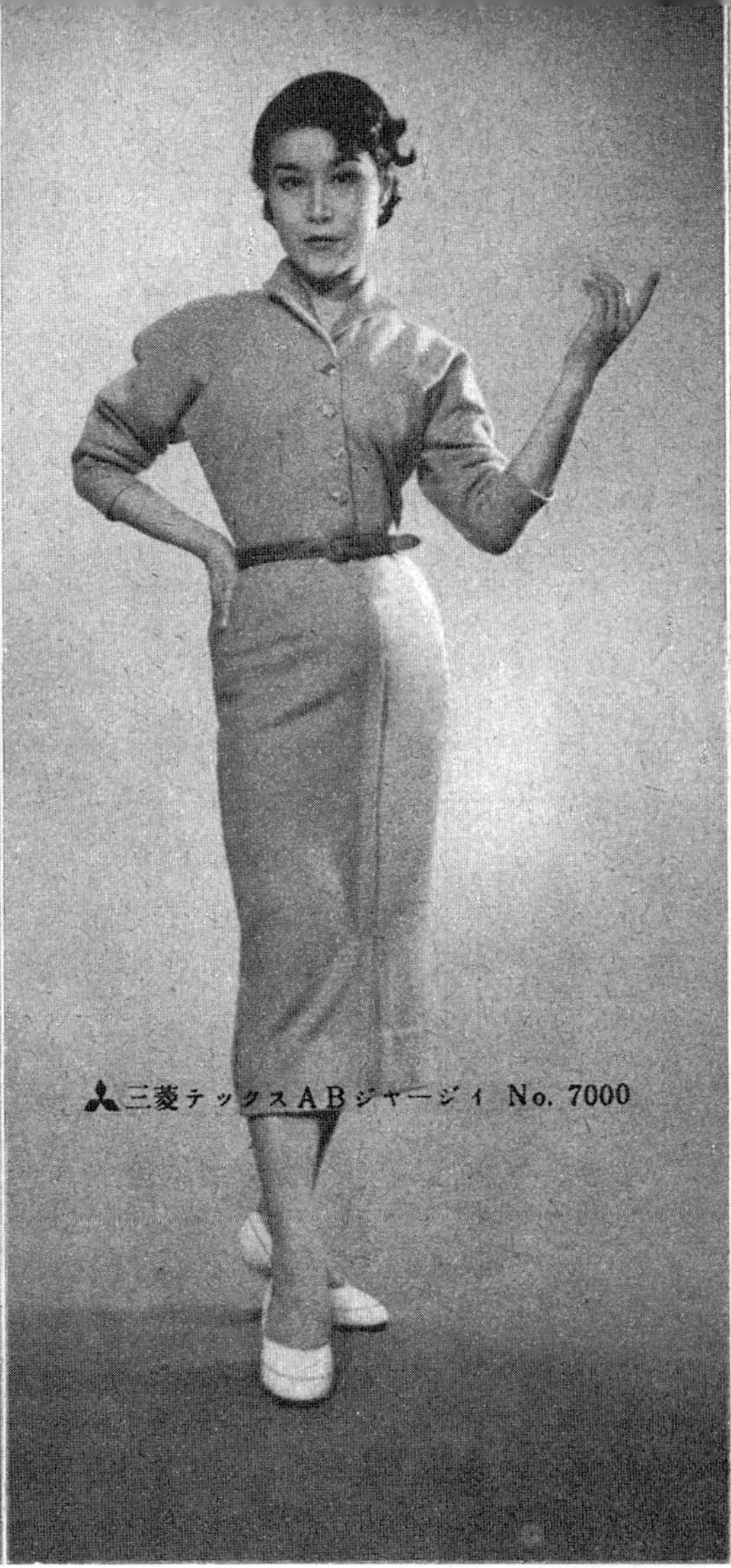

佳作　鈴木　康子（名古屋）

モデルの寸法に合わなかつたというだけではなく、少しスカートを細く作りすぎたようである。ごく平凡であるが、こうした普段着の平凡なよさをとりたいと思つた。

ボタンもベルトもみな同系色であるのが好ましい。

佳作　長谷川雅子（神戸）

ボタンの色がドレスと共色であつたら、ずつと上品なものになつたはずだが、白いボタンを選んだことは、デザインとしては初歩的な好みと云える。又この生地の性格とデザインにずれがあり大げさになりすぎはしないか仕立は良く出来ている

少ない経費で、簡単に、材
料の持味を引立て、お料理
の味をおいしくする味の素
は、お勝手の必需品です。
世界の調味料
登録商標
味《あち》の素《もと》
味の素株式会社

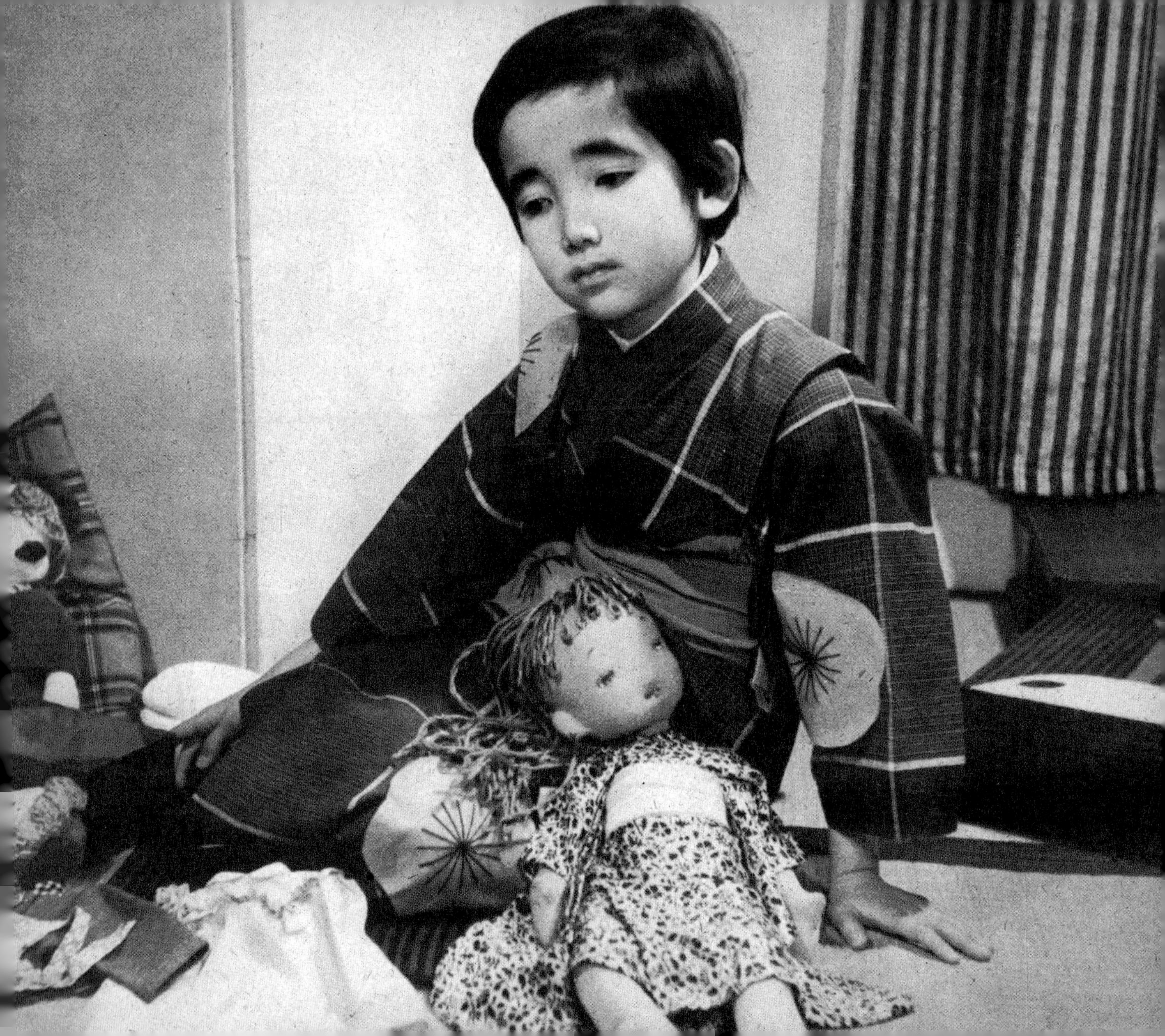

ふとん縞のきもの

水野正夫

モデル　渡辺悠子さん

子供達の毎日の通学服や遊び着には、洋服の方が便利であるのは勿論で、生れた時から洋服を着ている今の子供達にとつては、きものと云うものは殆んどなじみがなく、お正月に晴れ着として着る事が、今の子供達にきものを着る只一つ残された機会で、それだけに子供達のきものに対してのあこがれは意外に大きいものでもある様だ。

お正月だけでなく、ふだん学校から帰つてからの家庭着に、こうした木綿のきものは、素直に子供と結びついて可愛らしいし、子供達もきつと喜んで着るのではないだろうか。

お正月の晴れ着のような派手さはないが、それとは又違つた意味で木綿のきものは楽しい子供らしさにあふれているものだ。

コールドの
クイーン…

Queen
of
COLD CREAM

カネボウクイーンコールド

鐘淵化学

愉しく新しく・19

春の仕事

中原淳一

澄みきつた窓から明るい春の空を見る

さほど美しい人ではなくても、澄んだ目の人に向つて話をしている時は何となく心楽しいものです。
　窓は部屋の目です。だから、その目がぜひとも美しいものでありたいのはあたりまえで、どんなに上等の家具が揃つていても、その部屋の目が不潔で曇つていたのでは台なしです。
　春になりました。
　明るい春の空は澄みきつたガラス窓からながめる為に、今すぐガラス拭きを始めて下さい。

カーテンで部屋は春の色によみがえる

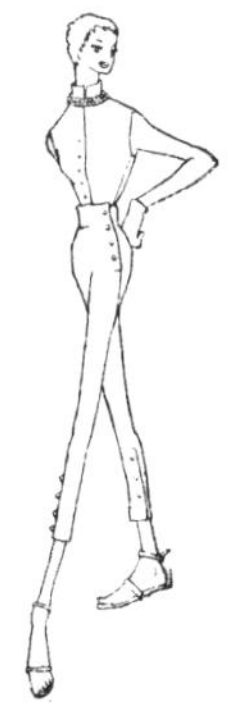

春になつたら、窓のカーテンも今までの重い冬のものはとりはずして明るい春のものと取り変えられたらどんなに嬉しい事でしよう。
　ところでカーテンは色のあせやすいものですが、その冬のカーテンがもし色あせていたら、取はずした今すぐ染めなおしておきましよう。
　今までの色をそのまゝ色あげしてもよいし、又思いきつて白いカーテンを黄色に染めたり、ピンクを赤に染めて見るのも楽しいもの。

窓辺に匂う桜草のひと鉢が春を告げる

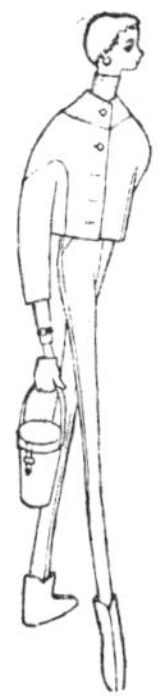

春は花の季節です。たとえ小さくとも庭があつて、その庭が若葉で匂い、そこに花が咲きみだれていたら春と云う季節の美しさもひとしお身にしみるのではないでしようか。
　しかし、庭はなくとも、窓辺に又卓の上に花が絶えないとしたらやはり春を知る喜びが部屋いつぱいに溢れます。ところで、花は切つた花よりも鉢のものゝ方が結局は安あがりだし、鉢には毎日水をやつては窓辺で太陽にあてゝやり、その育てゝゆく喜こびをも味わいましよう。

毛糸のものは編みかえていつでも新鮮な心で着る

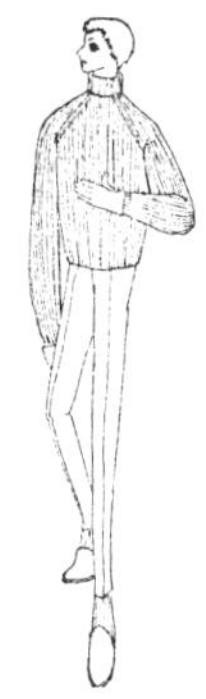

寒い冬の間に着あきてしまつた厚ぼつたい毛糸のスウェターが、もうこの季節では何の魅力もない。
　こころよい春着に変えたら、脱ぎすてた毛糸のものは、そのまゝ来年も着られるかどうかを考えて、もし少しでも着あきたものや、形が気に入らないものは『未だ着られる』なんて云う未練を残さないで、サッサとといて洗つて、やがて来る秋の日のために、素晴しい形のものに編みかえる事を、春の仕事として考えて下さい。

白い靴と手袋が春の装いにかえてしまう

頭の先から足の先までを春の装いでぬりつぶす事が出来るのなら、それはもう何も云う事はないのだけれど……。
　重いオーバーを脱いだだけでドレスはそのまゝで春を過さなければならないのならば、白い靴を出してはきましよう。白い靴は夏のものだと云う考えはやめて、春のアクセサリーとして考えて下さい。
　白い靴に白い手袋を揃えたら、今まで着ていたドレスまでも新鮮に春の色にかがやいて見えるでしよう。

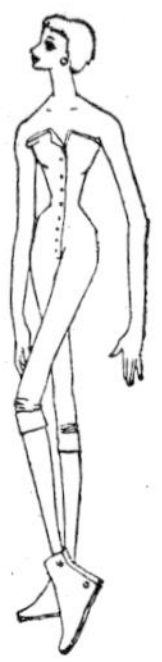

春の美しい眠りのために 美しい枕カバーを

春眠は暁を知らない——と云いますが、そんなにねぼうをしてはいけません。

しかし、その春の心よい眠りは、楽しい枕の上での眠りでありたいものです。

さて昨日までの枕カバーはきれいに洗つてしまつて置き——今夜からは可愛い花のアップリケのあるのに取りかえましよう。

ちよつとした残り布でも出来るはずの枕カバーは手まめに幾つか作つて置いて、季節々々で色々に取りかえてみたいもの……。

春は、あなたの針山も 美しくよみがえらせる

何しろ、春と云う季節は、何から何まで新しくよみがえらせ、見るものすべてを新鮮なものにしてみたい……。

あなたの針山はどんなのを使つていますか？……あなたの白い手で針をはこぶ楽しいひとときが、より楽しいものになる為に美しい針山を使いましよう。

それから、針山を手でぐつと押してみて下さい。中から何本の針が出て来るでしようか……これは思いの外に楽しいひとときをつくるものです。

一つのものが整理出来る事は新しい喜び

何でも——たとえあまり気にかけていなかつたものでも、きちんと整理が出来るのはほんとうに心よいものです。

洋裁を自分でやる人は、残り布や裁ちくず布がいつの間にかたまつてしまうものですが、それを色々に分類する。

先ず残り布と裁ちくず布とを分ける事は勿論で、そのくず布を又大中小と三つに分けて、それを又絹と木綿と毛織のものとを分けてみるとその残り布を何かに使いたいと思う時に都合がよい。

美しいエプロンは 楽しい春の家庭着

よそゆきは色々と頭をひねつてみても、家の中での着るものに心を配る事はつい忘れ勝ちになるもの…。

しかし、春はすべての時間が楽しいものでありたい為にも、家で着るものにも工夫をしてみましよう。

先ず、ほんの少しの残り布でも出来る美しいエプロンを作りましよう。

美しくて、楽しいエプロンをいくつか作つておいて、一日に幾度でも取かえて、その度毎に新しい心になつて暮せたら……。

楽しさを生み出すものは お金だけではないけれど

これは来年の春のための計画。

春になつて、心が楽しくなつた時、さああれもこれもほしい——と思つたり、お休みの日にお友達と思いつきり楽しい一日を過してみたいと考えた時、先立つものはやはりお金であるのに、それが無かつたりしたのでは何とも悲しい事です。

それで、今日から毎日五円ずつ貯金をしても一年たてば二千円に近いお小遣が出来る訳です。それでは足りないにしても、何にも無いよりずつと楽しいはず。

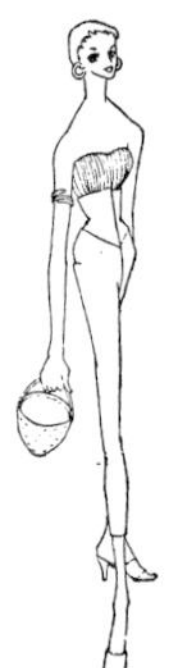

あなたの手料理には 花をそえて…………

若いお嬢さん！ 日曜日の夕食の仕度だけは、お母様を休ませてあげて、さああなたの手で全部やつて下さい。

それはあなたが、やがてお嫁に行つた時のためにもキット役立つ事です。

さて、春はお料理には花をそえましよう。

庭から取つて来たマーガレットをサラダのお皿にちよつとあしらつたり、トーストのそばに金魚草の花びらが散つていたら……。

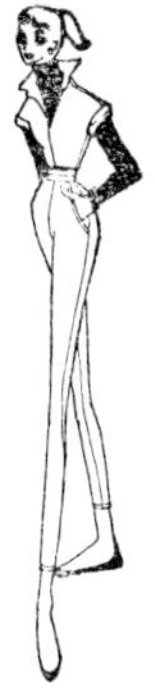

ほんとうにやつてよかつた と思うひきだしの整理

日曜日のある午前中をつかつて、あなたの家中の人がひきだしの整理をするのはどうだろう。

勿論あなたひとりでやつてもいいのだが、ひきだしと云うものは大変便利なものであるのに、いつの間にか中がごつたがえしてしまうものだが、一度整理をしてみると忘れていた様なものがひよつこり出て来たりするよさもある。それよりも色々なもののある場所がはつきりとして、何よりも整理した後の気持はすがすがしい。

手紙は書いていても受け取つても心をあたゝめる

思いがけない人から、ひよつこり手紙をもらつたら、あなたのこころよい春の日がもつと明るく嬉しい一日になるとは思いませんか。

今日はあなたのアドレスブックの整理をしましょう。

そうして、お友達の一人一人にそれ〴〵の思い出を甦らせて、どんなに短かいものでもいい、懐しい手紙を書く愉しさを知りましょう。

そうしたらその返事がすぐ舞もどつて来て、あなたは又手紙を受取る愉しさを味わう事が出来る。

座布団が明るく茶の間を彩どる愉しさ

あなたの家の茶の間の座布団はどんなになつていますか。

長い冬の間をしきつめた座布団は、何となくよごれて、茶の間を愉しく彩るものではなくなつているはずです。

ところで、あなたが頭をちよつとひねつて、古い夏のドレスをといたものでも、又残り布やあり布をはぎ合せても、明るい春の色をしたカバーでその古い布団をつゝんだら、そうしてその上に一人一人のイニシャルをアップリケでもしてみたら…

すがすがしい朝の心よさは清潔な歯ブラシから

皆が出かけるあわただしい朝、それを少しでも愉しいものにする為には、びた〴〵に濡れた歯ブラシが、開いた花の様にすり切れていたのではこまります。

家中のひとの歯ブラシを全部新しくする日を作つて下さい。

洗面所に新しい歯ブラシがずらつと並んだ朝はどんなに心よくすがすがしいでしょうか。

そうして使つた後は早く乾く様にブラシの方を上にして、出来れば日のあたる場所に置く様にしたいもの

カラ〳〵に乾いたタオルは心よい朝の感触

タオルは一人が一枚ずつ、自分のものがきまつていても、つい手近にあつたりすると、ひとのタオルで手を拭いたりするものです。

清々しい朝に冷たい水で顔を洗つてさてタオル――と思つて手に取つてみると誰かが先に使つたらしく冷たく濡れていたりするのは本当にガツカリ――。タオルは銘々自分のものを持つていて他人のものは決して使わないこと。朝、皆が使つた後は太陽にサッとあてゝ、いつでもカラカラに乾いたものが使いたい。

どうしてもこうありたいと願つていればいつかは出来るもの

こうしたらさぞかし気持がよいであろう、と云う事はわかつていても永い間の習慣や、つい面倒だつたりして何となくそのまゝになる……。

『そんな事はなか〳〵出来るものじやあない』と云う人があるかも知れないけれど、どうしてもそうありたい、と切に願つていた場合は人間は案外にやりとげるものだと思う。

美しくありたい、と切に思つているから、あの面倒な化粧を毎日くりかえして出来るのだと、女性の皆さんは考えてみて下さい。

垢抜けるということ

南部あき

学校を出て一、二年経つた人や、片田舎から都会に出てどれだけか生活をして来た人に会つた時などに、その人が特別に前と変つたお化粧をしている訳でもなく、髪の形も大して変つていないし、着ているものも取り分け以前と変つているというのでもないのに、それでいて何となく「垢抜けた」という感じをふと受けたりするものです。その他にもこの「垢抜ける」という言葉は、垢抜けた作品とか、垢抜けた舞台とかいう風に色々な場合によく使われるのですが、ここでは服装や美容上に使われる場合はどういう事なのか、服飾美容研究家の南部あき先生に掘り下げていただきました。

〃垢抜ける〃という言葉を、その言葉の通り解釈すれば〃垢を抜いて清潔にする〃という事なのでしようが、この事は勿論大切な要素ではあつても、実際にはたゞそれだけでは垢抜けた感じというものを人に与える事は出来ないでしよう。そこにこの言葉のキーポイントがあります。ではどういう事かと言うと簡単に云えば洗煉される、という事、もう少し具体的に云えば先ず自分の持つている個性を磨きたてる事ではないでしようか。この個性を磨き立てる、という事は誰でもが云つている事ですが、さてどうやつて個性を磨くかという事が難しい訳で、それは各各が自分の内に持つている隠された美しさを開墾して行く事だと思います。その為にはやはり良い音

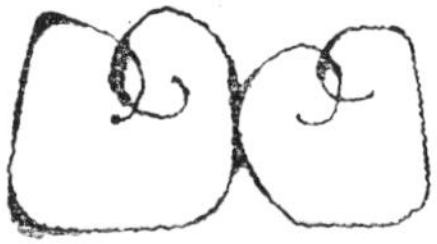

耳

顔のすぐとなりにあるものなのに、案外美容的に忘れられているのではないでしようか。そのくせ直ぐにイアリングを飾つたりするのですが——。耳の形は持つて生れたもので、これは直せないものですが、先ず耳そのものを清潔にするという事、お化粧をするついでに化粧水で耳を拭くとか、クリームをつけたついでに耳にもそれをつけるとか、イアリング等を飾る以前の根本的な手入れが大切で、それは一寸した心遣いで出来ることです。その上で、顔に合つたイアリングを——と考えましよう。垢がたまつて黒く汚れた耳にイアリング、などということは、垢抜けるという言葉とは凡そ縁遠いものと云わなければなりません。そうした手入れの行届かない耳には、イアリングなど飾らない方がむしろましな事は云うまでもありません。特に最近はショートヘアやシノン（髷）スタイルと呼ばれるひつつめた髪型、又はポニーテールという、長い髪を後できゆつとしばつて長く下げる髪型等が流行していますが、こうした髪型は何れも耳が髪でかくれたりしないので耳の美醜が目立つものです。外国に比べて日本では横顔の美しさというものに割合無関心な人が多いようですが、横顔の美しさを作り上げる上には、手入れのよく行きとどいた、垢抜けた耳、という事は最も大切なことで、垢抜けるという言葉への近道であると云つてよいでしよう。忘れられがちなことだけに、これは特に注意していたゞきたいものです。

楽を聴くとか良い本を読み、良い絵を観る事等、色々な生活環境によつていわゆるセンスを高めその隠された美しさを開拓して行ける眼を養う事が必要です。このセンスというものは多分に生得的なものですが、"垢抜ける"ためにはそうした生れ乍らに持つているセンスだけではなく、その上に人工的なもの、都会的にすれる、とでもいいますかそうした人工的な美しさがある程度必要になります。

ここで具体的な一例を挙げて見ますと

学校を出たての頃髪は左から分けなければ似合わないとか、或は真中分けでなければと決め込んでいたのを、ある時額を丸出しにして全部後へ掻きあげて見たらとてもよく見えた、という様な事もその人の持つている隠れた美しさを発見した訳です。

洋服のデザインの選び方にしても、着始めの頃は自分だけ人と違つた特徴のある目立つものをどうせ作るなら作つてみたいと考えがちですが、実際には、垢抜けた、と云わゆるベストドレッサーと云われる人の装いというものは、決して人目を引いたり、特に人と違つているというものではなく、何でもないものを何でもなく着こなして行く、それが本当の垢抜けた装いというものです。自分のものとして生かす事の出来る感覚を養う事が必要です。

デザイン許りでなく色の使い方にしても同じで、例えば紺色は最近の世界中の流行色ですが、その紺を着こなすためには、紺の中にもネービーブルーやミッドナイト

襟脚

近頃では"襟化粧"などという言葉はもう昔の事になつて了いましたが、それにつれて襟脚の美しさという事まで得して忘れられ勝ちのようです。最近の流行の傾向であるオリエンタルなものへの一つの現われとして、洋服のデザインにはローネックのスーツや、反対に高く首に添わせたスタンディングカラーなどが流行していますが、これは何れも襟脚を美しく見せるという事が計算されたデザインなのです。流行の低い衿のドレスを着ればそれでいいというのではなく、例えば七分袖の袖口からは腕の美しさが目立つというのと同じに、こうしたデザインのドレスには襟脚が美しいという事は大切な事です。額や耳の場合と同じように、顔の手入れだけすればいいと云うのではなく、お勤めの人達には、実際には中々面倒なものですが化粧水で首筋をふく位の事から始めて、時々コールドクリームでマッサージをし、又化粧のついでにパフでおさえて置く位の手入れは常に心掛けていて欲しいことです。そして又、真珠や貝細工のネックレスなど白いアクセサリーを使つた場合、襟足が黒いのは非常に目立つてみつともないものですから、夏の陽焼けをそのままにしないで早く漂白するようにして手入れをする事が大切です。そして時折は、襟脚のおくれ毛を剃つておくことも大切なことでしよう。色白の美しい襟脚をしている、という事はその人を垢抜けて見せる幾つかの条件の中でも特に大切なことです。

口

垢抜けた美しい口許——それには先ず健康で清潔な桜色の歯茎と、真珠色の美しい歯を持つということ、そして口紅の色の選び方とそのつけ方に注意することが大切でしよう。「口紅は赤ければいい」という様な使い方をしている方が多いようですが、この口紅の色というのは外国ではアクセサリーの色として取扱われていて、着ている服の色によつて口紅を選ぶのがもう常識の様になつていますが日本ではそれを実際に行つているという人は案外少いようです。これは決して贅沢なお洒落ではなく、垢抜けたいと思つたら口紅の色の選定にもつと神経質になる事でしよう。例えば春の流行色の明るい緑にダークレッド（暗い赤）をつけると野暮な感じになり、コラールピンク（珊瑚色つぽいピンク）を選ぶ方が美しいというように。又、夏うすものを着た時に、重たい感じの赤は似合わず、桜んぼのような柔くて明るい感じの赤がよいという風に、着るものの色ばかりでなく、その地質と両方の調和という事も考えてほしいことです。そしていつも口紅を清潔な感じにつけている事、外出先で化粧直しをする時等前の口紅が残つている上に又つけ直したりしないで一度拭つてからつける、口紅の滓などが口の端についていない様に、又つけた後で紙で押えてつけ過ぎを防ぐ事等。口紅の皮膚そのものの手入れという事は非常に大切で、顔のマッサージの時には、同時に口紅もよく拭いて常に手入れをして置く事を忘れないように

ブルー又はスカイブルー等、色々な色調があり、その中から自分の皮膚の色なり個性なりによく合つた色を先ず探し出す事です。そしてその紺に配するアクセントカラー、つまりアクセサリーの色やその分量の使い方などの如何で非常に垢抜けた感じを人に与えます。例えば紺の服に白いアクセントカラーを使う事は誰方も御存じの通り永遠のニュールックとされていますが、たゞ紺に白ならばよいというのではなく、去年の配色の仕方と今年のそれとは感覚的に違つている。そういうフレッシュな感覚をキャッチする眼を養うという事も必要なことなのです。これをもつと具体的にお話しますと、例えば紺のドレスに大きな白い衿を配する事が流行している、反対に袖口には白を細く置く事。それを衿も袖口も同じ巾のものをつけたら紺と白でも非常に野暮つたいものになつて了う、こういつた色の分量の使い方も、垢抜けた装いの上に非常に大切な条件の一つになります。

又別布を配する時、その質感（布質の感じ）地合（テクスチエアーと云う）の取り合わせということも気を付けなければなりません。紺の服に白い衿をつける場合、ジャージーに白いタフタの衿をつけた場合と、白の麻を使つた場合とそれ〴〵に違つた感じになる。その感じを上手に生かして使うという事も微妙な事のようですが垢抜ける要素の一つと云えましよう。

垢抜けるという言葉を服装の場合に例をとつてお話してみましたが、例え全く同じ装いをしていて

眼

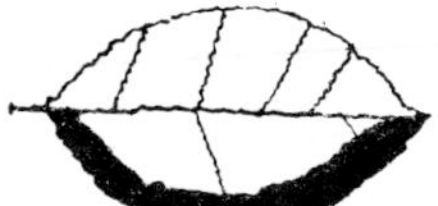
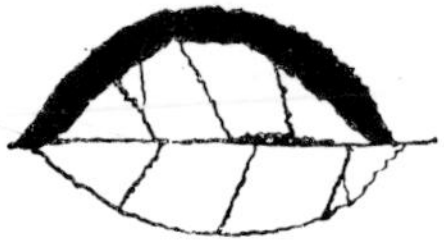

眼は〝心の窓〟と云われるように心に直結したもの。〝知的な眼差〟等という言葉がある様にその人の内面の美しさ、教養と知性の閃きなどがそのまま現われるところとされています。論ずる迄もなく、美しい眼、濁つた眼はそれぞれその人の心の現われに違いありません。内面的な教養を高めること、洗練されることが先ず大切な条件になりますが、その上に其頃の化粧法の傾向を合わせて取り入れてゆく事が望ましいと思います。御存じの様に美人の標準というものは、服装に流行がつきものである様にその時代によつて移り変つて行きます。例えば明治時代には浮世絵を想わせる三ケ月型の細い眉に一重まぶたの細い眼が美しいとされていたし、極く最近では東洋風に眼尻を上げて目ばりを入れ、マスカラ等でまつげを長く見せるという様な化粧法が流行していて、昨秋来朝したフランスのディオールのモデル達を見てもその傾向が強調されていました。その時代に流行している化粧法のテクニックを摑んで、それに近づけたものを自分の上に上手に生かして行く事も必要でしよう。瞼の脂肪を抜いたりする人工的な美容法も行われていますが特殊な人を除いてはそこまで行かずにどこまでも自分の個性を上手に生かすことです。眉毛に就ても同じ事で、必ずしも剃り込んだり抜いたりする必要はなくぼうぼう眉毛でもよい、その人の個性にぴつたりしていて、然も流行を上手に取り入れた生かし方が望ましいのです。

額

ひたいの美しさ、ということはちよつと気がつかないようでいて垢抜けた美しい顔をつくる重要な役目を果しています。それには髪を真中から分けるとか横から分けるとかいう髪の形も勿論影響して来ますが、ボヤ〳〵とした後れ毛のある額でなく、額剃りをきちんとして、生えぎわをきわ立たせ、はつきりとした線を額にもつて来るということは近代的な美しさをつくる大切な条件だと云えましよう。その上きめの細かい手入れの行き届いた美しい皮膚をもつているという事が大切でしよう。なめらかな、大理石のような美しい肌をした額でありたい、そのためには顔の手入れをする時に必ず額の手入れを忘れないように心掛けることです。よく他の肌はそれ程でもないのに眉と眉の間が夏みかんの皮のようになつていたりすることがありますが、それもふだんの心掛けでずつときめの細かい肌になる事が出来るでしよう。ひたいには吹き出ものが多く出来がちですが、そういう事は特別な場合のものですからここで取り上げるのをよしますが一般に眼から下の化粧法には相当神経をつかつているのですが、額の手入れという事にはそれ程注意深くないように思われます。前髪の下げ方にしても、カールしないカールの下げ方という様な、昔の様に技巧的でなく風に吹かれて自然に下つていると思われるようなさりげない美しさが、垢抜けるための一つのコツだと云つてよいでしよう。云いかえれば無技巧の技巧ということです。

も、お揃いの「ユニホーム」を着た人達がみな同じとは云えないように、その人の髪の毛や皮膚の色とか体のプロポーションとか色々な条件にも左右される訳で、結局その人の個性と渾然一体となつて調和した装いというものが垢抜けた美しさを感じさせるのです。

煎じ詰めれば、無技巧の技巧という事になるのでしよう。その人が実際に皮膚の手入をしたり髪を結つたりお化粧をしたり、又はそうした事の書いてある化粧読本を読んだりしている、云わゆるお洒落の楽屋内を人に感じさせないでその人の美しさはその人が持つて生れたものだと感じさせることです。そして話の仕方や歩き方、腰かけ方、一寸した手の表情、お茶を飲む時等のエチケット等々、すべての事が自然に身について渾然と調和している事は忘れてはならない大切な条件でしよう。結局はお洒落読本によく書かれているようにその人の教養と知性に俟つ外はなく、垢抜ける為の方定式というものはなくて「貴女のセンス次第」という所に話は落付いて了うのです。

こう申し上げて来ると「これは大変な難しい事でもう私は垢抜けなくてもいい」と思う方が現われて来るかも知れませんが、みつともない事より美しくありたいと願う本能的な気持が誰にだつてある限り、毎日の生活の中に自然に身についてくるものですから「垢抜ける」という事はどんな人にとつても決して遠い道ではないと思うのです。

下にいろ〳〵な細かい部分を取り上げてお話をしてみましよう。

手

美しい手をしている、ということは、垢抜ける為に忘れる事の出来ない重要な条件の一つでしよう。それには爪の手入れも含めていつも清潔な手をしているという事が大切ですが、同時に手の表情をスマートにするという事も忘れてはなりません。例えばハンドバッグの持ち方とか、電車の吊皮を持つ時、道端で知つている人に逢つて突然立ち止つた時の手の表情などにも、気がつかない中に、ぎごちない手の表情や、すつきりした指の使い方などが現われるものです。それは美しいスマートな歩き方と同じように大切なことではないでしようか。又ひと頃は「赤い爪をした女」と云えば何か特殊な職業の女性かと思われていたマニキユアの事ですが、此頃では赤いマニキユアをしてはいけない等という野暮つたい事は申しません。たゞそれが手入れの行き届いた指に、服装の色にマッチした色をぬつていればやはり美しいものです。けれどもそれもつけて出る環境などにぴつたりしていなければやはり美しいとは云えません。ちよつと華やかな雰囲気の中で、例えばパーティや音楽会などには大変美しいのですが、オフィスで一生懸命働いている時などに真赤な爪をしているという事は、やはり生活環境にぴつたりしないのではないでしようか。何事もその時の生活環境にマッチするということは垢抜けるための一つの条件でしよう。――きびきびとした頭の働き方が装い全体の上に現われていて欲しいと思います。

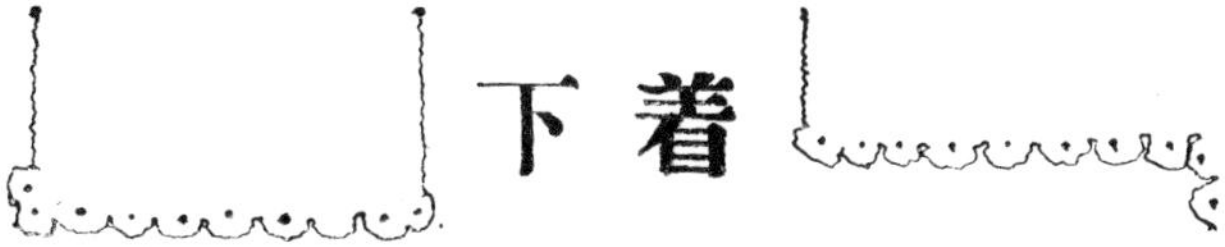

下着

清潔な下着を着るという事は〃垢抜ける〃という問題ではなくてむしろ〃エチケット〃であると云えましよう。たゞ清潔な下着を着ているというだけではなく、きちんと着ていると云う事は垢抜ける為の条件の一つとなります。例えば、ドレスのヘムラインからスリップが覗いたりネックラインからシヤツが見えたりしているのは見悪い事であるのは云うまでもありません。又下着のひびきが上まで見える様な着方も同様にみつともない事で、プリンセスラインのドレスを着る時は下着やスリップもプリンセスラインのものにするという風に心掛けて欲しいのです。胸の美しさを強張する服の場合は胸の形を整える事を考えます。これは胸が豊かであれば良いというのでは決してなくその人の体のプロポーションに適した胸の高さを作り上げる事です。高過ぎる胸は小さ過ぎる胸と同じ位野暮つたいものですから自分の体によく合つたカップを整える事。又ぴつたりと腕についた袖のセーターやプツシユアップ・スリーブの服を着た時に長袖の下着を着ていると柔い線が出ないですつきりしません。下着はなるべく短袖か袖なしのものを整える方がよいでしよう。服による下着の工夫ということも垢抜けた線を作る上に忘れてはならない大切な事柄だと云えましよう。同じ様なプロポーションの人が、同じようなデザインのスタイルをしていても、一寸した下着の工夫によつて見違えるようにすつきりと垢抜けるものです。

1954年のホープ

期待されるひとびと

新しい年に迎えられ、それぞれの分野にその活躍を期待されている希望の星たち——ここで下記各界評論家の御推薦によるその新星たちの横顔をのぞいて見よう——

推薦と文（敬称略）

音楽	野呂信次郎
ジャズ	野川香文
文学	山本健吉
絵画	今泉篤男
映画	飯島正
放送	吉本明光
スポーツ	矢田恵吉
舞台	尾崎宏次

—クラシック—

毛利順子（ソプラノ）

近ごろオペラが盛んになつて、歌手と名のつく人の数はふえたが、さて、〝この人は〟という人はなかなか見当らない。毛利順子さんにしても、去年の暮の「椿姫」のフローラではまだ未知数であつた。友だち間では「親切で、いい人」という評判だが、落ちついた、どちらかといえば消極的な人柄はオペラには不向きではないかとさえ感じた。ところが、同じ暮の「救世主」のソプラノでは、その気品のある均齊のとれた声といい、清浄な表現といい、見事であつた。二十四年の上野出で浅野千鶴子さんの門下であるが、先生に似て気品を生かしてほしい。

大堀敦子（ピアノ）

妹の洋子さんと二台のピアノのための演奏会に出て、仲のいいピアノ姉妹として注目されているが、今年あたりは大きく伸びねばならない。園田高弘君と同級で、長松純子さんの一級上の二十三年の上野出で故クロイツァー門下の最も期待される一人である。しかしこのへんのクラスになると、とかく重宝がられて勉強と仕事の板ばさみになる悩みも多い。しかも大きく成長するためには、これを上手に乗越えねばならない。このことは当人も承知とみえ、ラジオや演奏会に出ることも慎重に、リサイタルの準備を始めているから期待してよいであろう。

諸井　誠（作曲）

昨年の作曲界は諸井誠君の一人舞台であつた。NHKの芸術祭参加作品に第一位で入選した時、父諸井三郎氏が審査員であつたので、作品が低調だつたら、親の顔よごしになると大分心配していたが、これがマルティノンの指揮で放送され、さらにベルギーのエリザベス皇后作曲コンクールに入賞したのであるから、親の七ひかりどころか、大いに鼻を高くしてよかつた。まだ二十二歳。気持ちもまだ坊ちやんのところのあるいい青年である。「今年はみつちり勉強します」といつているが、若さと才能に恵まれているから、また何をやるかわからない。

音樂 —ジャズ—

平井哲三郎（指揮）

二、三年前から指揮台に立つて、いく度か交響楽を指揮しているが、指揮の技倆を見直したのは一月の長門歌劇団の「蝶々夫人」であつた。今まで日本の大部分の指揮者は、どうも音楽のなめらかな流れに欠けて満足できなかつたが、平井哲三郎君のは管弦楽に耳ざわりになるようなところがなく、叙情的なところは美しく、情熱的なところは烈しく、自然にもりあげて舞台の雰囲気を気持よく包んでいた。二十三年の上野の器楽科出で、現在、東フィルでクラリネットの第一奏者を勤めながら、指揮の勉強をしている点に強味がある。人柄も紳士である。

秋吉敏子（ジャズ・ピアニスト）

ジャズ・ピアニストの秋吉敏子の演奏をきいて、アメリカの興行師グランツは、彼女のように優れたスターが日本で埋もれているのは惜しいというので、JATPのスター達と共演させたテープを持ち帰つたから、やがて彼女のレコードがアメリカで売り出されるだろうが、アメリカの耳がそれをどう評価するだろう。目下その反響のあり方が注目されている。しかし当の秋吉君はこれまでと変らず、めぐまれない職場で、黙々と勉強をつゞけている。

柳澤眞一（歌手）

男声歌手として柳澤真一の強味は、何と云つても声にめぐまれている事である。そして彼はその声だけで充分いゝスタートをし、それだけでこの一年を過したが、近頃彼は歌の選択、その唱法について心をくだいて来たようである。恐らくこれからの彼はおぼろげながら自分の個性を出した歌に向つて打ち込む事になろう。唄い方も一本調子でなく、表情をもつて来たが、それをどこまでのばして行くか、今年こそは彼にとつて大切な一年であろう。

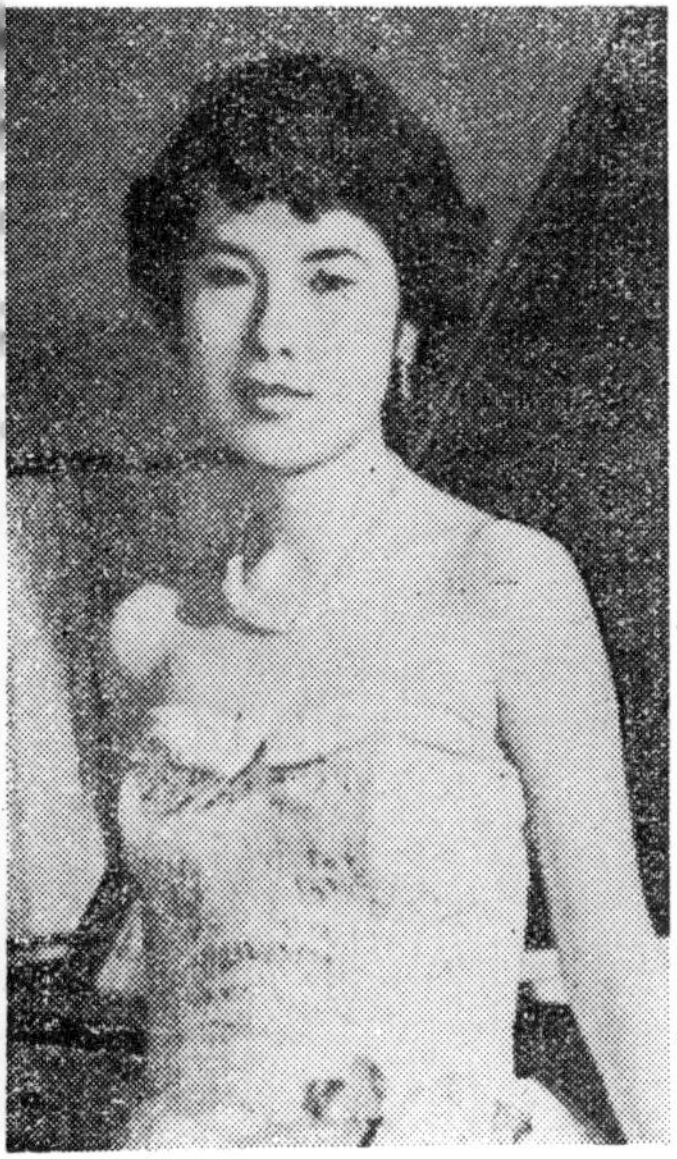

ペギー・葉山（歌手）

ペギー葉山は最近技巧的にのびて来たし、スタイルも出来て来た。これまで江利や雪村と共にティーンエイジャー歌手といわれたけれども、彼女だけは今年からその資格が無くなつた。それが彼女に強い自覚をあたえたのでもあろう。今後ロマンティック・バラードに重点をおいて前進するだろうが、この路はひどく地味であり、難路でもある。英語の発音も一番あるようだ。しかし、女声歌手のうちでは個性も一番本格的だ。今年こそは成人したペギーの情緒あふれる歌がきかれるだろう。

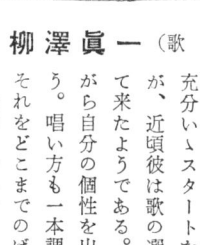

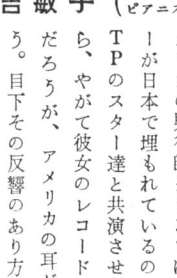

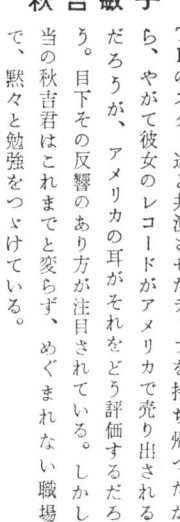

文学・絵画

安東次男（詩）

昔彼がぼくの家の近所に住んでいたころ、ひよつこりやつてきては、ゴホンゴホンとせきこみながら、彼はやたらに煙草を吸つた。私は彼の仕事よりも、彼の健康を気づかつた。さいきんおたがいに離れ住んで、会う機会もないが、仕事はモリモリはかどるらしく、「安東次男詩集」を出し、書きおろしの「抵抗詩論」を出し、アラゴンの「レ・コミュニスト」という大作の飜訳を次々に出して行く。私は彼の健康は上々なのであろうと安堵し、その仕事の充実と飛躍とに目を見はる。かつて彼は俳句をつくり、加藤楸邨の「寒雷」に属したが、俳句に袂別して、今日政治的逆流への抵抗の詩人として生きている。私は日本の詩の、彼による大きな転回に期待する。

篠田一士（英文学）

ハジメと読む。「士」は語尾のサイレントだと言う。フランス流にシャレた名前だ。優しい声で非常に礼儀正しいが、体格雄偉、柔道三段だという。中野好夫門下でエリオットとヴァレリーとに思いをひそめ「秩序」という同人雑誌を出し、難しい文芸評論を書く。「戦後派」のコントンを拒否し、精神の秩序を再建することから出発しようとし、変貌と甦生の原理としての、未来につながる伝統を追求する。さる大学で英文学を講じ、エリオットの評論や詩の飜訳に没頭している。彼の飜訳の如く、彼の評論が的確で簡潔になつたとき、彼の好学の精神が縦横に物を言うであろう。

金山康喜（新制作）

金山君の絵は、新制作展で見て、澄んだ抒情のある作風を面白いと思つていたが、日本では会う機会がなかつた。一昨年、パリで識りあい、一緒にニースに行つたりコルシカに出かけたりして、すつかり仲よしになつた。東大の経済学部を出た、画家としては変り種だが、珍しくいゝセンティメントを持つた聰明な青年である。非常に清潔な人だけに、何だかフランスの女のとりこになりそうな気がして、余り永くならないうち日本に帰りなさいよ等と僕は年寄じみたことを言つたりした。去年は、サロン・ドートンヌに出品した作品がフランス政府の買上げになつて、自分でもびつくりしたと言つているそうである。二十九歳。

駒井哲郎（自由美術）

駒井君と最初に会つたのは、今は亡くなつた武者小路千家の老宗匠からお茶の稽古をして貰つている席だつたと覚えている。何か裡に気持のゆらいでいるのをひつそりと包んでいるような、言葉数の少い美貌の青年であつた。岡鹿之助さんが、この人のエッチングの作品に惚れこみ、春陽会の会員に迎えられてから国内展でも国際展でもすつかり花形になつたかたちである。今年ヨーロッパに出かけるというが、きつといゝ仕事に発展するだろうと楽しみにしている。三十四歳。

映画

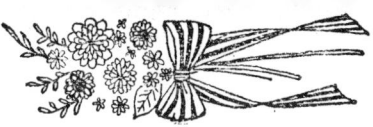

船越英二（俳優）

若手の男優諸君は、昨年来あまりパッとしないようである。だれがホープかということは、てんでわからないといったほうが本当である。

いまここにあげた船越英二にしても、日本映画通の友人にいわせると、そうよくないのがおおいとのことであるが、ぼくは船越の出演映画をロクに見ていないのでかえって楽に彼を推薦できる。――というのは『あにいもうと』の船越にぼくはおおいに好意をもったからなのである。弱気なしぶとさといった感じがなかなかよかった。ひとつ、ことしは大胆な演技で打ってでてもらいたい。

有馬稲子（女優）

有馬稲子は昨年夏のはじめごろに東宝にはいったと思うが、いままでに特別その本領を発揮した映画というのはないようである。

そのくせ、このひとはことしはなにかやりそうな感じがする。万人むきの顔で、なんにでもつかえるかも知れないが、かしこそうなその顔を見ていると、なにかシンのつよい役もこなせそうな気がして、たのもしい。さいわい勉強家だという話だから、そういうチャンスにも即応することができるだろう。

今後は東宝の当事者に、有馬稲子の魅力を十二分に発揮できるような企画をたててもらいたいとのぞむばかりである。

小林正樹（監督）

小林正樹は去年『まごころ』で、松竹大船調の佳作をつくった。まえにシスター映画で一本、やはりまとまったいい作品をつくってはいるが、長尺第一回作品で、あれだけ大家の風をしめした監督者はそうなかろう。

第二回の『壁あつき部屋』は不幸にも未公開であるが、いいものだときいている。

小林正樹は技術的にもう完全にちかい手腕をもっているし、感性もゆたからしい。むしろ心配なのは大船流に出来あがってしまうことである。しかしそんなことはあるまい。ぼくは彼のことしの作品を期待する。

山村聰（プロデュサア）

山村聰は俳優だが、昨年『蟹工船』で、監督者として立った。映画の出来は非常にいいともいえなかったが、ぼくは彼のプロデュサア的な見識に感服した――というより抜け目のないひとだなとおどろいた。だれから見ても――すこしぐらい映画の出来ばえがよくなくても――問題になる作品を第一回につくったからである。

正式にいって、彼がプロデュサアであるかどうかは知らないが、プロデュサア兼監督者兼俳優という日本映画界にはめずらしい役割が果せそうだという意味で、ぼくは彼を推薦したい。

放　　送

楠　トシエ（歌手）

NHKと民間放送局のラジオとテレビに毎週十一本の定期番組に出演していると云う驚異的記録保持者が楠トシエ。声楽をダン道子、演劇を中江良夫と小崎政房に学び往年の軽演劇の道場ムーランルージュでデビュウしたのが昭和二十四年だつた。歌つて芝居が出来てそのうえ持つて生れた天賦の才能であるユーモラスな小味をノドだけでなく全身から発散させたのだから日曜の夜はNHKテレビで「僕の見たもの聴いたもの」に出演して一息入れるや今度は「ユーモア劇場」に出演すると云つた売れッ子娘。ラジオテレビ同様今年こそティチクからヒットを出したいものだ。

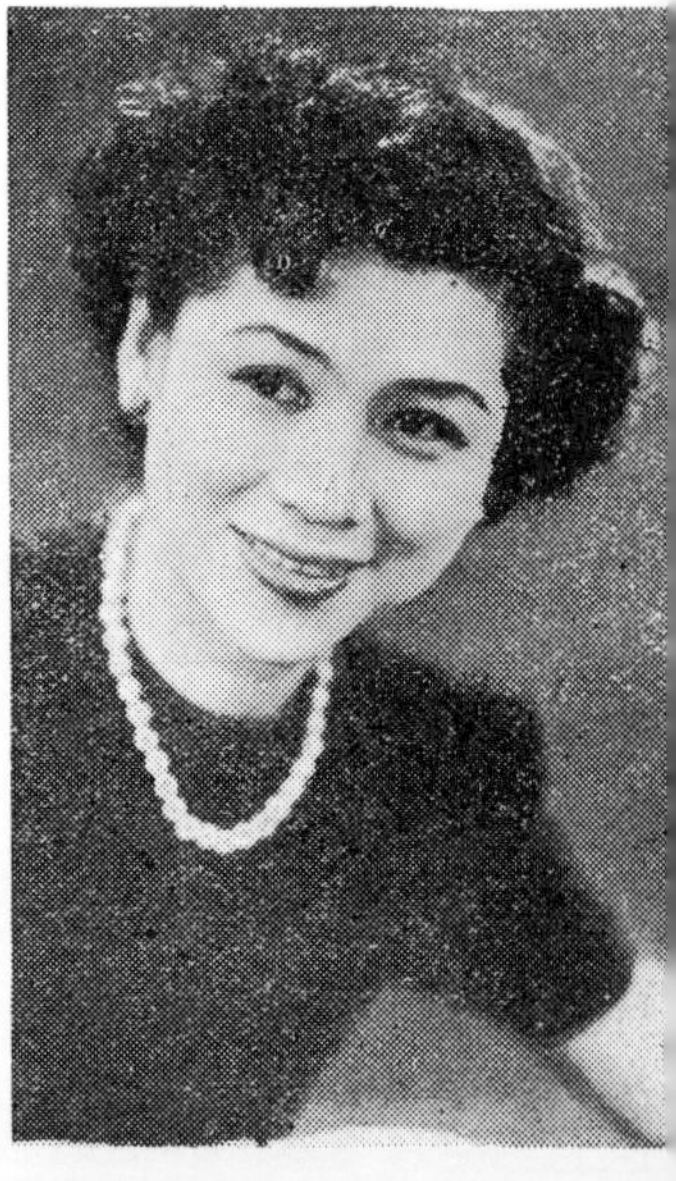

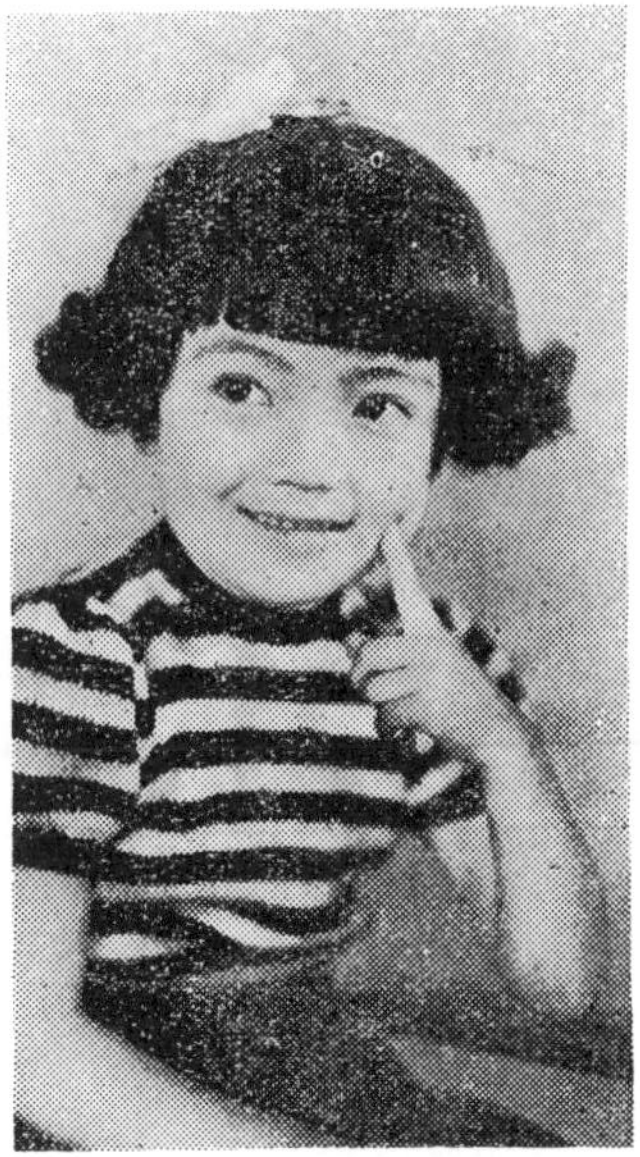

松島とも子（子役）

去年の夏工業倶楽部で音楽評論家牛山充の古稀の賀宴が催された時、音楽家、邦楽家、舞踊家一流大家に伍して祝辞代りの演奏で一番拍手喝采されたのが石井漠門下の松島とも子。十三歳の少女とは思えない表情の変化と肢体に溢れるあどけないお色気に、当節流行の少女歌手のエロ歌謡を痛罵している評論家連中が無条件で最大の讃辞を贈つた。松島とも子は大映の専属であるため、ラジオとテレビには滅多に出演しないが、マンネリズムに陥つているラジオには新鮮味を、今年こそ本格的に開拓せねばならぬテレビ芸術のために、この少女の活躍が希望されている。

伊藤淳子（声優）

毎日午後五時十五分からのNHK「幸福物語」に主演している伊藤淳子は元来が娘役なので若妻役は勝手が違つていたように聴こえたが近頃ではすつかり女房ぶりがイタについて来た。伊藤淳子は四期生だから東京放送劇団では一番下のクラスであるにも拘らず幾多先輩を追い越して連続番組の主演の役を獲得したのは、物事にこだわらない、おおらかな芸風が高く評価されたためだ。東京放送劇団五期生はテレビスターとして訓練されているが四期生以上の先輩連もテレビのため演劇を青山杉作、舞踊を西崎緑、タップを荻野幸久に教つている。今年は伊藤淳子はテレビにも主役をとることとだろう。

関　弘子（俳優）

テレビに刺戟されて最近のラジオスター、特に声楽の面ではお話も出来なければ落伍者にされてしまう。同じ様に声優も歌がうたえないとうだつがあがらなくなつて来た。ラジオ東京と日本文化放送のオペレッタ番組でめきめきとのしあがつて来た関弘子は俳優座の研究生だから演技は専門教育を受けているが歌は？関弘子はコロラチユラソプラノの名歌手関種子のお嬢さんだから、遺伝学的にも生活環境から云つても音楽を全身にしみこませている。この恵まれた生活環境を個人的文化財として持つている関弘子のラジオスター街道はまことに坦々としている。

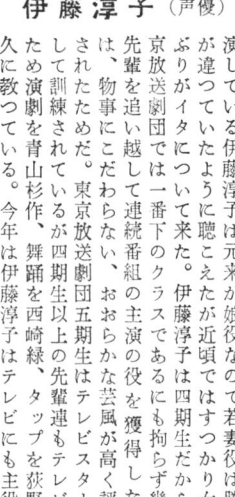

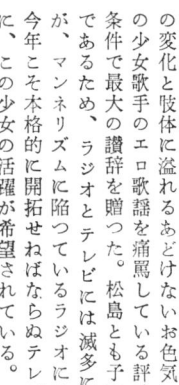

スポーツ

中畝《なかうね》つるえ（陸上）

多士済々の女子陸上界から十六歳の新人、中畝さんを推すのは、細工されていない野性の魅力からである。秩父高の一年生。昨夏の高校選手権に初出場して百、二百、走巾、槍投としやにむに走り、跳び、投げて俄然注目され、その後二百に26秒1、走巾跳に5米76とまたたく間に年度最高記録を樹ててしまつた。フォームもテクニックもない荒削りな〝力〟だけ、まだ何を専門にするかも決つていない。彼女の左の目は幼い時に誤つて竹の棒で突かれて以来義眼で、人一倍辛い想いをしたという。今年は本格的コーチを受けて素質に磨きをかける年、五月のアジア大会が楽しみである。

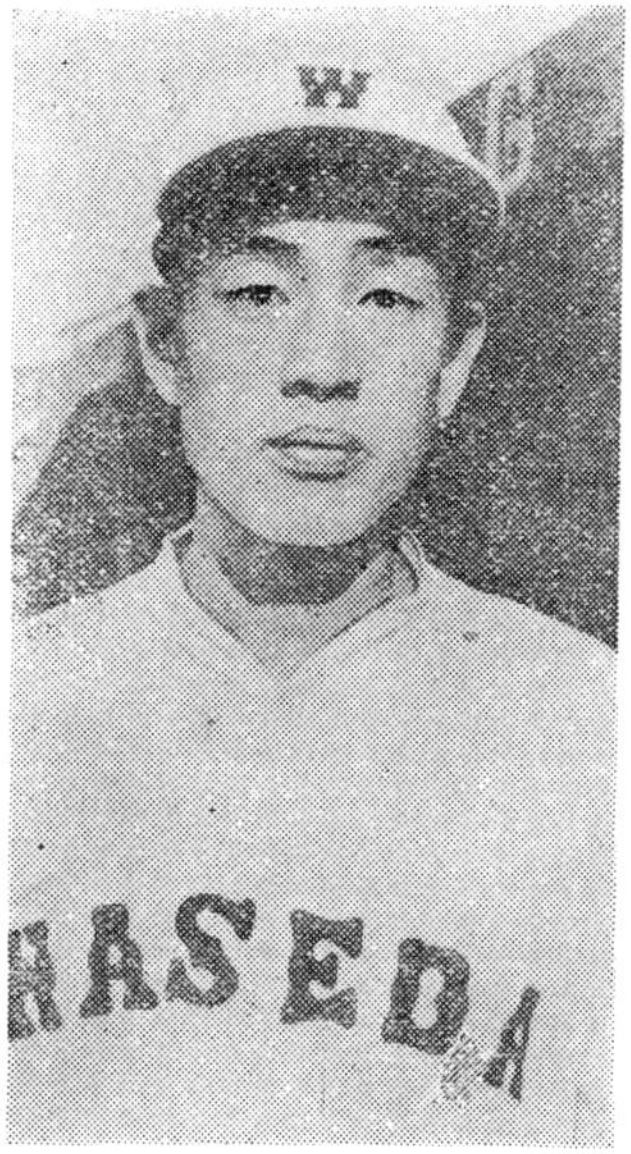

広岡達朗（野球）

広岡君の巨人入りは今年の球界の随一のトピック、色々な意味でホープといえよう。早大連覇の因を創つた名遊撃手、攻守に傑出した大型選手だが、彼には普通の大物に見られぬヒラメキがある。馬力の点では先輩の岩本、毎日入りした同僚の小森に一歩譲るが、その柔軸な体軀と繊細な神経が調和したプレーは、前者に優るスケールの大きさを生み出している。

「大学野球の精神をプロ球界に注入して、美しいものにしたい」という彼の信念はちよつと甘いが水々しい感覚が良い。天与の素質がプロの世界で揉まれて伸びた時は近来の大選手となりそう〟廿二歳。

金子繁治（拳闘）

白井は頂点に達し、堀口は峠を越した。素質はあつても環境に恵まれぬボクサーの中で金子君は技、心両面ともに期待できる人。旧ろう六日大阪でラリー・バターン（比）をKOし、日本人として初の公式東洋フェザー級チャンピオンを獲ち得た。昭和廿四年来39戦31勝7敗1分のうちKO勝19という戦績の如くその身上は強烈なKOパンチである。しかも彼は熱心なクリスチャン、斯界では稀れにみる素朴な青年である。技術的にはまだ脆い所もあるが、真面目さと廿二歳の若さには日進月歩の楽しみがある。国際的にも希望のもてる唯一の存在。その必殺のパンチと温和さを買う。

細間輝喜（競泳）

立教高の三年生だが大学生を向うにまわして一歩もヒケをとらない。早大の山下を長距離のホープとするなら、細間君は短中距離界の次代を背負う若人だ。馬力の山下に対して彼の武器はその豊かなスプリントにある。小型ながらバランスのとれた鋭い泳ぎは二百、四百にみつちり仕上げれば丁度メルボルンの頃に頂点に達するのではないか、彼を広島から掘り出してきた大先輩根上博氏の夢もその辺にあるようだ。泳法の細いコーチはまだ何も受けていないという。中畝さんが野性の花なら、細間君は急流のハヤである。十代のスポーツマンへの夢は果しなく美しい。

舞台

浜田寅彦（俳優座）

新劇の若い男優のなかでは、文学座の芥川比呂志に次いで、俳優座の浜田寅彦を推したい。一九五三年度には殆ど舞台の仕事をしていない。むしろ大船映画「壁厚き部屋」に出て、部内から浜田有望の声をきいていた。しかし、今年は俳優座も小劇場があくので、舞台活動も活潑になるだろう。

浜田君は決して器用な俳優ではない。むしろコツコツと創りあげていくタイプであろう。それが彼の強味である。なぜなら、器用にまとめることができないから、否でも応でも役の内部へ食いこんでいくことになるからだ。ただ、そのために若さを失わぬこと。

岸田今日子（文学座）

新劇界にはかなり多くの有望な女優がいる。が、そのなかで、一番あたらしく出て来たフレッシュな感覚の持主といえば、私はやはり岸田今日子をあげる。彼女より少し古い級では、文学座の文野朋子、丹阿彌谷津子、俳優座の楠田薫という人たちがいる。こういう人たちの共通した特性は、線が太いということであろう。少しぐらいの強風ではへし折れそうもない意志が感じられる。

岸田今日子が父（国士氏）のすすめで、二年間舞台を休み、語学と舞踊を身につけたということは、やはり現在の魅力をうむ土台になつたと思う。彼女は舞台で異様なくらい眼の光を感じさせる。それが秘密だ。

中村扇雀（関西歌舞伎）

歌舞伎の若手では、誰しもが、関西歌舞伎の中村扇雀を推す。同調するわけではないが、私にとつても、ことしの扇雀の活動は、楽しみの一つである。一九五三年度では、私は「曽根崎心中」でお初を演じた扇雀に、注目した。そこには、天性もつて生れた古風なニユアンスと、どこかに理詰めといつていいくらい押しつめていつた演技とが同居していて、面白かつた。鶴之助も彼とならんで期待されるひとだが、まだどこか鼻につくものがある。

私は扇雀のあたらしい魅力を推すが、同時にその「若さ」には要注意の札を立てる。

中村福助（歌舞伎）

昨年の東京の歌舞伎界では、勘三郎と歌右衛門が独自の芸風をおしだしてきて、私はその波に乗つたような両優の自信を、興味ふかく見てきた。そして、この二人とは別に、いつも頭をはなれなかつたのは福助の存在である。私は、ことしのホープの一人として福助も挙げておきたいのだ。

福助の舞台をみていると、たしかに劃然とした筆跡をみるような印象がのこる。そこには歌舞伎の通俗性にあそべるようなゆとりはないが、彼なりのファンタジーがある。私はそれをふくらませて見せてくれぬものかと、夢をいだいているのである。

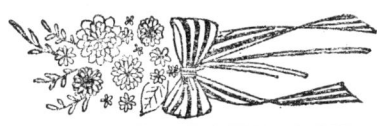

舞台

長谷川季《とし》子（宝塚）

レヴューといつても少女歌劇の、数多い新人をみて歩いて、さて、その中から今年のびそうな新人となると、やはり宝塚で長谷川季子、松竹で草笛光子ということになる。草笛光子は映画に抜かれそうだが、長谷川季子の方は、恐らく銀幕へはむくまい。共に二十歳そこそこの新人だが、レヴュー感覚にあふれている。

長谷川季子の舞台には、その年令なりに溢れるようなエスプリがあつて、私を驚かせた。もつと卒直にいえば、彼女は闘志を感じさせるのである。父一夫氏の血をついだのであろうが、満面愛嬌のかたまりだ。

県《あがた》　洋二（振付家）

レヴューなりショウなりを見つづけてくると、私にはその中にある模倣性がたまらなく怠堕に感じられてくる。これを克服しなければダメだと思う。そういう意味で、振付家の県洋二は本年度のホープである。

県君は体がよわいために仕事の量は多くないが、昨年度も、SKDでいい仕事を残し、飛鳥　亮、高木史郎、渡辺武雄らと共に、このジャンルで私の期待している振付家である。なぜなら、彼の作品は、感覚的処理というような漠然としたものでなく、なにかを「表現」しようと企んでいるからだ。やはりその態度を今年もおし進めてほしい。

根岸明美（日劇ダンシング・チーム）

丸の内の最適の地の利を占めた日劇——ここのダンシング・チームから現代感覚の踊手が生れないのは不思議である。ことしは、根岸明美の可能性をできる限りひろげさせてみて貰いたい気がする。谷さゆりや重山規子も有望だが、私は愚映画「アナタハン」出演後に舞台へもどつてきた根岸明美をみたときに、一種の太々しい迫力を感じた。彼女はステージ・ダンサアである。映画女優ではない。どこまでも肉体で語る人である。舞踊手なのだ。レヴュー・ダンサアが行詰りがちなのは、自分の視野をひろげようとしないからである。根岸明美にその自覚がほしい。

松山樹子（バレリーナ）

バレリーナ松山樹子を、私は十数年前から、楽しみに見てきた。そして、今でも踊手としては柔軟な肉体を誇つていい人だと思つている。一月に「夢殿」という作品を発表したがこれは食い足りなかつた。抽象的な表現というものは難しいものだということを、彼女もしみじみ感じたのではあるまいか。

ただ、日本のバレエの現段階では、どうしても優れたブレインを、踊手が求めて持たなければならないと思う。つまり、そういう環境が得られれば、私は、松山樹子ののどかな踊をみれるものと予想しているのだ。

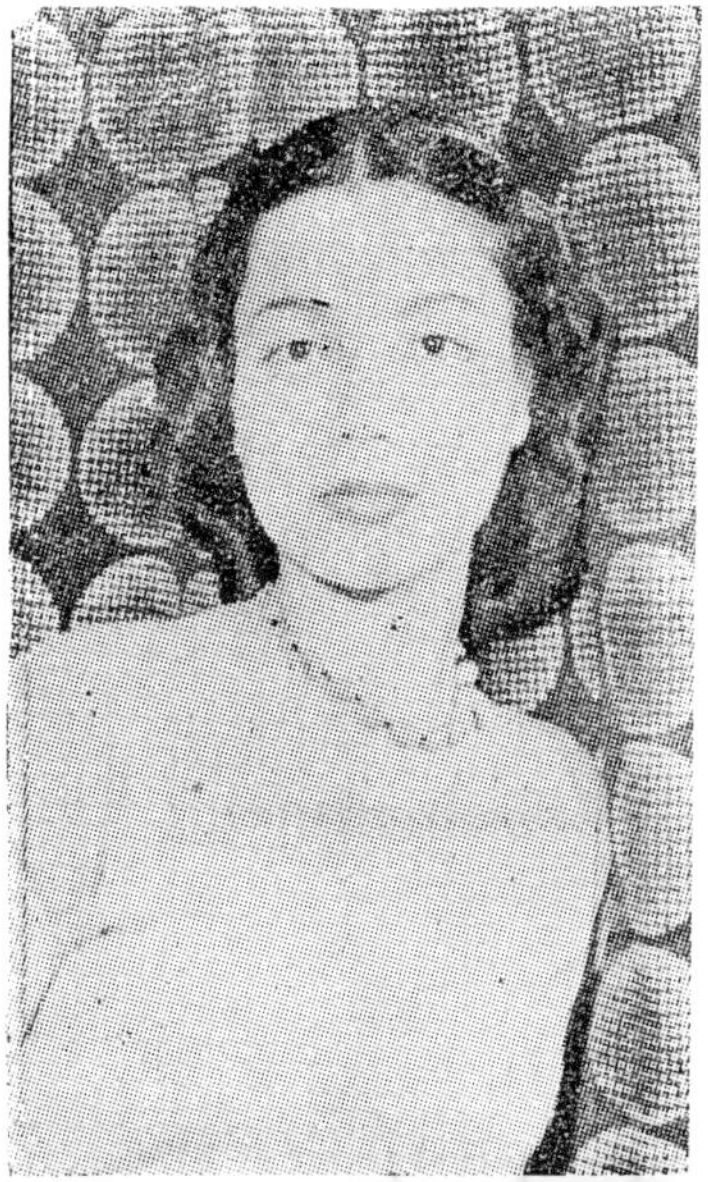

六つの春の支度

春の102スタイルから

原型製図

この原型は本誌独特のもので、背丈及び胸囲より割り出す方法です。この六つのスタイルはすべてこの原型によつて作図したものです

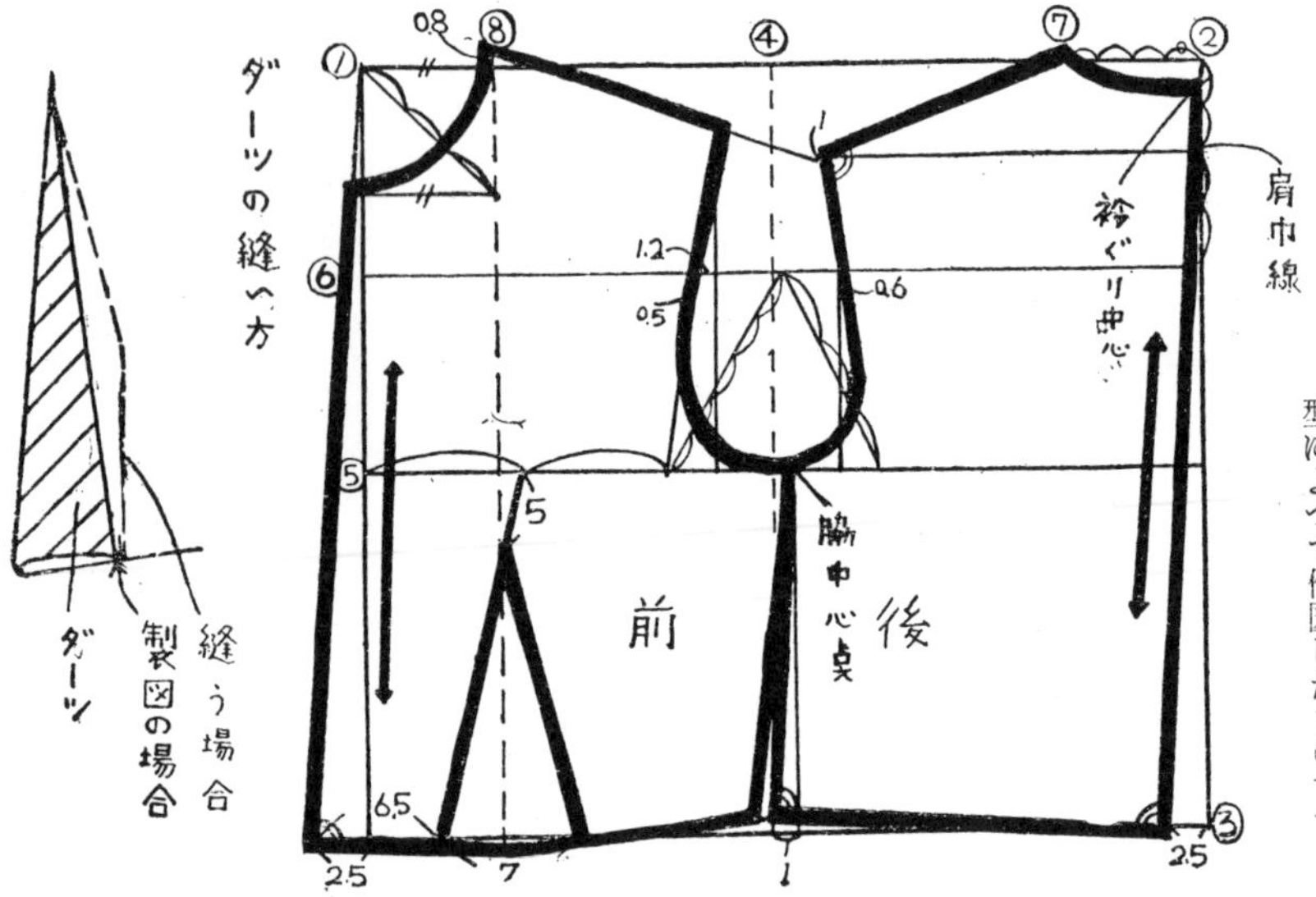

（製図注意）

背丈線より2.5糎内へ入つた所と、衿ぐり中心とをむすびそこから直角線を出し、さらに直角線を脇中心点とむすぶ。原型の使い方は、布目に真直におき裁つ。前身頃も同じにする。

前身頃は、前中心より2.5糎出し①の点をむすびそこから⑧を下した位置と直角にむすび、そこから、後脇直角点とさらに結ぶ。

身頃のダーツの縫い方

製図の上では直線ですが、縫う場合は、ウエストよりダーツの高さの約半分までを、直線に近い線で縫いそこから頂点に向つて縫い消します（図を参照）

後身頃のダーツは製図の通りの線で縫いますがその場合ダーツの長さが短いと背中がぶかぶかして見苦しい。

（製図記号）

1＝直角起点	1～2＝$\frac{胸囲}{2}$＋2.5 ゆるみ
2～3＝背丈＋1.2	1～4＝4～2
1～5＝$\frac{胸囲}{4}$	1～6＝6～5
7～2＝$\frac{胸囲}{12}$	1～8＝7～2

（製図寸法）標準

胸囲	85＋5 ゆるみ	ウエスト	60
腰囲	91	背丈	38
肩巾	38	スカート丈	74

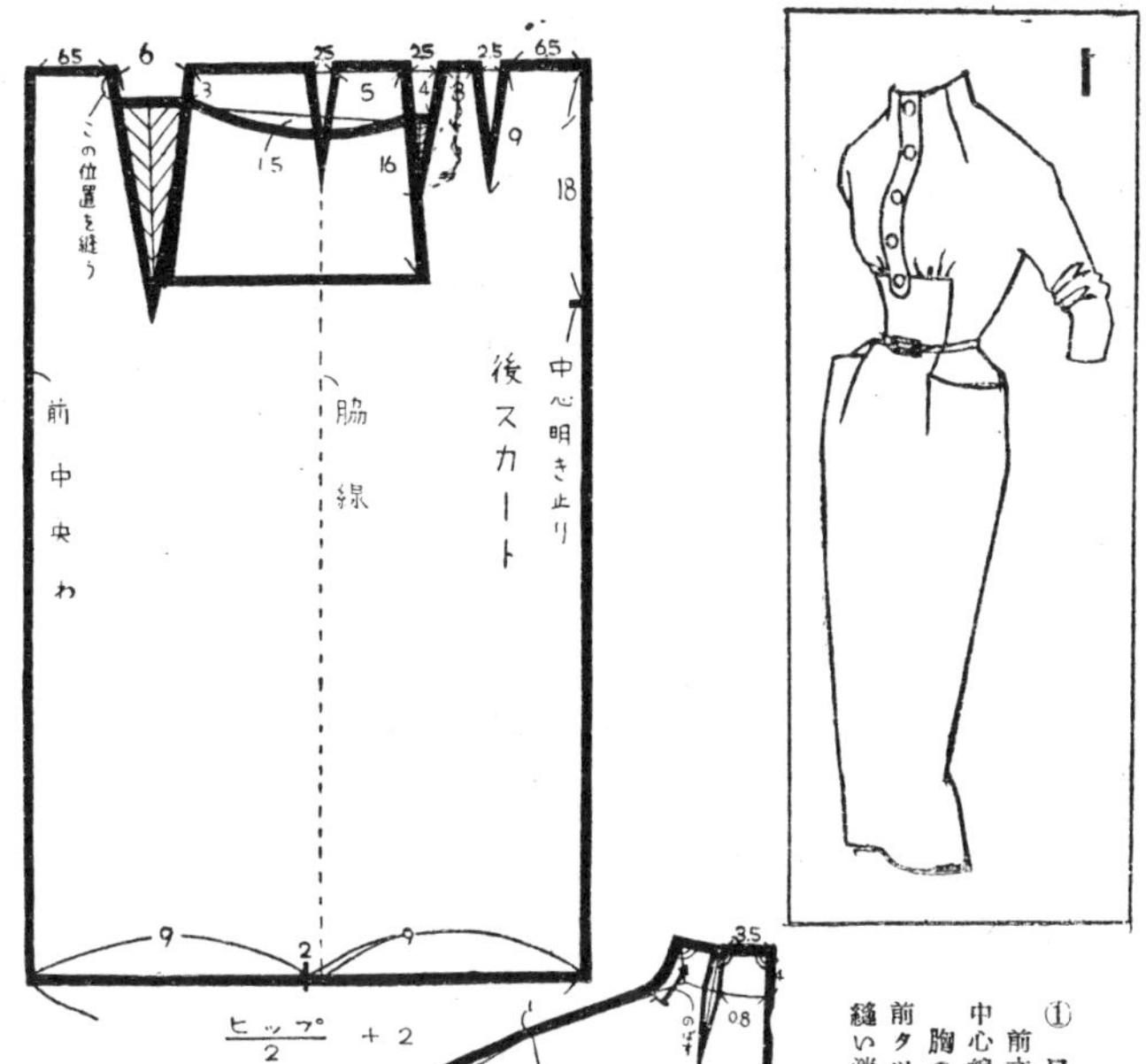

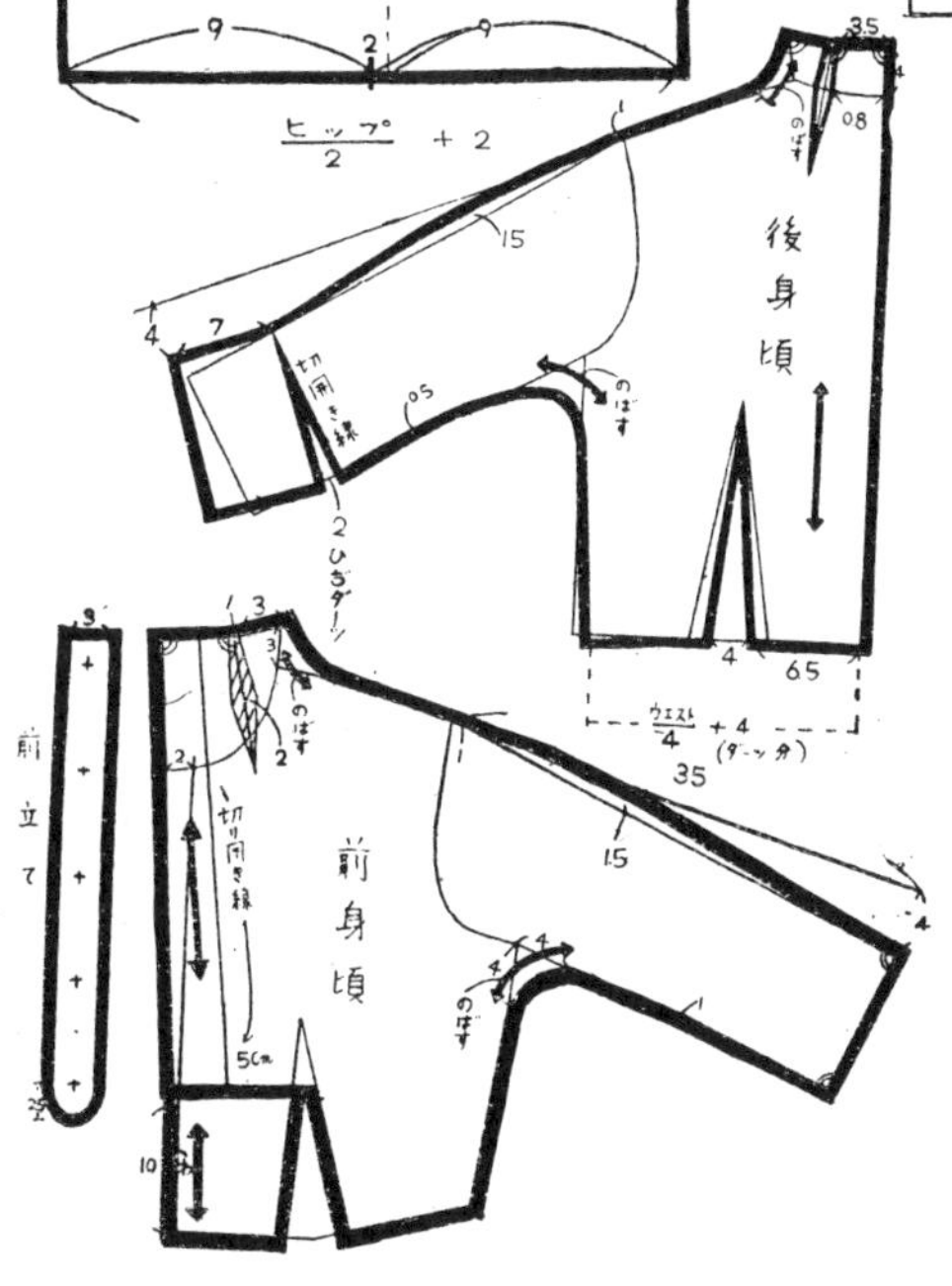

① ワンピース

前立は裏布に芯をはり表がつれない様にゆるみを入れて作って置き後に身頃中心線に前立てをおきボタンで身頃にとめる

胸の切替のギャザーは、餘り多くなくふつくらとさせる程度にする

前タックは記入の寸法3糎までを縫い中心に折る。後は脇寄りのダーツと一緒に縫い消す。後中心は明き止りまで縫い消す。用布W2ヤール

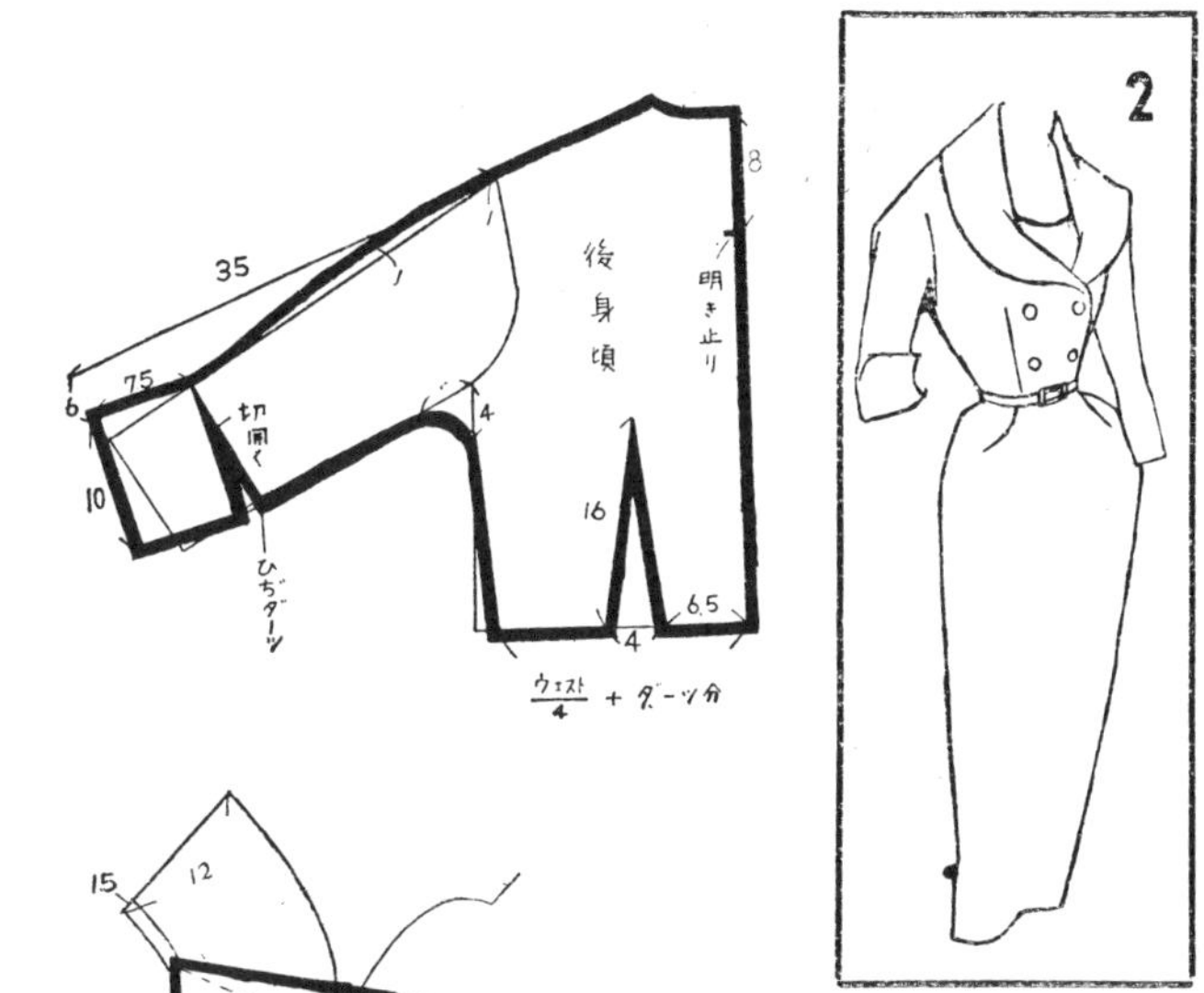

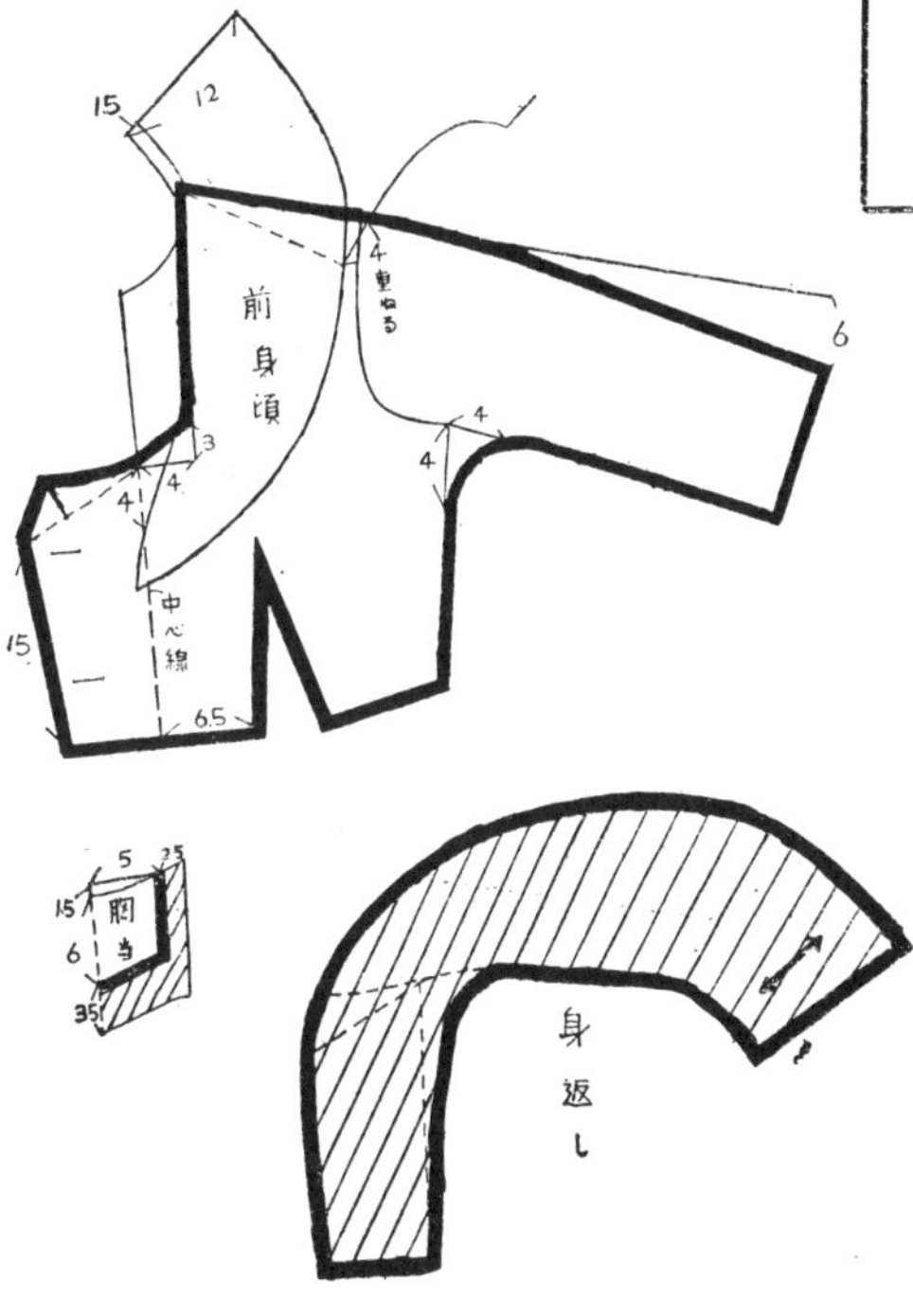

② ワンピース

衿　前後のネックポイントを合わせて、肩先で4糎重ね製図する。衿のやゝ中心にある軽いタックはその位置の角の部分に平らなものをつけることによつて出る。縫い方は前後の肩線を縫い合わせて、台衿を付けヘチマ衿の衿の縫い方と同じ。身返しのとり方に注意、図を参照。スカートは⑤番のスタイルと同じ

用布W2.3ヤール

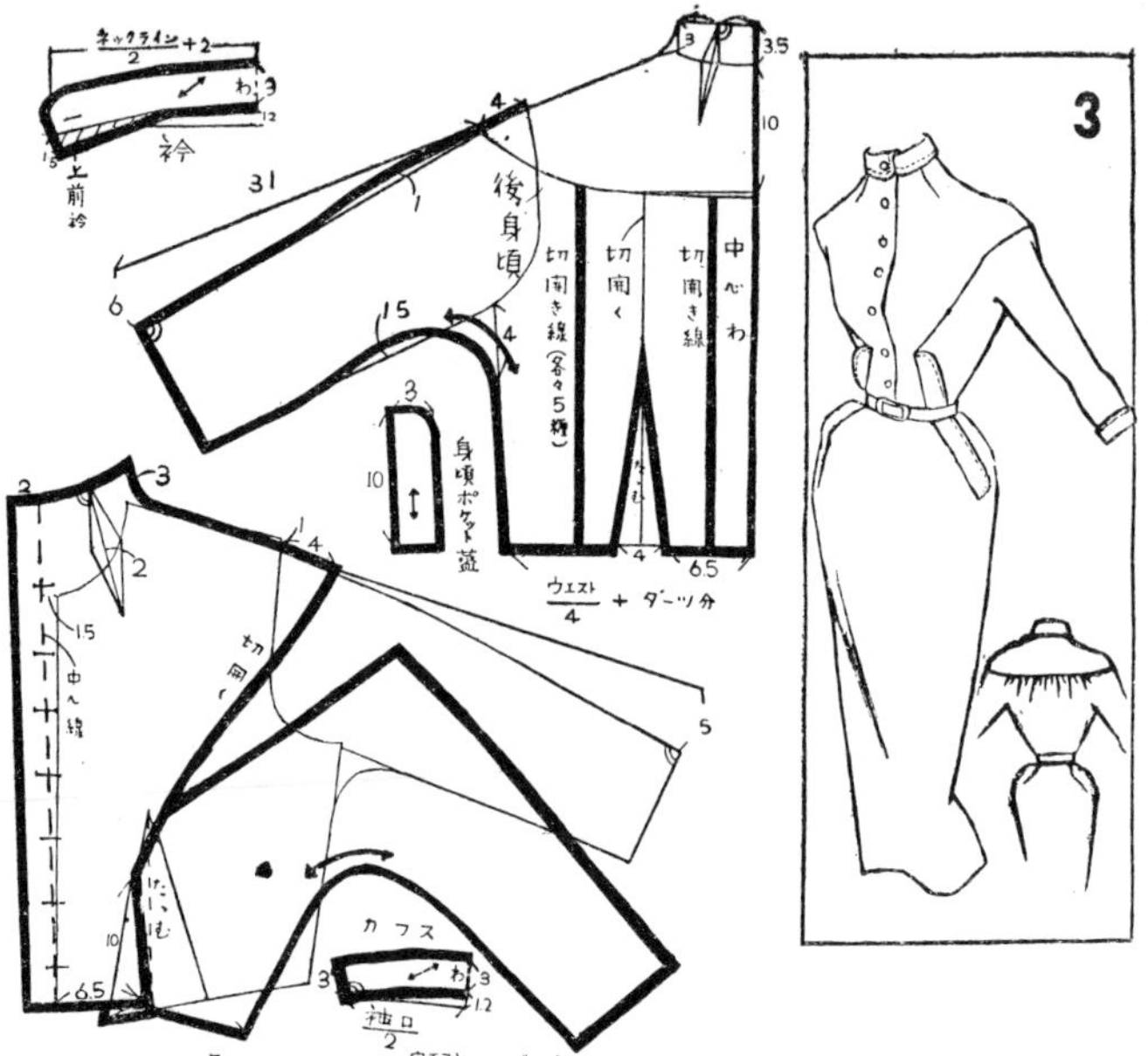

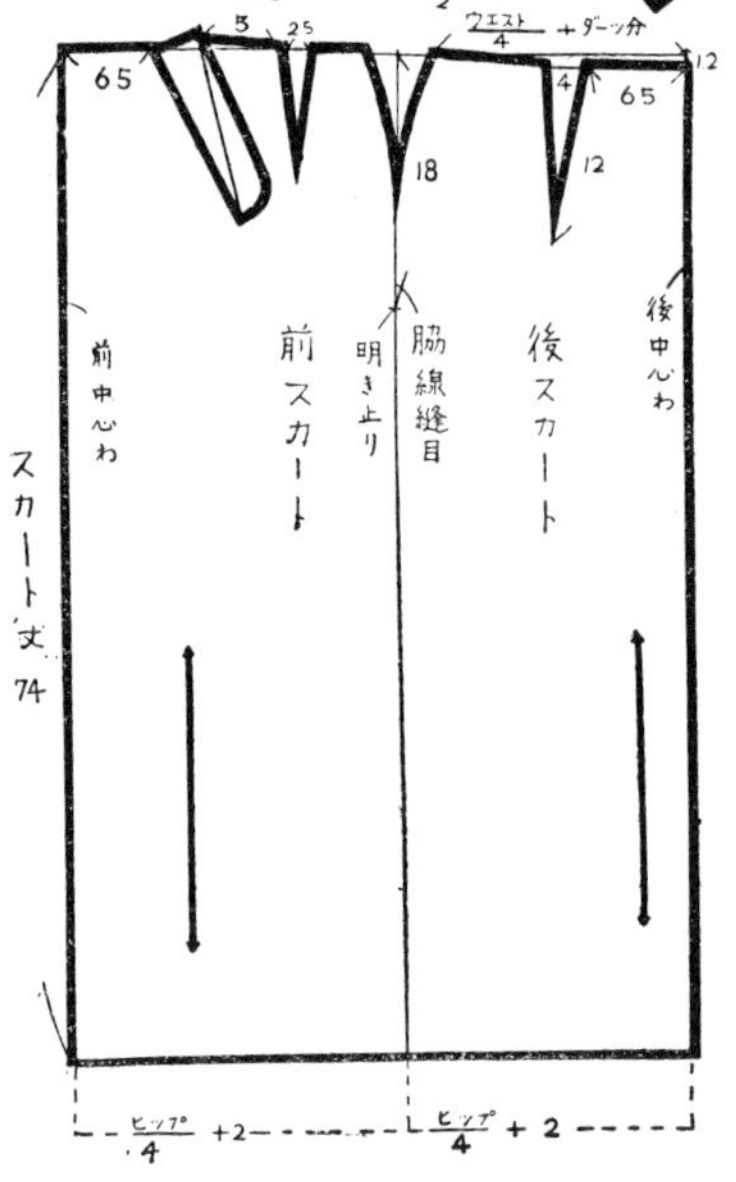

③　**ワンピース**

衿　上前の衿先は重ね分の厚さ（約1.5粍～2粍）広く裁つ

衿、カフス、ポケット蓋

それ〳〵裏側に芯をはり表にゆるみ分を入れて作る、衿付けは下前端より4粍はなして置き、袖下の矢印の位置、ハイネックのカーブの位置を、アイロンでのばす。

スカート　前ポケット蓋はダーツの中心を切りはさみつける。　用布W2.5ヤール

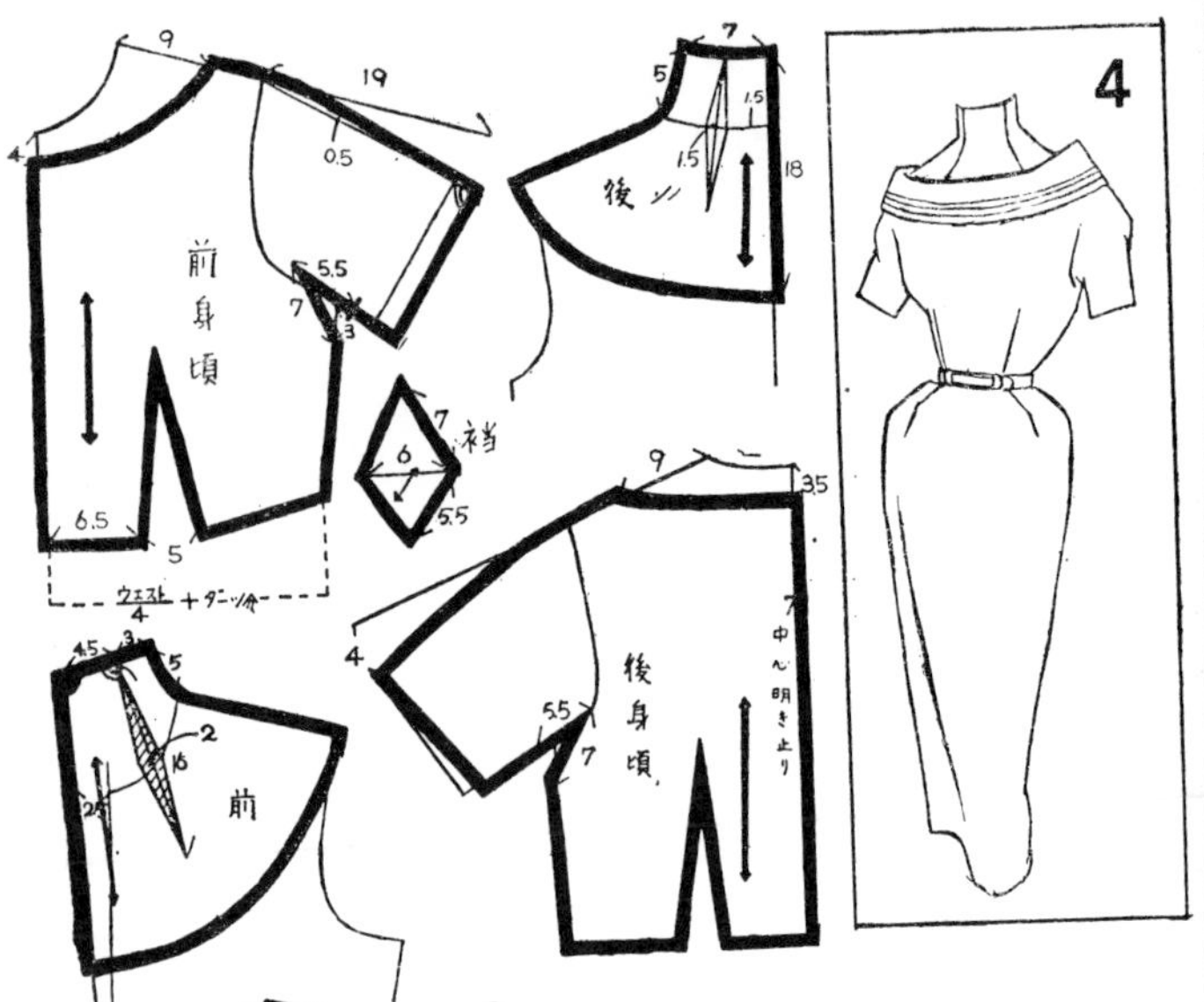

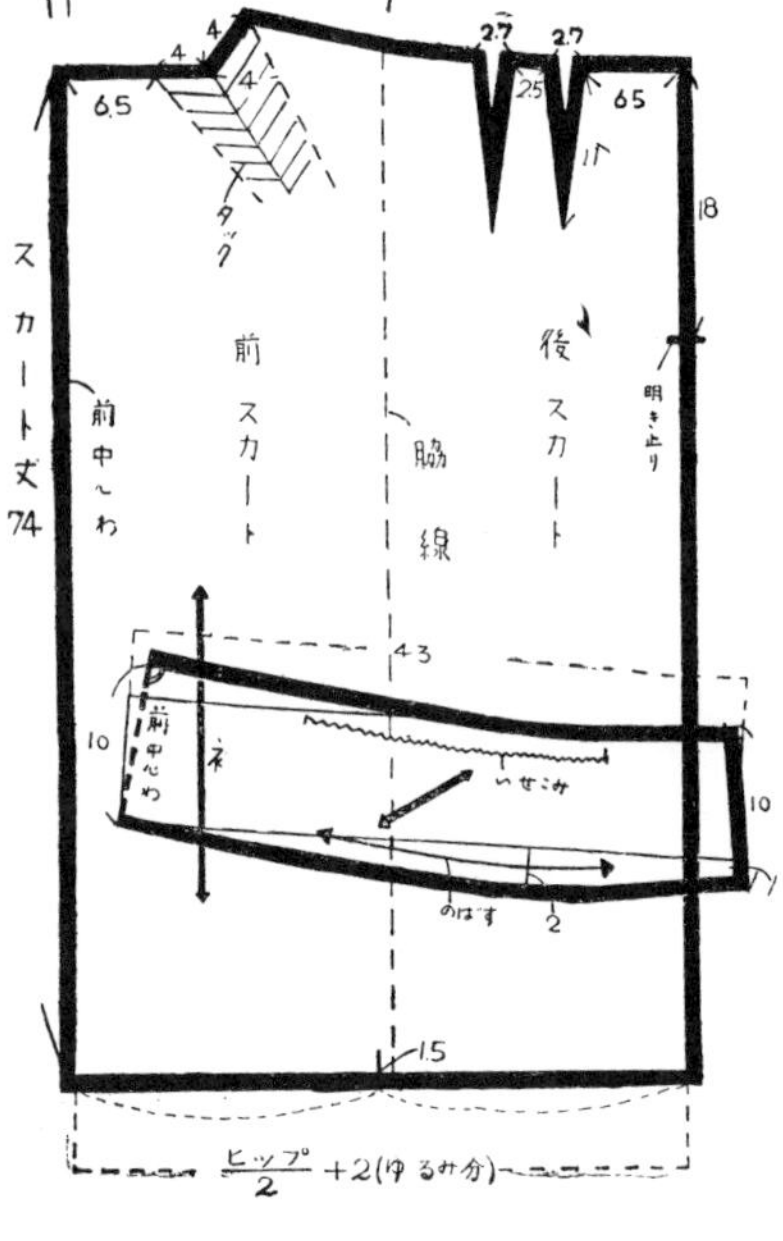

④　**ワンピース**

衿　前中心をわにして正バイヤスに裁つ、裏も同じ製図の矢印の位置をアイロンでのばす。（表裏共）表衿下側の出来上り線より1.5粍上つた所から、3粍巾位のテープを3粍の間隔に三本張り（この時薄のりを使うとよい）両端をステッチする。表裏を中表にして裏を3粍程ひかえ、縫つては返しアイロンをかける。後中心を縫つて割り、製図のいせ込みの位置をぐし縫いして、身頃ネックラインの寸法にいせこみアイロンでおさえる

ジレー（ウールの場合）前後のダーツの中心線を切り、中表に合せて縫い割る。ハイネックのカーブの部分をアイロンでのばし肩線を縫い後中心はファスナーで始末する。　用布W2.3ヤール　ジレー S 1/2 ヤール

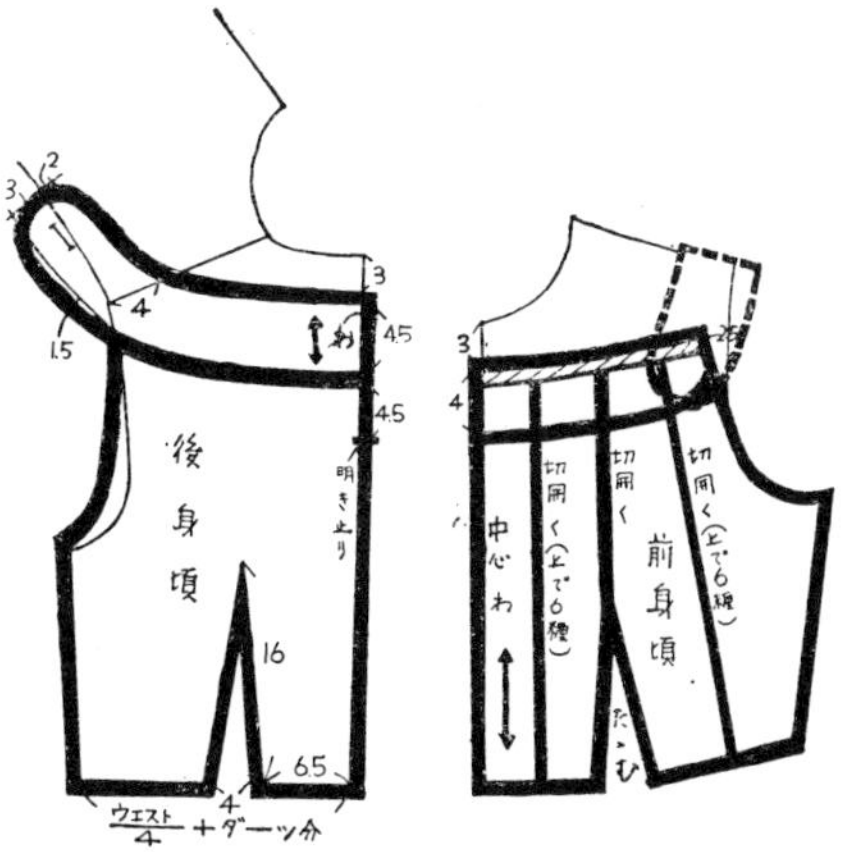

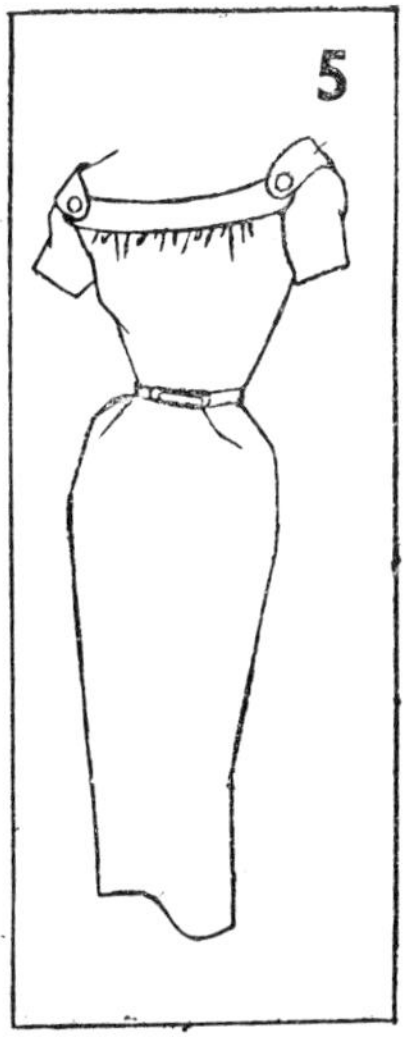

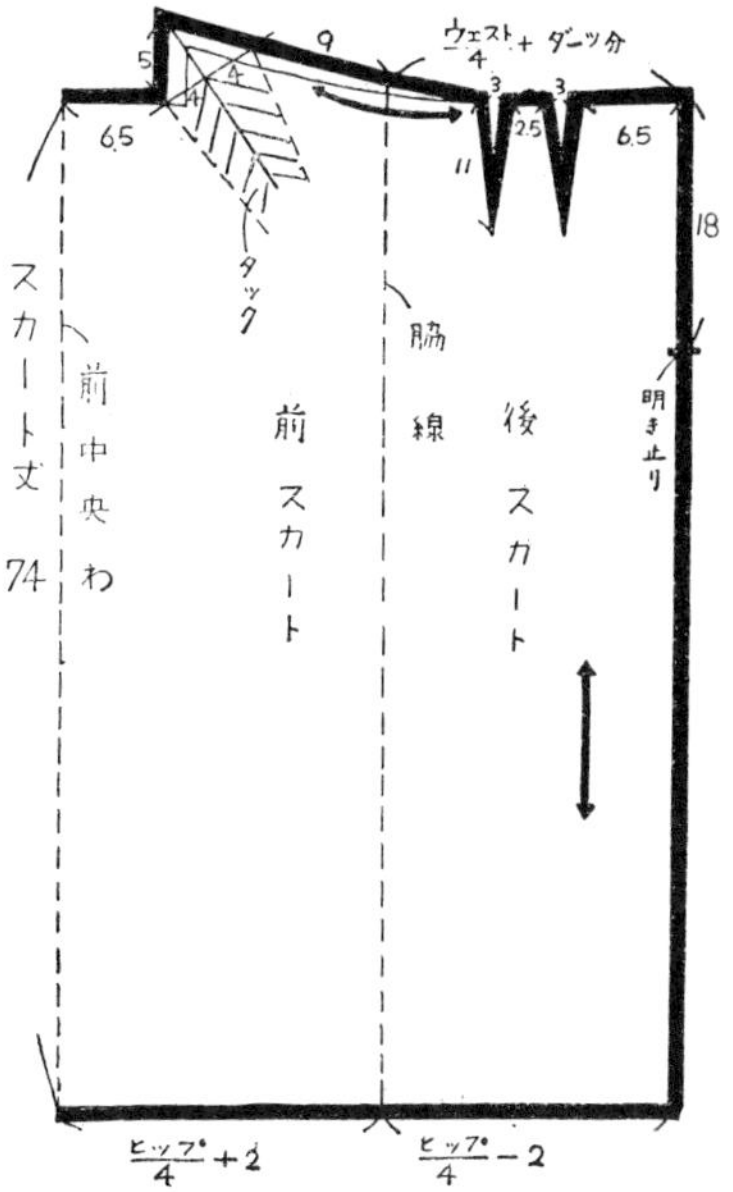

⑤ **ジャンパースカート**

前身頃 切開き線の中心はダーツをたゝみギヤザー分を出す他の二本はそれ〴〵6糎開く、

衿 後中心をわにして、表裏に縫い代をつけて裁つ裏に芯(木綿一枚の厚さ)をはり、表はボタンホールの位置に2.5糎〜3糎程のボタンホールを作る。表裏を中表に合わせ表に三粍程のゆるみ分を入れ乍ら躾でとめ、後衿付けを残して周囲を縫い、返してアイロンをかけ、ボタンホールの裏側を始末する。前の返り分はバイヤスに裁ち裏側が出ない様に注意して作る。

スカート ②⑤⑥の場合

H/2にゆるみ(2糎)を加えた線とスカート丈の矩形を作り脇線を中心としてウエスト寸法の差を前のタック分、後のダーツ分とする。タックは下に流れぬ様に注意して、矢印の間をのばし加減に前のタックをたゝむ。

用布W 1.6ヤール

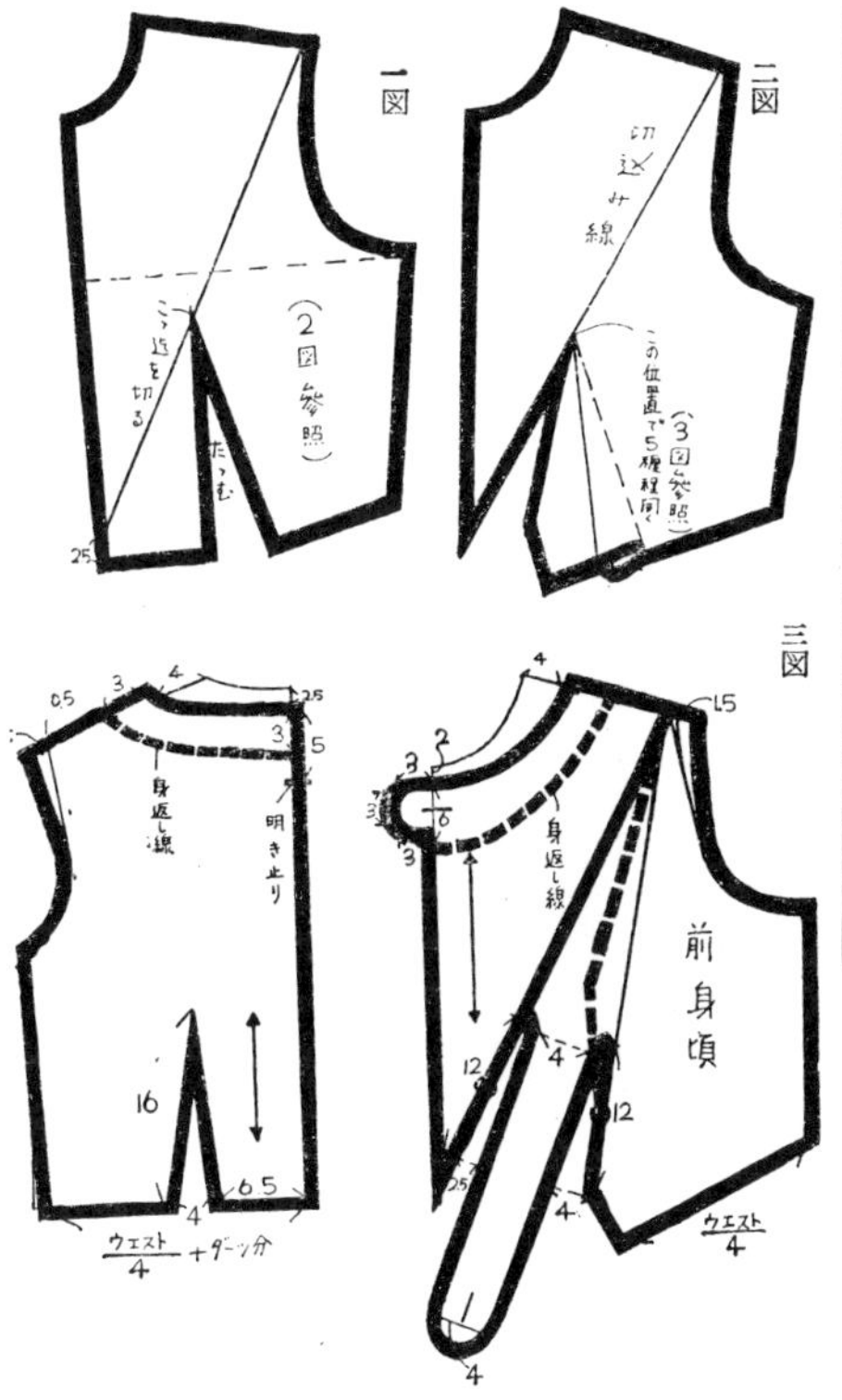

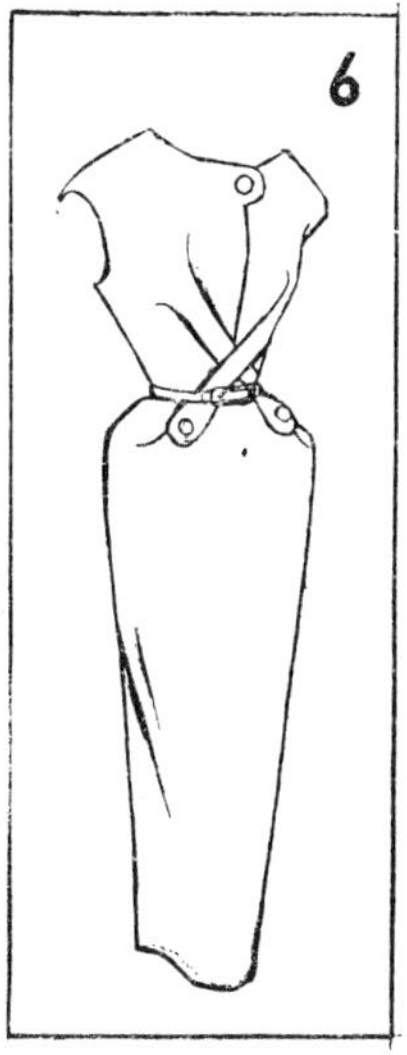

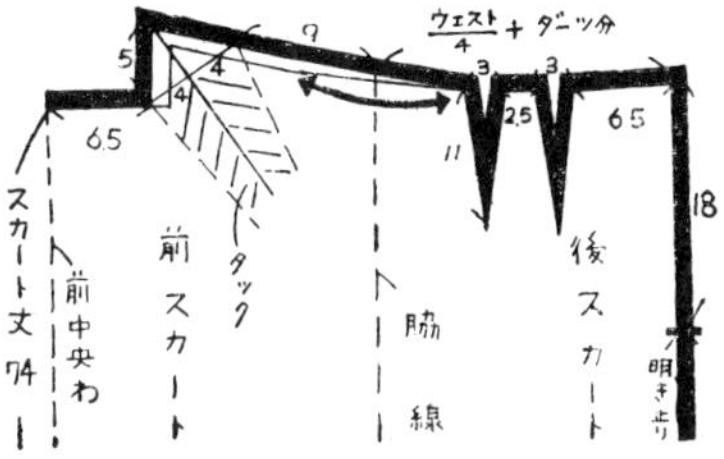

⑥ **ジャンパースカート**

一図は原型の前中心線2.5糎上げた点と肩先を結びダーツの頂点と交った点迄を切りダーツをたゝむ、

二図は、ダーツの頂点の位置と肩先迄の線を切り、5糎開く。

二図をそのまゝにし三図を参照して製図をする。

前の交さの部分の縫い方まずその身返しを裁ち、記入のボタンホールの位置に2.5糎のボタンホールを作り身返しをつけて縫返す。○印の12糎を縫い合わせると自然に胸の位置のタックが出来る。スカートは⑤番のスタイルと同じ

用布W 1.8ヤール

それいゆ BACK NUMBER

No. 24 美しさの発見
¥ 170 〒 10

それいゆ・ぱたん……中原淳一・美しさについて……豊島与志雄・井口基成・田中千代・早川雪洲・美しさの要素……三岸節子・河盛好蔵・中里恒子・大久保泰・藤原あき・村岡花子・中原淳一他・春と貝と巴里……高英男・花さまざま（愉しく新しく）……中原淳一・ボヴァリー夫人について……伊吹武彦・青春の群像……大川橋蔵・黒田美治・青山京子他・踊りに明け暮れするきもの（藤間勘裳乃さんの和服拝見）・男のきもの……岩井半四郎・居間のなかにある台所……塩川旭・春の外出着……隈田房子・塗布団・クッション（手芸）……水野正夫・私の作りたの服（絵・宮内裕）……貝谷八百子・寿美花代・杉葉子・高峰三枝子・八千草薫・杉村春子・津島惠子他・いろいろに着る……中原淳一・家庭宝典・それいゆの型紙 No.1……杉野芳子・桑沢洋子・山脇敏子・藤川延子・中原淳一・アメリカから持ち帰つた服……中原淳一・のれん……水野正夫・中原淳一・楽しい七色の衿巻き掛け……片山龍二・両面着られる木綿のきものと紙の帯……中原淳一・水野正夫・三〇分インターヴュー……中島建蔵・有馬稲子・森繁久彌・石垣綾子・佐分利信・白井義男

No. 25 二人で愉しく
¥ 170 〒 10

それいゆ・ぱたん…中原淳一・ふたりのとき……宇野重吉・隈丸次郎・中村吉右衛門・三雲祥之助・永井進・藤川延子・浜田百合子・壺井栄・二人のために……串田孫一・愛の書簡……山本建吉・越路吹雪さんのけしのきもの・顔の歴史——高峰秀子さんの素顔をたどる・レースの美しさを愉しむ……中原淳一・仕事の中でおしやれをする……青木瀧子・おしやれ女中のイヴォンヌさん（手芸）……水野正夫・ネクタイと帽子とブラウス……中原淳一・二人の住居……塩川旭・短い髪・長い髪・二人の場合（愉しく新しく）……中原淳一・牛乳一合でつくる二人の料理……青木圭子・二人のお小遣い……益田金六・ふたりのおもいやり……中原淳一・二人の本棚……北村太郎・それいゆ生活宝典・美人は流行によつてつくられる……中原淳一・お休みをふたりでたのしむ……水野正夫・三つの色に咲く花（三人の沖縄姉妹を訪ねて）……・二人でつくるテイ・テーブルセット……片山龍二・男のおしやれについて……多賀祥介・調理器具のことなど……小林文子・花束……中原淳一・二つの星のもとにある子筝（ルポルタージュ）……門川美代子・小谷節子・歌舞伎十八番……解説安藤鶴夫・夏の髪……尼宮浩二・夏の愉しいはたらき着……藤川延子・ふろしき……中原淳一・三〇分インタヴュー……別所毅彦・若尾文子・中野好夫・丹下キヨ子・尾上九朗右衛門・戸塚文子

No. 26 夏の装い
¥ 170 〒 10

それいゆ・パタン…中原淳一・Q夫人の洋装……中原淳一・働らく人の朝の時間設計……氏家寿子・朱の花の野性の魅力……・私の暮しのひとこま……高峰秀子・佐田啓二・乙羽信子・花を飾つた麦藁帽子……水野正夫・私の夏の衣裳戸棚から……村山実知子・スカートのあそび……中原淳一・時代のスポツトライトに浮ぶ三つの仕事……伊東絹子・新倉美子・土井玲子・太陽をたのしむきもの……中原淳一・二つの花……水野正夫・田中マサコ・ふだんぎ……森英惠・餅網を底につけたビーチ・バツグ……水野正夫・美しい仕立とチヤーミングポイント……中原淳一・愉しいアクセサリー…中林洋子・夏の子供の遊び着……隈田房子・一週間のエプロン……中原淳一・美しい眠りのために……水野正夫・部屋を凉しくするテクニツク……塩川旭・新しいきもの……大塚末子・水野正夫・中原淳一・レンズを透したポーズの研究……中原淳一・手袋と帽子……水野正夫・衣裳デザイナー、エディス・ヘツド・夏布地の知識……山中喜夜生

No. 28 愛される要素
¥ 170 〒 10

それいゆ・ぱたん……中原淳一・特集愛される要素…神近市子・阿部艶子・石垣綾子・村岡花子・美川きよ・氏家寿子他・私のお正月の晴れ着……京マチ子・山田五十鈴・田中千代・ぺギー葉山・伊東孝・私の七人の友達……森繁久彌・江利チエミ・高英男・水谷八重子・果物を飾る……中原淳一・尾上松緑丈のきもの・十代の子供たち・私の男装二十五年史……水の江瀧子・人気というもの……大宅壮一・銀座と淡路惠子さんのきもの・住む人の職業と生活様式が創り出した家……古谷綱武氏夫妻のプライベートルームに見る男の帽子と女の帽子……中原淳一・ふろしきを胸に飾る……中原淳一・温度と美容……中村敏郎・愛される生活……中原淳一・特集冬のだんらん……中原淳一・水野正夫・仕立直しでするH子さんの服装計画……中原淳一・絣のきものを新しく着る……中原淳一・たもと……水野正夫・だんらんの部屋を作る……塩川旭・贈物のエチケツト……水野正夫・あたたまる鍋料理……赤堀全子・お菓子の歴史……春山行夫・日本で作つたデイオールのドレス……田中千代・ヘミングウエイについて……中田耕治・買いもの上手ということ……中原淳一・今年の話題の人々から

それいゆ発行予定
SPRING 2月
SUMMER 5月
AUTUMN 8月
WINTER 11月

No. 29 春の支度
それいゆ

編集人 中原 淳一
発行人 中原 啓一
定価180円
地方売価185円

昭和29年2月10日印刷 昭和29年2月20日発行

印刷所 ライト印刷株式会社 株式会社 東京印書館
株式会社 技報堂

発行所 東京都中央区銀座東8の4 **ひまわり社**
銀座(57)1842・6318・6774・6797・7025